◆学校心理辅导实务丛书◆　丛书主编　吴增强

怎样做好个别辅导

Zenyang Zuohao Gebie Fudao

吴增强　主编

上海科技教育出版社

图书在版编目(CIP)数据

怎样做好个别辅导／吴增强主编．—上海：上海科技教育出版社，2016.7(2020.11重印)

(学校心理辅导实务丛书／吴增强主编)

ISBN 978－7－5428－6443－7

Ⅰ.①怎… Ⅱ.①吴… Ⅲ.①心理健康—健康教育—教学研究—中小学 Ⅳ.①G479

中国版本图书馆CIP数据核字(2016)第147233号

责任编辑　邱志华　师宇楠
封面设计　李梦雪

学校心理辅导实务丛书
吴增强　主编

怎样做好个别辅导
吴增强　主编

出版发行	上海科技教育出版社有限公司
	(上海市柳州路218号　邮政编码200235)
网　　址	www.sste.com　www.ewen.co
经　　销	各地新华书店
印　　刷	上海师范大学印刷厂
开　　本	787×1092　1/16
印　　张	13.5
版　　次	2016年7月第1版
印　　次	2020年11月第2次印刷
书　　号	ISBN 978－7－5428－6443－7/G·3677
定　　价	42.00元

《学校心理辅导实务》编委会

主 编

吴增强

编 委(按姓氏笔画排列)

王洪明　朱仲敏　杨彦平　吴增强　蒋薇美　廖静瑜　鞠瑞利

丛书总序

随着学校心理健康教育不断推进，心理辅导教师作为一支重要的专业队伍正在逐步形成和发展。我国的心理健康教育起步于20世纪80年代中期，经历了30年的发展，从无到有，从教育、卫生系统等专业机构的积极探索到政府部门的大力推进，取得了很大的进展。但同国外发达国家乃至台湾地区相比，我们学校心理辅导教师的专业化水平还是比较低的。一方面职前专业训练体系不完善，国内目前高校设立的临床心理学、咨询心理学、学校心理学专业方向的历史还不长，专业课程和专业训练也不尽成熟，致使进入学校的心理学背景毕业生的专业能力先天不足；另一方面职后继续教育与督导体系不完善。在美国或者我国台湾地区，一个新手心理咨询师做临床个案时需要接受资深心理咨询师的督导，而在国内特别是中小学心理辅导教师接受督导的机会少之又少。这与广大中小学心理辅导教师对专业的高度热情和强烈学习愿望又形成了巨大的反差。目前，各种心理咨询与辅导的专业书籍琳琅满目，使读者目不暇接。但是结合本土实践的学校心理辅导操作手册尚不多见。上海科技教育出版社凌玲副总编数次和我商议，可否为一线的中小学心理教师、班主任写一套既有专业性又有操作性的心理辅导丛书，并委派宁嘉炜、张蕊编辑前来策划丛书编写方案。

学校心理辅导教师主要任务是：承担心理健康教育课程教学、学生个别辅导、学校心理健康教育活动，学校心理辅导室建设与运作等等。据此，本丛书包含以下四本：《怎样上好心理课》《怎样做好个别辅导》《怎样开展学校心理健康教育活动》《怎样运作学校心理辅导室》。

《怎样上好心理课》，以学生成长为主线，由八个专题模块组成，包括生命意识、生活适应、人际交往、情绪管理、学习发展、青春健康、自我认识、生涯发展。从理论与实务和专题与教案两方面，对心理健康课教学的重点、难点进行了梳理、分析，给广大心理辅导教师提供教学指导意见。

《怎样做好个别辅导》，在简要介绍个别辅导的基本程序和注意要点之后，将中小学生常见心理困惑的辅导按照专题分章讨论,具体包括:自我与人格辅导、情绪辅导、学习心理辅导、青春期心理辅导、人际关系辅导、行为问题辅导和青少年危机辅导。结合具体个案,与广大读者分享对中小学生个别辅导的经验。

《怎样开展学校心理健康教育活动》,介绍了中小学开展的各种形式的心理辅导活动,包括学校心理健康活动周、小组辅导、心理社团、心理剧、朋辈辅导等。对中小学如何开展学校心理辅导活动进行了分析探讨,并给读者提供了具体的学校心理辅导活动案例和具体操作方法。

《怎样运作学校心理辅导室》,介绍了中小学心理辅导室的规划、建设使用和制度建设,学生心理测评和心理档案管理,以及学校心理辅导伦理。目前各地许多中小学都建有心理辅导室,但是如何发挥心理辅导室的功能,使之成为学校开展心理健康教育的中心,本书为读者提供了具体的、可操作的实例和建议。

这套丛书的共同特点是融科学性、专业性与实践性、通俗性于一体。它是为广大中小学心理教师提供辅导理论和实践的桥梁。一是,把心理辅导的理论通过案例、课例转化为心理辅导教师可以实际操作的手册。二是,参与丛书编写的人员大多数是来自一线的心理辅导教师,通过丛书撰写对丰富的实践经验加以理性提升,为读者提供有益的启示。

本丛书得以出版,理应感谢丛书编委会的各位老师和参与各册撰写的各位老师,也感谢凌玲副总编,宁嘉炜、张蕊编辑,她们为本丛书的出版付出了很多辛劳。

希望丛书的出版受到广大读者的欢迎,也希望大家多提意见,以便今后不断修改与完善。

吴增强

2016 年 2 月于上海

前言

　　个别心理辅导是帮助学生解决成长过程中心理烦恼的方法与技术，因为每个学生都有可能在学习、交往和社会适应过程中遇到困扰，需要得到帮助。一名合格的心理辅导教师应该掌握个别辅导的方法与技能。然而，由于目前对心理教师的临床个别辅导培训和督导不够，中小学心理教师的个别辅导能力还显不足。本书正是针对以上问题，从个别辅导的内容和方法精心设计，以便读者学习和掌握个别辅导的方法与技能。

　　从内容方面，本书涵盖了中小学生心理健康的方方面面。各章简介如下：

　　第一章概述。这些年，笔者在对学校心理辅导人员案例督导中发现，目前辅导人员最为缺乏的不是技术，而是对学生的深入了解。辅导技术本身是中性的，或者是两面性的。没有对来访者深入细致的沟通与分析，盲目地、教条地使用技术恰恰是没有意义的。例如，使用挑战技术，应该注意来访者的个性特征，有的学生容易受暗示，有的学生个性强，同样的挑战前者容易接受，而后者未必接受，甚至会对咨询师产生阻抗。可见，个别辅导是一项科学性、艺术性都很强的工作，它需要辅导人员具有相当的专业理论、方法和技术，需要高度的爱心、耐心和信心，需要对人的心灵的洞察力与亲和力，需要不断反思和调整的能力，需要付出艰辛和努力才能达到。本章简要介绍了个别辅导的对象、范围、程序，以及常用辅导技术。

　　第二章自我与人格辅导。儿童青少年时期是探索自我最为重要的时期。学生表现出来的情绪困惑、行为问题、人际关系问题等等，其内心深处的原因是自我的迷离。自我认同感较好的学生，在学习和生活中能够体验到较强的自尊和自信，热爱生活，充满生命的活力；而自我认同感较差的学生，却常常体验到自卑和沮丧，他们常常觉得自己一无是处，觉得自己被人排斥，对于自己的社会角色认识模糊，感到生活没有意义、生命没有价值。因此，心理辅导的宗旨就在于帮助学生从朦胧的自我走向理性的自我、同一的自我。帮助学生建立积极的自我信念是一项重要的辅导任务。本章讨论自卑心理辅导、自负心理辅导、依赖心理辅导和任性心理辅导。

第三章情绪辅导。情绪健康是心理健康的显著标志，现代脑科学研究进展表明，情绪健康不仅有益于身体健康，而且还有益于智力活动和潜能开发。积极的情绪可以促进儿童学习、交往，提高参加各种活动的效率。学校心理辅导工作中很大一部分的任务，是培养学生健康的情绪。然而，由于每个学生的个性不同、面临的生活事件不同，以及由此形成的应对方式不同，使得一部分学生产生情绪问题，如焦虑、恐惧、抑郁心理等。本章讨论分离性焦虑辅导、社交焦虑辅导、学习焦虑辅导、抑郁情绪辅导和恐惧心理辅导。

第四章学习心理辅导。21世纪是一个人文关怀、学习型社会，学习将纵贯人的一生，它既是手段也是目的，既是为青少年的未来生活作准备，同时也助其不断丰富人生经验、提升境界,从而使其日臻完善。然而,由于应试教育的沉重压力,使得激发青少年学习的热情变得极具挑战性。获得学业成功是每个学生和家长的愿望,学业成功意味着可以进入名牌高中、名牌大学,名牌大学毕业意味着可以找到理想的职业。在这种逻辑的推论下,学生、教师和家长备受升学压力的折磨:学生课业负担越来越重,升学竞争越演越烈,身心健康水平每况愈下。事实上,中小学生心理问题有许多是在学校学习过程中产生的。例如,因升学压力过重而使学生厌学、逃学,因学业失败而导致焦虑、抑郁、自卑等。成功的学校教育不仅是教给学生系统的基础知识,更重要的是培养学生积极的学习心态、科学的思维方式。本章讨论学习倦怠辅导、拒学行为辅导和学习困难辅导。

第五章青春期心理辅导。随着青春期生理上的性成熟,青少年在心理上也产生了微妙的变化,男女青少年之间开始有了对异性的神秘感和对性的好奇心,有的还会因对自己身体上、生理上的突变心理准备不足,而产生羞怯、紧张、焦虑等情绪。所有这些都是青少年性心理的表现。了解青少年的性心理,是了解青少年内心世界的一个重要部分。本章讨论青春期体像烦恼辅导、异性交往辅导和性别角色辅导。

第六章人际关系辅导。学会与人和谐相处是一种生命智慧和伦理规范,良好的人际关系是一个人"安身立命之本"。在青少年社会化的过程中,学会与人相处是一个核心发展任务,青少年只有通过人际交往,才能体验到归属感、自尊感、自我效能感与存在感,才能学会爱、关心、宽容和理解。另外,从青少年心理健康的角度看,青少年的抑郁和焦虑往往源于人际关系紧张(包括家庭亲子关系和同伴关系),而人际关系压力是居于学习压力后的第二大压力源。本章讨论亲子冲突辅导、同伴交往辅导和学校适应问题辅导。

第七章行为问题辅导。由于儿童心理发展的差异,在班级里总会有些问题行为儿童,如注意缺陷多动障碍儿童、对立违抗性障碍儿童等。这些儿童的问题行为不仅影响他们的健康成长,而且也成了家长和班主任的心病。其实,行为问题是儿童发展中的不协调,可以通过心理辅导加以解决。本章讨论注意缺陷多动障碍辅导、对立违抗辅导、品行障碍辅导和网络依赖辅导。

第八章青少年危机辅导。当前,由于社会竞争压力、家长教育观念不当、家庭教育技能缺失、家庭成员矛盾、师生冲突、学业压力、情感问题等原因所导致的校园危机事件屡有发生,给学生、家庭、学校以及社会带来巨大的伤害和影响。如何正确认识与理解校园危机?学生常见校园心理危机有哪些常见类型?在应对处置校园危机事件中要注意什么事项?如何实施危机心理干预?学校心理辅导教师在校园危机心理干预中的职责是什么?上述问题都是学校心理辅导教师在日常工作中需要理清和操作的内容。本章讨论校园危机事件应对处置、青少年高危群体预防与干预、青少年自杀预防与干预。

　　从解决问题的辅导方法和策略上，本书各个专题辅导的体例是：问题表现—原因探讨—案例分析—辅导建议。

　　● 问题表现。即描述此类问题的日常表现症状，便于心理教师和班主任觉察和识别。

　　● 原因探讨。学生心理、行为问题形成的原因往往是复杂的，有个体生理、心理因素，也有环境因素。从系统生态观的视角看，要从个体发展与家庭、学校环境相互作用的过程中寻找问题的产生原因，理清问题的来龙去脉。

　　● 案例分析。本书的绝大多数案例都是参加本书编写的心理教师自己所做的个案，这些教师长期从事中小学生心理辅导工作，具有比较丰富的个别辅导经验。相信这些案例会给读者以启发和帮助。

　　● 辅导建议。通过问题症状描述、成因分析、案例讨论，最后给出有针对性、概括性的辅导经验，给读者以指导性意见和启迪。

　　本书撰写具体分工如下：

　　吴增强撰写第一章；

　　沈俊佳撰写第二章第一、第二节，第四章第二节，第五章；

　　吴俊琳撰写第二章第三节，第三章第三、第四节，第六章第三节；

　　沈闻佳撰写第二章第四节，第三章第二、第五节；

蔡素文撰写第三章第一节，第四章第三节，第六章第二节，第七章第一节；

曹凤莲撰写第四章第一节，第八章；

金婉娟撰写第六章第一节，第七章第二、第三、第四节。

本书的出版是我们这个团队集体的智慧与成果。参与编写的曹凤莲、吴俊琳、沈俊佳、沈闻佳、蔡素文、金婉娟老师是我带领的成长小组的成员，她们在两年的成长小组研训中进步得很快，在此对她们的辛勤工作表示感谢。

希望广大心理教师和班主任能够喜欢这本书，也希望大家多提意见，以便今后加以完善。

吴增强

2016年1月于上海

目录

第一章 个别辅导概述 … 1
- 第一节 个别辅导概念与目标 … 1
- 第二节 评估问题方法与技术 … 4
- 第三节 心理干预方法与技术 … 11
- 第四节 个别辅导注意要点 … 27

第二章 自我与人格辅导 … 34
- 第一节 自卑心理辅导 … 34
- 第二节 自负心理辅导 … 40
- 第三节 依赖心理辅导 … 47
- 第四节 任性心理辅导 … 52

第三章 情绪辅导 … 60
- 第一节 分离性焦虑辅导 … 60
- 第二节 社交焦虑辅导 … 66
- 第三节 学习焦虑辅导 … 71
- 第四节 抑郁情绪辅导 … 77
- 第五节 恐惧心理辅导 … 81

第四章 学习心理辅导 … 89
- 第一节 学习倦怠辅导 … 89
- 第二节 拒学行为辅导 … 97
- 第三节 学习困难辅导 … 103

第五章　青春期心理辅导 ······ 112
第一节　青春期体像烦恼辅导 ······ 112
第二节　青春期异性交往辅导 ······ 118
第三节　性别角色辅导 ······ 123

第六章　人际关系辅导 ······ 128
第一节　亲子冲突辅导 ······ 128
第二节　同伴交往问题辅导 ······ 134
第三节　学校适应问题辅导 ······ 140

第七章　行为问题辅导 ······ 145
第一节　注意缺陷多动障碍辅导 ······ 145
第二节　对立违抗性障碍辅导 ······ 153
第三节　品行障碍辅导 ······ 159
第四节　网络依赖辅导 ······ 165

第八章　青少年危机辅导 ······ 171
第一节　校园危机事件应对处置 ······ 171
第二节　青少年高危群体预防与干预 ······ 183
第三节　青少年自杀预防与干预 ······ 194

第一章

个别辅导概述

个别辅导是学校心理辅导的基本任务之一。学生的心理问题有共性的一面,但更多的则表现为个性化的一面。面向全体学生的心理健康教育和针对个别学生的个别辅导,是学校心理辅导不可或缺的两个方面。相比之下,个别辅导所需要的专业知识和技能要求更高,它是衡量心理辅导教师专业水平高低的重要标志。因此,个别辅导的理论、方法和技能,应该是每一位从事学校心理辅导工作的教师必须要掌握的。本章主要讨论以下问题:个别辅导的概念与目标、评估问题的方法与技术、心理干预的方法与技术、个别辅导的注意要点。

第一节　个别辅导概念与目标

一、个别辅导的概念

个别辅导是指辅导者与来访者建立开放、协调的辅导关系,运用心理辅导的原理和技术,帮助来访者解决心理困惑,促进心理健康的辅导活动。需要强调的是:

(1) 建立良好的辅导关系(咨访关系)是个别辅导活动顺利进行的基础。心理辅导教师能否与来访学生建立信任、安全的关系,是咨询能否取得成效的关键,只有建立了良好的辅导关系,来访者才会倾诉心里的烦恼。

(2) 个别辅导的主要过程包括评估、诊断和干预。实施个别辅导需要专业的技术,心理辅导教师必须经过严格训练,并在案例实践中积累经验。

(3) 学生的心理问题存在高度异质性和个别化的特征,心理辅导教师在学习他人的个案经验时,不能照搬照套,而要取其精华,结合自己的能力和个案的特点进行咨询服务,"一把钥匙开一把锁"。

(4) 临床心理咨询专业性强,辅导效果具有两面性,方法得当可以解决来访者的心理困惑,方法不当也可能加重其心理问题。因此,加强个案督导是非常重要的一项专业支持工作。

二、个别辅导的目标、范围与功能

1. 个别辅导的目标

（1）帮助学生更有效地处理自己面临的问题，缓解其心理困惑或压力，使之获得更好的适应性。每个学生都会遇到生活、学习、人际交往、社会适应和应激事件的困扰，个别辅导就是要帮助学生解决成长中的烦恼，提高其心理自助能力。

（2）帮助学生开发自身潜能，使生活更有意义。每个学生内心都有积极的力量，心理辅导的关键在于引导其发现自己的优长和禀赋，在生活实践中积累积极的体验，包括积极的信念、积极的情感和行为方式。

2. 个别辅导的范围

为了明确学校心理辅导教师的服务边界，必须界定个别辅导的范围。按照学校心理健康三级预防的概念，个别辅导的服务范围重点包括三个层次：第一，帮助每个学生解决成长中的困惑；第二，对高危学生的重点预防性辅导，包括对学习困难、人际关系紧张、性格缺失、行为问题、家庭环境不利或面临突发危机事件的学生的辅导；第三，对少数心理障碍学生的转介和后续辅导。

其中，高危学生是个别辅导的重点所在。

（1）学习困难学生。由于这些学生经常学业失败，其自尊心受到打击，有时会一蹶不振，导致他们的精力转向学习之外的方面，成为问题学生。

（2）行为问题学生。行为问题包括品行不良、攻击性行为、退避行为、多动行为和强迫行为等。

（3）身体缺陷学生。身体缺陷不仅影响学生的学习效能，同时也影响其人格发展。一个生理有缺陷的学生，在社会适应上会增加很多困难，他们往往会遭受他人的歧视和嘲笑，以致加剧自卑、退缩、孤独等人格特征。

（4）情绪困扰学生。情绪困扰是影响学生学习的重要因素。学生若在早期遇到过多的困难或挫折而无法克服，就容易产生焦虑和不安全感，进而影响学习的动机、热情和效率。有的学生由于情绪困扰，导致容易冲动、过度紧张、孤僻冷漠、喜怒无常，严重影响他们人格的发展。

（5）家庭环境不利学生。急剧的社会变迁导致离异家庭、寄养家庭、贫困家庭逐渐增多，处于这些不利家庭环境的孩子一方面缺乏情感上的关爱，另一方面面临经济困难的压力，双重压力又进一步引发情绪和行为问题。

此外，人际适应不良的学生，以及有着各种成长烦恼的学生，都应该是个别辅导的对象。

3. 个别辅导的功能

（1）了解学生心理问题的症结所在。大多数情况下，前来咨询的学生同时存在多种困扰，如学习困难与人际关系不良或情绪问题与行为问题并存。个别辅导就是要通过鉴别和评估，找到来访者最主要的问题。

（2）洞察学生行为背后的动机。班杜拉有一句名言"人们只有怎样思想才会怎样行动"，行为背后总有一定的动机。过去的学校教育工作，往往注重学生行为后果，根据行为后果决定处分的轻重。其实,很多时候行为与动机未必一致,"好心办坏事"的现象时常存在(栏1-1)。

> ❖ **栏1-1 圣诞树事件**
>
>   圣诞节临近了,某中学附近俱乐部里的一棵漂亮的圣诞树不翼而飞。俱乐部经理找到了学校,对校长说:"有人反映,贵校学生偷了俱乐部的圣诞树,希望你帮助查找一下。"学校经过调查,发现是实验班的几位学习困难学生干的。班主任张老师得知后,并不急于批评,而是先仔细了解了这些学生为什么要"偷"圣诞树。原来,过几天班里要举行圣诞庆祝晚会,他们想用这棵圣诞树装饰教室,增添晚会的气氛,给大家一个惊喜。在这个事例中,学生的动机是好的,但行为后果不好。如果光是批评,难以使学生接受。张老师首先肯定他们关心班级、为班级晚会出力的出发点是好的,然后指出实现这个愿望的手段是不正当的、错误的。这样的处理使这些学生口服心服,他们不仅向俱乐部的经理赔礼道歉,而且还将功补过,组成了"绿化近卫军",每天早晨为学校的花坛浇水。

（3）了解学生身心发展过程。通过个别辅导,可以使心理辅导教师深入了解学生心理发展的历程,也只有在此基础上,教师才会理解学生,与学生平等对话,帮助他们健康成长。

（4）解决学生成长中的烦恼和危机。个别辅导的最终目的是帮助学生解决成长中的烦恼和危机,这既是个别辅导的起点,也是个别辅导的终点。

（5）加速学校心理辅导教师专业发展。目前,大多数从事学校心理辅导工作的人员缺少系统的专业培训。尽管现在教育系统有各种各样的心理辅导培训,但这些培训大多既缺乏系统性,又缺乏实践性。在这种情况下,如何加速学校心理辅导人员专业成长是一个非常紧迫的问题。若只有热情,没有一支合格的学校心理辅导人员队伍,任何美好的设想都只能停留在纸上。加速学校心理辅导人员专业成长可以采用以下对策:培训课程专业化,尤其要加强心理辅导人员自身伦理和职业道德修养,加强临床实践培训;学校心理辅导人员持证上岗;从事心理辅导研究。其中加强临床实践尤为重要。在培训实践中,案例实践和研究是加速学校心理辅导教师专业成长的重要途径。心理辅导人员不光要有理论还要有技术,技术需要通过个体的经验转化而来。这就如同医生,医科大学毕业只能说明受过医学专业背景的教育,而要真正成为一个医生,还需要多年的临床实践。案例研究不仅要求心理辅导教师按照严格的心理评估、诊断和干预方法解决来访者的问题,更重要的是,要求教师对自己做的案例进行反思、实践,再反思、再实践,从而提高自己的辅导技术。[1]

三、个别辅导的步骤

个别辅导可以分为两大阶段六个步骤。

1. 第一阶段——评估问题

评估问题对于个别辅导是非常关键的阶段,这就如同我们到医院去看病,如果诊断错误,将会耽误病情。评估问题包括收集和加工信息的各种程序,而信息则是从整个辅导过程中不断产生出来的。评估的目的有以下几项:获得相关信息,提供干预依据;鉴别与问题相关联的控制及影响因素;确定来访者对辅导的预期;确定基础数据与信息。

评估问题阶段具体分为三个步骤:

(1) 确定来访者的问题与症状。解决问题的第一步是发现问题,即分析来访者的问题是属于学习困难、品行问题、情绪问题,还是人际适应不良问题等。

(2) 收集资料。详尽地了解来访者需要三方面的资料,即个人的历史资料、现状资料与背景资料,以便对来访者有比较全面、深入地了解。精神分析理论认为,过去的创伤性经历对人的心理和行为有很大的影响。

(3) 评估分析。通过对来访者的具体问题和有关个人资料的分析和综合,判断其心理或行为问题的特征、性质和原因。准确、科学的评估是有效干预的前提。

2. 第二阶段——进行干预

干预阶段具体分为三个步骤:

(1) 制订干预方案。干预方案包括干预目标和干预措施。干预目标要注意适切性、针对性和可操作性。干预措施要具体,并且要与来访者及其家长共同商议,形成"契约"。因为在干预过程中,来访者和他们的家长都是可以调动的辅导资源。

(2) 实施干预。在干预方案实施的过程中,需要运用多种干预技术。一般来说,学校个别辅导主要可以应用人本主义的"来访者中心"疗法、行为干预法、认知干预法等。近年来,沙盘治疗、游戏治疗、绘画治疗和心理情境剧等表达性治疗技术也在中小学心理辅导中得以运用。这些干预技术都需要经过一定的专业培训才能掌握。

(3) 效果评估和后续辅导。干预过程往往几经反复,不会一次轻易成功。对于这一点,干预人员要有足够的思想准备。因此,要及时对干预效果进行评估,以便反馈调整,使干预更有针对性。

第二节 评估问题方法与技术

一、如何确定问题

美术课上,老师发现一个学生好几次都没把图画画完,他在记录簿上写道:课上,×××绘画了一只怪异而可爱的小鸟。他用水彩着色,当快要完成时,拿来给我看。我赞扬了他,他笑着说:"我也认为不错,我要把它画完。"约5分钟后,我注意到他停下不画了,双手抱着头。我走到他身边,想看看发生了什么。小鸟的身体被涂上污点,好像他不要这张画了。我告诉他如何把污点除去,但他无动于衷。没过多久,他把画丢进了废纸篓里。

对于上述案例中的学生,心理辅导教师所要确定的问题是"他为什么不画完自己的画"。当然,这只是初步的论断,随着对当事人情况的逐步了解,对问题的思考也会逐步深入。很多时候,辅导人员最初的判断与之后的判断并不一致(栏1-2)。

> **栏1-2　心理辅导教师咨询手记之一：迷失的花季**[①]
>
> 　　对晓晓的咨询告一段落。表面上看,她的问题似乎与学业成绩明显下滑有直接联系,但当深究其问题的根源时,却遇到了极大的障碍。晓晓的问题是如此的错综复杂,牵枝攀藤。
> 　　与深交男友的分手使晓晓内心充满了无尽的伤感,她情绪低落,无法自控,表现为明显的情感抑郁和行为及思维上的强迫症状。
> 　　情绪的恶化和难以控制严重影响了晓晓的学业,并进一步引发了她的自卑感和焦虑情绪。这时父母对她的期望化成了一张无形的大网,家族的荣耀使她罪恶感备增。
> 　　理想与现实的激烈冲突使晓晓内心充满了矛盾纠葛,认知机制也发生了偏差。长期对爱情的依赖使晓晓错误地认为,只有男友才能给她的学业带来动力。性格的缺陷使她长期忽略与同学的正常交往,在学校里她几乎找不到一个可以说说心里话的好朋友。人际交往的隔阂,使失去了男友情感依托的她顷刻间不知所措,无所适从,产生了人际交往焦虑和环境适应不良。
> 　　综上所述,晓晓心理问题的症结在于青春期异性交往的情感困惑,这是所有引发她心理问题的关键所在,其次才是学业焦虑、人际交往焦虑和环境适应不良焦虑。因此,打开她心理问题症结的钥匙在于首先解决她的情感困惑,只有帮助她度过情感危机,等她内心世界对情感冲击的敏感度降下来之后,才有可能解决她的其他心理问题。
>
> 　　　　　　　　　　　　　　　　　　　　　　　　　　　　　　(唐文红)

上述案例中,心理辅导教师最初认为晓晓的问题是由学习压力造成的,后来才发现是因为失恋带来的情感困惑。

发现问题以后,还要清晰地描述当事人的症状。一般可以将症状分为三类:身体症状、心理症状和行为症状。

(1) 身体症状:器官残缺、相貌丑陋、耸肩、斜视、口吃、早熟、晚熟、发育不良、失眠、恶梦、疲劳、神经过敏、神经紧张、食欲不振、内分泌失调等。

(2) 心理症状:沉默寡言、意志消沉、胆怯害羞、畏缩不前、犹豫不决、多疑恐怖、心忧烦躁、悲观厌世、过分自卑、大言不惭、过分骄傲、思想迟钝、缺乏兴趣、孤独怪僻、离群索居、喜怒无常等。

(3) 行为症状:说谎欺诈、偷窃掠夺、逃学旷课、离家出走、性情暴戾、争吵打架、恃强凌弱、胸襟狭窄、无端猜妒、好吃懒做、挥霍无度等。

[①] 本案例选自《野百合也有春天——学生心理辅导案例精选》(吴增强主编),略有删改。

二、如何收集资料

1. 收集资料的内容

收集资料的内容包括历史资料、现状资料和背景资料三方面。

(1) 历史资料。包括学生的出生史、身体生长史、学习史等。出生史,如母亲怀孕是否足月,是否为早产儿(早产儿往往先天不足),母亲怀孕期间是否酗酒、抽烟或是否受过强烈精神刺激,这些都会给胎儿带来生理、心理发展的后遗症;出生是顺产、难产还是钳产,体重是否过轻等,这些出生情况对个体后天生长会有重要影响。身体生长史,包括健康史和生长史。健康史,如有没有得过疾病(如脑炎、肺炎、小儿麻痹症、哮喘等),有没有意外事故的机体损伤(如骨折、烫伤、烧伤等)。生长史,如何时开始坐起,何时开始行走,何时开口说第一个字、第一句话,有没有言语困难、行动障碍等。学习史,指儿童入学以后的个人经历。如学习成绩何时开始落后,学习期间有没有受到重大挫折(如留级、受处分、与老师关系紧张等),其间家庭有没有发生重大事件(如丧父或丧母、父母离异等)。要评估分析学习困难学生的形成原因,了解其过去在校经历是十分重要的。

(2) 现状资料。包括学业状况、学习能力、学习动机与态度、社会技能,以及兴趣特长等。学业状况,如在哪些学科学习上有困难,哪些学科没有困难;在具体一门学科中,哪些单元内容有障碍,哪些单元内容没有障碍等。学习能力,具体指思维、记忆、观察、言语、空间判断等能力在发展上是否偏离常态。学习动机与态度,包括抱负、志向、求知欲、对学习的情绪反应(如是否有厌学、畏学、过分焦虑等)、对学习的信念(如是否有自卑、自弃心理等)和学习习惯等。社会技能,包括与人交往的能力、理解别人观点的能力、处理问题的能力等。社会技能虽然不会直接影响学生学习成绩,但在一定程度上会间接影响学生对学习活动的参与。例如,社会技能较差的学生在课堂讨论中不能充分表达自己的想法,也不善于理解别人的见解,使得自己的思维处于封闭状态。兴趣特长,了解学习困难学生的兴趣特长,一方面是为了发现和开发他们的潜能,另一方面是为了引导学生将兴趣融于学习之中,在活动中发挥特长,激发他们的学习动机。

最有价值的现状资料是学生的内心思想和社交圈。学生心灵深处潜藏着一些成人难以理解的"密码",教师要站在学生的立场认识学生,了解他们的喜怒哀乐,了解他们的需要。学生的社会交往背景是其社会支持系统,对其学习、生活、行为方式和价值观念具有举足轻重的作用。

(3) 背景资料。包括家庭教育背景、学校教育背景、社区环境。家庭教育背景包括父母的受教育程度、职业等社会经济地位,父母对教育的态度和理解,父母对子女的教育期望、教育方法,家庭成员关系,以及父母自身的举止言谈、文化修养、业余爱好等。学校教育背景包括历任教师对学生的评价和影响。教师的影响包括正面影响(如教师很受学生的尊敬)和负面影响(如师生关系紧张,教师的一次批评很伤学生的自尊心)。班级风气、同学关系都能对学生学习产生影响。此外,社区环境对学生的价值观念会产生潜移默化的影响。[2]

2. 收集资料的方法

收集资料的方法很多,包括观察、谈话、自述、座谈、访问和心理测量等。常用方法主要

有以下几种:

(1) 观察法。指教师亲临现场,通过感官获得学生各种信息。该法实施方便,在任何时间和地点都可进行。它能提供具体事件的真实描述,比事后了解和查阅资料更具体、真实和完整。实施观察法可不引起学生注意,使他们不受干扰地活动,所得资料的真实性是其他方法无法比拟的。观察法的局限性在于:首先,由于观察的大多是学生的自然状态,信息的整理归类比较困难;其次,存在观察者偏向的影响,如观察者对被观察学生的主观态度会使观察结果产生偏向。因此,几个观察者观察同一对象有时会产生观察结果的不一致。教师在具体观察过程中可采取轶事记录、现场观察记录、定期记录等。

(2) 自述法。指学生自己叙述有关自己的事实与想法,包括自传体作文、日记、周记、思想小结、学期总结和犯错误后写的检查等。如果教师能指导学生写得具体并符合实际,避免空洞套话,那么学生的自述往往是一种有价值的资料。越是与教师关系融洽、对教师信任的学生,在自述中越能反映其内心世界。

(3) 谈心法。指教师跟学生作深入的谈话,对学生作深入内心世界的了解。谈心法是最普通、最常用的收集学生资料的方法,也是最有教育意义、最富有教育艺术的方法。教师与学生谈话要根据学生不同的个性特点采取不同的谈话方式,还要注意当时当地的情境,要选择一个适当的,不仅对自己,而且对对方都适合的时间和地点。谈话中,教师要和蔼、专注、准确地与学生沟通。和蔼给学生以亲切感;专注是对学生尊重、关切的表示,可以给学生以信任感;准确是指既要听懂对方的话所表示的准确含义,又要准确地向对方表达自己的话。

(4) 问卷与测试。是定量收集学生资料的方法,便于统计整理以作数量的比较。问卷调查是通过让被调查者回答一系列有结构的问题,了解其各方面的情况,如学生的家庭教育情况、在校表现、在家表现等。被调查者可以是家长、教师、同学,也可以是学生本人。从学生本人在问卷中的自陈,可以了解他们对父母、教师、同学以及对学习的态度与认识。测试分为学业测试和心理测试。标准化的学业测试可以了解学生具体学科的学业水平。心理测试是运用标准化或非标准化的量表了解学生的能力倾向与个性特征的一种方法。标准化量表是指严格按照心理量表编制程序制定的,心理学界一致公认的,或经过权威机构鉴定的量表,如韦克斯勒智力量表、瑞文智力量表等。非标准化量表是出于研究需要编制的,未经鉴定的量表。例如,在研究初中学习困难学生的心理特点时,上海市教育科学研究院参照了不少标准化量表,系统地编制了能力量表(包括思维、记忆、观察、言语、空间和操作等能力)和个性量表(包括抱负、求知欲、好胜心、坚持性、独立性、自我意识与焦虑等特征)。这些量表经使用表明有较高的效度和信度。[2]

此外,家访、座谈也是常用的收集学生资料的方法。

三、如何评估分析

1. 材料整理

材料整理即对将材料进行归类,主要有三点要求:

(1) 需要有一个结构(或提纲)。根据评估要求,学生材料应按照其问题性质、特征、程度和产生原因分别归类。以学习困难学生为例:问题性质,比如是学业状况问题还是学习能力问题,是学习态度问题还是学习方法问题等。问题特征,如外语学习困难有何特点,是记不住词汇,还是听力或语言能力较差等。问题程度,如数学学习究竟差到什么程度、相当于几年级的水平等。问题产生的原因,如是家庭教育缺失还是同学关系不睦等。有了这样一个结构,归类就比较清晰,就能纲举目张。

（2）去伪存真。整理材料要注意材料的真实性,包括有关学生的事件和行为、思想的真实性。事件要多方核实以避免误传;对反映学生行为和思想的材料,研究者要尽量克服主观偏向,做到客观审视。

（3）去粗取精。学生材料中有相当一部分是谈话、访谈记录、自述、轶事记录等定性资料,其中有关内容与无关内容混杂在一起,需要删去无关内容,精选有关内容。

2. 分析判断

分析判断是评估的核心,重点应关注三方面内容:

（1）分析学生问题形成的原因。大体上可以从个体内部因素(如智能、个性、身体等)和个体外部因素(如家庭教育情况、学校教育情况、大众传播媒介的影响等)来寻找原因。但事实上学习困难学生的形成是多种原因交织作用的结果。评估就是要分析出最初的起因是什么、最主要的原因是什么,因此需要比较充分地了解学生过去的历史,弄清问题的来龙去脉。

（2）透过现象看实质。实质反映了事物更为深层的原因或属性,研究者需要有一定的洞察力才能看到问题的实质。例如,厌学、畏学情绪是一种现象,但为什么畏学、厌学,各人背后的原因不同。有的是缺乏意志力,有的是学习态度不端正,有的是懒惰,有的则是因学业经常失败而自卑、自弃等。评估就是要分析、判断出实质的问题。

（3）抓住主要问题。需要个别辅导的学生身上的问题往往不是单一的,而是一种综合症状。例如,知识基础差、学习技能低、学习习惯不良、学习态度不端正,或者还有人际适应不良和行为问题等。每个学生的问题各有侧重,抓主要问题就是要找到影响学生学习的主导性因素,是"牵一发而动全身"的因素。例如,某学习困难的学生,从问题表现上看是知识基础差、阅读能力低、学习不专心、作业粗心等,进一步分析后发现主要问题其实是两个,即学习中思维活动强度不够和依赖性过重,这样就可以围绕这两点有针对性地制订教育干预方案。

3. 评估方法

要准确地评估,研究者主观上要具备三个条件,即思维加工能力、理论知识和经验背景。缺乏思维加工能力,就难以找到事物的因果联系;缺乏理论知识,就不能科学地归纳问题;缺乏经验,就会影响对现象的洞察力。

从客观上看,准确的评估还必须借助高质量的评估量表。这就如同医生借助先进的医学检测仪器可以更准确地评估病人的病患。理想的评估工具应该既有较高的效度、信度,又兼具简便易行的优点,但事实上两者很难兼顾。比较专业的评估量表需要由专业人员来施测,一般教师较难掌握使用,而教师能够使用的观察评定表又不够精细。目前国内适合学习困难学生的量表很少,如果使用国外的量表,由于被试的文化背景、教育背景不同,就需要根据国内被试情况修订。但修订量表是一项艰苦而细致的工作,因此制订学习困难学生的评估量表是一项迫切需要进行研究的工作。

常用的具体评估方法有行为分析、作品分析、能力评估和教育会诊。

（1）行为分析。包括学生的课堂行为分析和日常行为分析。

课堂行为分析。学生在校的主要活动场所是课堂，学生课堂行为往往反映了其学习障碍。利用事先设计的课堂行为观察记录表所获得的资料，可以分析学生如下行为：①对教师讲课的反应。有些学生似乎也在听教师讲课，但对教师讲课内容反应迟缓或者毫无反应。究其原因，一种可能是听不懂，有知识障碍；另一种可能是分心，思想不集中。究竟属哪一种，教师要具体分析。②做课堂作业时的反应。学习成绩好的学生常常能有效地完成课堂作业，而学习困难学生则常常很困难，有时为了表明自己不落后也会胡乱做一通，或者随声附和。这个问题的症结在于，一方面学习困难学生的学习基础差，另一方面课堂上统一的教学要求使他们难以适应。所以，教师布置课堂作业也要因人而异，实施分层作业。同时，要多当场检查学习困难学生的作业情况，及时了解他们的学习情况，防止他们学习上"含混过关"。③不安定的课堂表现。包括心神不定、随便讲话、做小动作、骚扰邻座、起哄等不良课堂表现。导致这些现象出现的原因较多，如自控能力差、师生关系紧张存心作对等。④回答问题的表现。有些学生怯于回答问题，上课总是默不作声，可能是起因于学习退缩倾向；有些学生回答不得要领或语无伦次，则可能在问题理解或言语表达上有问题。

日常行为分析。学生的日常行为问题可以通过日常观察来评估，一般教师比较容易掌握。以下列举几种常见的学生问题行为表现：①行为失调：好斗、憎恨别人、发脾气、不顺从、对抗、不礼貌、鲁莽、不合作、不体谅别人、吵闹、喧嚷、支配别人、盛气凌人、说谎、说话低级下流、妒忌、猜忌、挑剔、责备、依赖别人、不能承担责任、戏弄别人、否认错误、易生气、自私等。②焦虑—退缩：过分焦虑、害怕、紧张、害羞、胆怯、忸怩、退缩、孤独、不愿交友、沮丧、悲哀、烦恼、过于敏感、容易受伤害、自卑、感到自己微不足道、缺乏自信、容易激动、常常哭泣等。③不成熟：注意广度不够、不能集中注意、常做白日梦、手脚不灵活、笨拙、动作不协调、缺少活力、精力不济、懒惰、常常昏昏欲睡、对事物缺少兴趣、缺乏坚持性、做事不能有始有终、脏乱、邋遢、不整洁等。④社会性攻击：结交不良伙伴、偷窃别人的东西、打架斗殴、恃强欺弱、破坏公物、忠于坏朋友、逃学、离家出走等。对于有上述症状的学生，教师还应参考其历史资料与背景资料进行综合分析评估。

（2）作品分析。是指通过对学生自述性材料和作业的分析，了解其内心世界和实际存在的学习障碍。如有位初二女生学习成绩较差，她在"与老师说悄悄话"的自述作文中这样写道：

"我虽然不是一个好学生，但我也有自己的理想。我希望自己能成为一个了不起的警察去对付那些社会渣滓，让他们受到应有的惩罚……我想在初二这关键的一年里好好地拼一拼，我要为自己的理想而好好读书，考进自己理想的学校——美术学校，然后去当兵。如果当不成兵，我就把头发剪短，做个假小子去少林寺学武功，空余时间练书画……等事业有成，我要办一个'陈×美术展览馆'，里面放满我的美术作品，并让我的侦探所成为上海滩最有实力的侦探所。"

从这篇自述材料中可以看到这位学生自尊心很强，对自己未来充满幻想，尽管理想飘忽不定。从中还可以发现她的兴趣，便于教师进一步评估她的问题。

（3）能力评估。对于学习困难学生可以采用各种学习能力的评估(包括阅读、言语、拼写、计算等)，一般可用学科成就测验与评估检测表进行评估。例如，评估学生的阅读能力，可以先用阅读水平测验测定学生的阅读水平等级，再用阅读评估量表评估学生的具体阅读障碍。表1-1是美国学习障碍儿童研究专家编制的阅读评估量表，可供参考。找到具体阅读障碍后还可作进一步的能力评估。如某学生词汇遗忘较突出，则要进一步查明该生的记忆力是否有问题；某学生阅读速度慢，则要检测其知觉信息能力有何问题；某学生阅读句子不完整，则要注意其信息编码、组织能力如何。

表1-1 阅读评估量表

阅读障碍细目	经常发生	有时发生	偶尔发生
1. 逐字阅读			
2. 句子错误			
3. 发音错误			
4. 重复句子			
5. 基本词汇不识			
6. 视觉扫描慢			
7. 猜字			
8. 缺乏完整性			
9. 不能利用提示线索			
10. 阅读速度慢			
11. 不能浏览			
12. 对困难的材料不能调整阅读速度			
13. 嘴唇运动次数少			
14. 词汇遗忘			

言语能力评估可参照以下项目：讲话口吃；不能有条有理地陈述事情，不能将句子组成一个意群；说话语句不连贯；不能理解笑话、双关语和讽刺语；不理解抽象的词；理解词意狭窄，不知道词的多重含义；不能连贯、完整地讲一个故事，只能零碎、单一地描述与自己有关的日常琐事。还有些学习困难学生表面上很会讲话，但语言很不规范，课堂上正式表达常常语无伦次，或表现出上述障碍。

计算能力评估可以参照下列项目：不能记住数学公式；字数与符号联系困难；空间图形概念混淆；解应用题困难；心算能力差；口算能力差。

（4）教育会诊。是由班主任、任课教师、辅导人员等参加，对需要辅导的学生进行集体会诊的一种方法。有时可以吸收家长、相关的学生，甚至学生本人参加。会诊前，应将有关学生的材料分发给会诊者，便于事先准备会诊意见。会诊时，先由主诊者简要地介绍学生情况，然后请与会者充分发表意见，分析学生的主要问题、产生原因、可以运用的有利条件，讨论与制订教育干预方案等，最后达成比较一致的会诊意见。会诊内容是多方面的，可以是对一个学生的问题会诊，也可以是对某一类学生的问题会诊；可以是综合性的问题，也可以就某一专门的问题,如某一学科学习、某种不良倾向等进行会诊。教育会诊的优点之一是能比较全面地反映学生的问题。会诊者大多是某门学科的教师,他们可以分别从该学生在本门学科的表现情况来分析问题,这样便于其他会诊者掌握学生的全貌,包括长处与短处。优点之二是能够形成比较适切、完善的会诊意见。教育会诊中,会诊者相互交流评估意见,也是相互启发、相互补充达成一定共识的过程,它使会诊意见更完善、更合理,也便于提出适切的干预方案。有专业人员参加,可以使会诊更具科学性。[2]

第三节 心理干预方法与技术

心理干预的方法与技术有许多,限于篇幅,这里主要介绍中小学最常用的认知行为干预技术和焦点解决短期咨询技术。

一、认知行为干预技术

认知行为干预是学校个别辅导最为常用的技术,心理辅导教师应该精心学习和熟练掌握这项技术。认知行为干预又称"认知行为治疗"(Cognitive Behavior Therapy,缩写为"CBT"),是一组干预方法的总称,认知活动在心理或行为问题的发生和转归上起着非常重要的作用,在治疗过程中既采用各种认知干预技术,又采用行为干预技术,具有积极性、指导性、完整性和疗程短等特点。

1. 行为干预技术

行为干预技术在认知行为治疗中具有十分重要的价值,它能很直观地转变当事人的行为,以调整当事人适应不良的行为模式,同时在行为改变过程中同步促进当事人的认知调整。中小学常用的行为干预技术有松弛训练、系统脱敏、强化技术、冲击疗法、示范技术、自我控制疗法、行为矫正等。

(1) 松弛训练。松弛训练是目前学校心理辅导中运用最多的一种行为治疗方法。凡能使个体学会有意识地控制自身心理生理活动、降低唤醒水平、改善机体紊乱功能的训练,均属松弛训练的范畴。我国的气功、印度的瑜珈术、日本的坐禅、德国的自生训练、美国的渐进松弛训练、超然静思,都是以放松为主要目的的自我控制训练。在方法上都是通过调整姿势、呼吸、意念而达到松、静、自然的放松状态。研究表明,放松状态下大脑皮层的唤醒水平下降,交感神经系统的兴奋性下降,机体耗能减少,血氧饱和度增加,血红蛋白含量及携氧能力提高,消化功能提高,以及肌电、皮电、皮温等一系列促营养反应均有不同程度改善,这对于调整机体功能和心理状态大有裨益。近年来,临床上应用生物反馈仪,通过数字的显示、声光的变化,向患者提供与其自身器官活动及情绪、思维等密切相关的信息。受训者可以随时了解自己的一般状态、放松状态和不同程度紧张状态时的肌电、皮温、心率等生理参数的变化。生物反馈技术与传统放松技术相结合,放松效果更佳。[3]

(2) 系统脱敏。系统脱敏法由沃尔普首创,最初用于治疗动物实验性神经症,即通过先电击正在笼子里吃食物的猫,然后在远离房间(猫被电击时所处的房间)的地方给猫食物,并逐渐把食物移到这个房间,再逐渐靠近笼子,最后猫能够像以前一样在笼子里进食的实验,制造出动物实验性神经症模型。沃尔普认为人类的神经症与动物神经症一样,也是条件反射的结果,因此也可以用这种方式加以治疗。治疗包括三个步骤:第一步,放松训练,放松可以对抗焦虑;第二步,排列出由弱到强的焦虑层次表;第三步,让当事人想象引起焦虑的情境同时进行放松。当患者想象第一焦虑层次时,同时放松肌肉,若不感到紧张害怕,则进入下一个层次。如此渐进,直到通过最后一个焦虑层次。目前这种方法已经广泛地用于治疗各种恐怖症,并收到了理想效果。

(3) 强化技术。以操作条件作用原理为依据,故又称"操作条件治疗法"。强化技术是行为矫正的基本技术,包括正强化、负强化、惩罚等类型。

① 正强化。即将令人愉快、喜欢的刺激施加于对象,增进其积极行为,克服其消极行为。正强化物包括物质强化物(如各种学习用品、生活用品、食品、玩具等)、符号强化物(如分数、五角星、小红旗等)、社会强化物(如微笑、抚摸、表扬、鼓励等)、当事人喜欢的活动(如看电影、去公园、上网等)。

② 负强化。即将令人厌恶、痛苦的刺激从对象身上撤去,增进其积极行为,克服其消极行为。负强化包括撤去处分、减少家庭作业等。

③ 惩罚。即将令人厌恶、痛苦的刺激施加于对象,以减少其不适应行为。如学生发生欺负别人的行为,若受到老师批评或者处分等惩罚,就可能减少该生的攻击行为。

④ 取消正强化。即将令人愉快、喜欢的刺激从对象身上撤去,以制止不恰当行为。如在家里,若孩子没有完成作业,就取消当晚看电视的机会。

⑤ 消退。即用非强化方法来减少对象的消极行为,包括冷淡、不理睬、漠视等。例如,有些调皮捣蛋的学生故意在课堂上制造闹剧,破坏课堂秩序,如果大家的注意力都被他吸引,他会更加得意,反而强化了这种不良行为。在这种情况下,教师可以采取消退方法,要求同学们不要理会这种行为,几次不理会之后,这些不良行为自然会减少。类似地,婴儿啼哭时不去理会,也是一种消退。

(4) 冲击疗法。又称"满灌疗法",即将患者置于能够诱发强烈焦虑或恐惧的情境(通常是真实的生活情境)之中,借此通过消退原则去除其有关的问题行为。冲击疗法与系统脱敏法恰成对照。在系统脱敏治疗中,令患者按照焦虑层次逐步暴露于恐惧的情境中,每次暴露仅引起较弱的焦虑反应。在冲击治疗中,患者直接进入他最感恐惧的真实生活环境之中,恐惧反应一下子达到顶峰。在冲击治疗中,虽然患者最初的情绪反应异常激烈,但只要坚持下去,反应强度就会随着暴露时间的延长而逐渐减弱,最后随着暴露次数的增多,便可达到消除问题行为的目的。这种疗法的主要适应症是恐怖症和强迫症。冲击疗法的优点是疗程短、见效快;它的缺点是可能会引起少数患者惊恐发作,不易被患者接受。有严重心肺疾病患者忌用这种方法,以免发生意外。

(5) 示范技术。示范技术的主要原理来自社会学习理论,利用人类通过观察学习获得新的行为反应的倾向,向具有不良行为的人呈现某种行为榜样,纠正其不良行为,建立适应性行为。目前,示范技术大量用于儿童行为训练,有时也用于临床治疗。

(6) 自我控制疗法。又称"自我管理治疗",即当事人自己用行为治疗技术矫正自己的行为。1977年,雷姆提出了抑郁症自我控制模型,他认为强化在抑郁症发生发展过程中是非常重要的,强化可以通过自我产生而不一定都是外部强化。雷姆认为,抑郁症患者的抑郁情绪是消极自我评价、缺乏自我强化和过多地自我惩罚的结果。据此,他提出了抑郁症自我控制治疗的三个过程:一是系统性自我监测训练,即集中注意对积极事件准确监测,作为与不良情绪对抗的手段;二是自我评估训练,即对患者信念的有效性或真实性进行检验或自我评估;三是自我强化,即对适应性情绪、行为进行自我鼓励、自我奖酬。[3]

(7) 行为矫正。是强化技术的具体应用,指通过适当的强化手段,增进积极行为的发生,减少并逐步克服不良行为的一种技术。行为矫正的程序有四步,即建立目标行为、建立行为基准线、实施强化干预、效果评估与反馈。

① 建立目标行为。目标行为是指需要克服的不良行为,或者是需要培养的积极行为。目标行为的确立必须遵循特定性和操作性原则。特定性原则指目标行为必须是客观的、可观察的、可测量的。操作性原则则强调得更具体:能否计算某行为发生的次数,或者计量某行为发生的时间;能否对某行为进行分解,如上课不专心是一个比较笼统的概念,需要进一步分解为上课做小动作、上课随便讲话、上课随便走动等;能否定义某行为,使其在理解上不会发生歧义。必须强调的是,每次干预只能有一个目标行为,以保证干预的有效性。

② 建立行为基准线。行为基准线是行为的评价基础指标。利用观察记录表,在一定的时间内将个体某一目标行为所表现的次数加以记录,然后求出每天或者每周的平均值,就是行为基准线。表1-2是一张显示两周的吸烟行为记录的频率数据表,图1-1是根据这张数据表制作的行为契约图。第1天到第6天是基线期,第7天开始进行干预。由图表可以计算出该案主的吸烟行为基准线为7.8次/天,由行为契约图可以明显看到干预的效果。[4]

表1-2 吸烟行为频率数据表

天	1	2	3	4	5	6	7	8	9	10	11	12	日总量
1	×	×	×	×	×	×	×	×					8
2	×	×	×	×	×	×	×	×					8
3	×	×	×	×	×	×	×						7
4	×	×	×	×	×	×	×						7
5	×	×	×	×	×	×	×	×	×				9
6*	×	×	×	×	×	×	×	×					8
7	×	×	×	×	×								5
8	×	×	×	×	×								5
9	×	×	×	×									4
10	×	×	×	×									4
11	×	×	×										3

(续表)

天	1	2	3	4	5	6	7	8	9	10	11	12	日总量
12	×	×	×										3
13	×	×											2
14	×	×											2

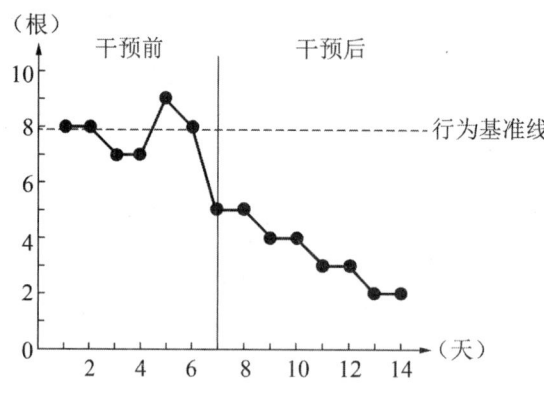

图 1-1 行为契约实施效果图

③ 实施强化干预。心理辅导教师要和学生、家长一起制订一个具体的强化方案,提出目标行为和具体教育要求,以及强化方式等。代币制是一种系统的正强化,以下介绍两例。

例1:矫正写字潦草学生小李的代币制方案。

表 1-3 小李的行为价值表

写字情况	可获代币点数
1. 对照字帖练习100字,笔顺正确	8
2. 数学回家作业字迹清楚	3
3. 作文每篇500字以上,字迹工整	15

表 1-4 小李的奖励兑换表

选择的奖励	所需点数
1. 星期天去奶奶家吃饭	7
2. 看电视动画片	7
3. 选自己喜欢的一本书	40
4. 买新的运动服	500

例2:厌学学生小周辅导中设计的代币制方案。

表1-5　小周的行为价值表

学习与守纪情况	可获代币星星数
1. 按时完成作业,书写端正	小五角星1颗
2. 上课坐端正听讲,不做小动作,不插嘴	小五角星1颗
3. 课间文明休息,不奔跑,不打闹	小五角星1颗
4. 保持座位四周和台板干净整洁	小五角星1颗
5. 按时完成订正作业	中五角星1颗
6. 数学作业没有错误	大五角星1颗
7. 英语作业得A	大五角星1颗
8. 语文作业得优	大五角星1颗

注:一个中五角星换5颗小五角星,一个大五角星换10颗小五角星。

表1-6　小周的奖励兑换表

选择的奖励	所需星星数
1. 选择喜欢的食物	5颗小五角星
2. 放学后玩半小时	5颗小五角星
3. 晚上看一会儿电视	10颗小五角星
4. 星期天和父母一起上公园	15颗小五角星
5. 到同学家玩一次	15颗小五角星
6. 买一样自己喜欢的东西	20颗小五角星
7. 当一次班级小队长	30颗小五角星
8. 远途旅行一次	100颗小五角星

实施代币制要注意的是,要了解学生喜欢哪些奖赏和报酬,辅导教师要与当事人共同讨论制订方案,这样才会有激励作用。

④ 效果评估与反馈。不良行为习惯的矫正往往不是一帆风顺的,有时会有反复,心理辅导教师对此要有充分的心理准备。因此,按计划实施行为矫正之后,要根据记录的数据与资料对干预效果及时进行评估,若效果不佳,要分析原因,反馈调整干预计划;若效果明显,也要总结成功的原因,并安排进一步巩固效果的措施。

2. 认知干预技术

认知干预技术主要包括认知治疗和理性情绪疗法。

(1) 认知治疗。是由贝克创立的治疗体系,它强调个人的信念系统和思维在决定行为和情绪中的重要性。认知治疗的焦点在于了解歪曲的信念并应用技术改变不适当的思想,以纠正不良的情绪和行为。认知治疗家的角色是一个教育者,即帮助当事人理解歪曲的信念,提出改变这些信念的方法上的建议。一般来说,认知治疗适用于几种严重的心理障碍,如抑郁和焦虑障碍。

贝克在对抑郁的研究中,确定了几个抑郁者显著的认知歪曲。心理学家弗里曼讨论了在不同心理障碍中存在的一系列共同的认知歪曲,以下列举常见的几种:

① 两极化思维。即一件事情要么成功要么失败,非白即黑。例如,某学生说:"除非我考试得满分,否则就是失败。"

② 选择性提取。即个体刻意提取一个事实或者观念,以支持他的抑郁和消极思维。例如,某人在事业上比较成功,遇到一次挫折,前面的成就感就全部消失,把注意力都放在失败的那一次上,他从事件中提取了消极的一面,让自己抑郁。

③ 专断性推论。指经常在证据不足的情况下作出结论。专断性推论有两种:无端猜测和消极预期。前者如:某人说朋友不再喜欢他了,因为他发现朋友不再和他一起喝茶了。实际上,这位朋友不和他一起喝茶有很多原因。后者如:某女生预期自己考试会失败,而实际上她准备充分,这个失败的推论是没有事实根据的。专断性推论都是不注重事实或者歪曲事实的。

④ 灾难化。即个体把一个事件夸大使之变得可怕。例如,某女同学晚上洗碗时打碎一个碗,就感到大祸临头,整夜睡不着觉。

⑤ 以偏概全。即将个别消极事实推论为普遍的规律。例如,某学生一次数学考试不及格,就断定自己再也学不好了。

⑥ 人格化歪曲。指把那些和个体无关的事件看作是有意义的。比如某人认为:"我一出门旅行,总会下雨;我每次去市中心购物,总是遇到塞车。"下雨或塞车这些事件是无法控制的,并不是因为某些个人因素引起的。而且通过仔细询问,发现并不是他每次出门都会下雨,也不是每次去购物都遇到塞车。这些认知歪曲频繁发生会引起心理压力,产生焦虑、抑郁和其他障碍。

认知治疗比其他治疗理论更结构化,有一系列技术可以用于帮助当事人达到解决问题的目标。有些技术注重于质疑和消除自动思维(自动思维是贝克认知理论的关键概念,即某些思想是自发出现的,个人不需要作出努力,也无法选择。有心理障碍的当事人,其自动思维往往是歪曲的、极端的、或者不正确的。),有些技术注重于质疑和消除不恰当的假设和消极的认知图式。弗里曼等人提出了15种不同的技术,这里列举几种帮助当事人改变消极思维模式的技术。

① 澄清。当事人的自动思维不同、图式不同,一个词对他们的意义也会不同。治疗师不能用自己的主观框架来理解当事人语词表达的意义。当事人经常使用词语是含混的,治疗师对当事人语词的特殊意义的理解,是理解当事人思维过程的重要一环。

当事人:"我真是失败。一切都表明我是失败者。"

治疗师:"你说你是失败者。但失败者是什么意思?"

当事人:"永远得不到我想要的东西,在所有事情上都失败。"

治疗师:"你在什么上失败了?"

当事人:"啊?确切地说,没有许多具体失败。"

治疗师:"那么你最好告诉我你在什么上面失败了,因为我在理解'你是一个失败者'这一点上有困难。"

以上是就"失败"一词的特殊意义理解,咨访双方进行的对话。显然"失败"一词本身就有多重意思,各人的理解不同。

② 质疑绝对化。当事人往往用极端化的描述方式表现抑郁。如"所有人都比我能干",在描述中使用"所有人""总是""从来不""没有人"等词汇。治疗师质疑这些绝对化的用词是有好处的,可以发现当事人思维中的不妥之处。

当事人:"所有人都比我能干。"

治疗师:"所有人?你是说单位里每个人都比你强?"

当事人:"啊?也许不是。有的人我不是太了解,但是我的老板就比我强。她好像非常明白事情是怎样进行的。"

治疗师:"注意,我们从'所有人都比你强'变成了'老板比你强'。"

③ 归因训练。有时事情本来没有当事人的责任,而当事人却把责任归于自己,感到自责、内疚和抑郁。通过归因训练,治疗师帮助当事人重新公平地分配责任。

当事人:"如果不是因为我,我的女朋友就不会离开我。"

治疗师:"一般来说感情出现问题,双方都有责任。让我们看看都是你的错,还是她也有责任。"

④ 找出非理性想法。即指出当事人的认知歪曲之处,这对于当事人了解影响其情绪的自动思维是有好处的。例如,当事人说她的上司总是批评她,治疗师可以通过询问判断她是不是以偏概全,是不是极端化思维。

认知治疗一般的疗程为15到20周,每周一次,其大致程序如下:开始时,告诉当事人认知治疗的基本原理和作用,然后给予家庭作业,帮助当事人评估现有的功能状况。第二次,根据当事人的特殊经验,说明思维方式对情绪和行为的关系。之后,告诉当事人如何认识、监测和记录消极的自动思维与有关的情绪及情境,设计对自动思维的合理反应。最后,使当事人摆脱消极的思维,建立合理的、积极的信念。

(2) 理性情绪疗法。是用以调节情绪和行为的一种辅导方法,是一种认知派的辅导技术,由艾利斯创立。艾利斯认为决定人的情绪反应的不是事件本身,而是对事件的态度和想法。不同的人对同一件事会有不同的想法,产生不同的情绪;同一个人对同一件事也可能产生不同的想法,引起不同的情绪。因此,可以通过改变人的非理性想法,进而改变其情绪和行为反应。非理性想法有如下特征:

① 绝对化要求。指思维方式的绝对化,看待问题非此及彼、非白即黑,常与"必须""应该"这类词关联。如:"我考试必须得第一名,否则就是失败者""别人应该尊重我,否则就是看不起我""不能容忍缺点,什么事都应该是完美的",怀有这种信念的人,容易陷入情绪困扰。

② 过分概括化。是一种以偏概全的思维方式,把问题的负面效应盲目扩大化。如:一遇失败,就认为自己一无是处;一次考不好,就断定以后考试肯定考不好。以这种思维方式来评价自己,常常会引起焦虑或抑郁情绪。若用于评价他人,则会对他人持不合理评价,从而导致一味责备他人并产生敌意、轻蔑和愤怒等情绪。

③ 糟糕至极。即认为如果一件不好的事发生了,必定会产生非常可怕、非常糟糕、非常

不幸,甚至是灾难性的结果,致使自己陷入严重不良的情绪体验,如耻辱、自责、自罪、悲观、抑郁等。

艾利斯曾经提出十多条非理性想法,以下列举几条:

◎ 每个人都应该得到周围的人,特别是每一位生活中重要人物的喜爱和赞许。
◎ 一个人是否有价值,在于他是否无所不能,是否在人生的每个阶段都有成就。
◎ 当事情不如意时,实在很可怕,也很悲惨。
◎ 要面对人生中的艰难困苦和责任实在不容易,还不如逃避来得省力。
◎ 人的不愉快是由于外在因素造成的,所以人实在无法控制自己的痛苦和困扰。
◎ 一个人过去的经历往往决定了现在的行为,而且这是永远也不可改变的事。
◎ 人生中的每个问题都应该有一个精确的答案,若得不到答案,就是一件痛苦的事。

理性情绪疗法认为,人们的情绪障碍是由人们的不合理信念造成的,因此简要地说,这种疗法就是要以理性治疗非理性,帮助当事人以合理的思维方式替代不合理的思维方式,以合理的信念替代不合理的信念,通过以改变认知为主的治疗方式,来帮助当事人减少或消除痛苦。

理性情绪疗法的具体操作步骤包括向当事人说明理性情绪疗法的原理、帮助当事人找到自己的非理性想法并进行驳斥、建立理性信念、布置家庭作业进行巩固训练。

驳斥非理性想法可以采用一些质疑和追问,如:

◎ "你的想法是来自于事实、推断还是假设?有什么证据说明你的想法是真实的?"
◎ "那件事真的那么可怕吗?你真的不能忍受吗?"
◎ "为什么那件事必须是如此呢?你一定要得到吗?有什么证据证明得不到你想得到的,就没有任何价值了?"

建立理性想法可以运用转折语气,引导当事人辩证地看待问题。如:

◎ "虽然很不高兴……但我仍然……"
◎ "虽然到目前为止……但我仍然……"
◎ "即使我表现不好……但我还不至于……"

家庭作业要求当事人记下之后一段时间所遇到的事件、想法、感觉,记录情绪强度,并进行理性陈述。

贝克的认知治疗理论与艾利斯的理性情绪治疗理论有许多相似之处。例如,他们都强调个人认知、信念对其情绪和行为影响的重要性。这两种理论对事实的验证都具有高度的结构性,使当事人在经验层次上能逐渐了解自己对于真实的情境所做的错误的解释。当然,认知疗法与理性情绪疗法仍然有许多重要差异,特别是在治疗方法和风格方面。理性情绪疗法往往具有相当的指导性、说理性和面质性;而认知治疗法则强调苏格拉底式的对话,协助当事人自己去发现错误观念,比理性情绪疗法更具有结构性。

栏1—3是一位心理辅导教师运用挑战技术,对一个有严重自卑心理的女中学生进行咨询时的一段对话实录。

❖ 栏1-3　心理辅导教师咨询手记之二：挑战自卑情结①

（萍对儿时在火车上被父亲责骂的事件记忆犹新，甚至连当时的考试分数都记得一清二楚，这是她心中难以解开的结，我与她的谈话就此切入。）

师："童年时一起坐火车的人，你还能认出他们吗？"

生："不能。"

师："那些人会永远记得一个小女孩在火车上被责骂这件事吗？"（质疑）

生："不一定。"

师："即使记得这件事，他们还能认出你吗？"

生："可能认不出了。"

师："那么你是不是应该一辈子为此抬不起头来呢？"（追问）

生：……（无语思考）

师："要是我告诉你，老师小时候也被家人打骂过，是不是你认为老师也是很糟糕的，从此完了呢？"

生："当然不会。"

师："你想想看，拍完集体照后，拿到照片第一眼看的是谁？"

生："是自己啊。"

师："对了，人不会一辈子把别人的经历记在心里。这样一想，你会觉得……"

生："好受多了。"

她已意识到"过去的事永远不会改变""所有人都知道我是个成绩差的坏孩子"的失当之处。我趁热打铁地说："过去的伤害已经造成，但现在你长大了，开始懂得思考了，应学会对自己曾受的伤害进行冷静、理性的分析，而不是让这些伤害任意蔓延和强化，想一想：它究竟给你带来了什么坏的影响？真是这样吗？"

之后，我以同样方式谈起另一个问题。

师："你一直说爸爸不喜欢你，你是从哪些事情中感觉到的？"（质疑）

生："因为我成绩差，爸爸对我失望了。"（表面上还合乎逻辑，实际上是潜在的功能失调性假设。）

师："我的意思是，你怎么感觉到爸爸不喜欢你？"

生："他不大和我说话，我有什么事情都是通过妈妈和他说的。譬如，我要买什么东西或者要干什么事情等等。"

师："是爸爸不愿和你说话，还是你不和他说话？"（质疑）

生："嗯……（迟疑了一下），大多时候是我不敢和他说话。"（开始意识到不是爸爸不和她说话，而是自己不敢与爸爸说话。）

师："你爸爸在家是否经常与其他人说笑，而不与你说话呢？"（质疑）

生："不，他一直不大说笑的。"（重新审视自己的想法，得出新的结论。）

---

① 本案例选自《野百合也有春天——学生心理辅导案例精选》（吴增强主编），略有删改。

师:"爸爸是因为不喜欢你而不和你说话吗?"(质疑)

生:"看样子不是针对我的。"(进一步意识到自己的想法其实是没有依据的。)

生:"老师,我明白了,其实我妈也说过,爸爸经常提醒妈妈给我买我喜欢的东西,他们在郊区工作,有好吃的东西常给我留着。爸爸的脾气比较急躁,我有些怕他,特别是小时候火车上的那件事,使得我不敢和他说话。"(有了新的认识。)

师:"太好了,你现在有了新的想法。你可以尝试着从父母或其他人(如祖父母)那儿寻找真实可靠的信息,自己做些调查,记下具体的事情以及由这些事情所带来的想法是什么,判别自己的想法有没有根据。要学会改变自己任意推测的习惯,找一些对自己更有利的新想法,体验一下新的想法给你带来什么。"

师:"过去的事的确无法改变,但不能认为这种影响可以决定一个人的现在和将来。而且,你对事情的想法是可以改变的,正所谓'换个想法,快乐自然来'。"

这次谈话让她意识到自己存在一些非理性信念及目前的问题情绪是自己仍在沿用过去的一些非理性信念,只有改变自己的不合理想法并代之以新的想法,才能解除自己的痛苦。

(魏国玲)

3. 认知行为干预的应用

学校的个别辅导往往是问题解决导向,一般来说,心理辅导教师对学生进行个别辅导时,应该整合使用多种干预技术。以下案例考察的是心理辅导教师怎样运用认知行为干预。

萍是个正在读初二的女孩,长得又高又胖,细细软软的头发薄薄地贴在脑后,在胖胖的脸上,眼睛显得特别小,神情沮丧、抑郁,确实有些其貌不扬。她走进心理辅导室,向我倾诉起来:

"我已经很努力地学习了,成绩还是很差。而且学习中遇到问题,我既不敢问同学,更不敢问老师。除了一名留级生外,班上就数我成绩最差了,我真笨。我不想上学,曾经出走过两次,但害怕爸妈责怪爷爷奶奶,就又悄悄地回来了。我每天都担惊受怕,害怕测验,害怕公布成绩,害怕别人因此更瞧不起我。现在,我更担心的是升不上初三怎么办。如果留级,我宁可死去,这真是太丢脸了。人们都不喜欢我,连我爸对我都很冷淡。像我这样的人活着还有什么意思?"

听了这话,我深切地感受到这女孩自尊与自卑交织的情感冲突,感受到她的痛苦与绝望。于是我先安慰鼓励她,感谢她对我的信任。她有点不好意思地说:"这是我第一次主动找老师呢!因为我们都喜欢你的心理课,同学们碰到问题都愿意来找你。"(后来,在知道了她曾经所受到的伤害后,才明白她当时来找我,需要多大的勇气!)我说:"让我们一起来想办法,好吗?"

从萍的主动倾诉来看,其主要问题是悲观厌世、自我贬低、自卑、心境低迷,符合抑郁症状,同时伴有焦虑情绪,害怕考试、害怕留级。她的个性特点是比较沉默寡言、循规蹈矩,但人际过于敏感。经过多次咨询,心理辅导教师发现她有不少非理性想法,如"所有人都知道我是一个成绩差的女孩""我是差生,别人看不起我"等。心理辅导教师对萍采用的辅导措施是:①挑战错误信念,运用挑战技术帮助萍认知重建(栏1-3是其中一次对话)。②利用班级与同学资源进行人际交往训练,并进行学习辅导。③家庭辅导,指导家长如何进行亲子沟通,如何制定合适的学习目标。

接受辅导后,萍感到最大的变化是自己不再害怕上学,不再害怕面对老师、父母、同学。她对自己的不合理信念有了一定的认识,把僵硬、极端的观念逐步转向相对灵活、积极的态度和观念。此后,她顺利地升入了初三,性格逐渐变得开朗,与同学相处融洽,与父母特别是父亲交流增多。有时她会兴奋地告诉我,爸爸陪她去新华书店买书……其间,最宠爱她的祖父去世,她也能比较平静地对待,并告诉我,祖父在世时,她尽力作了陪护。这就是一种合理的思维方式(你不能改变一些事情,但你可以改变你的想法;你无法阻止祖父的离去,但可以在祖父离世前,尽自己所能照顾他。),我为她的改变感到欣慰。毕业后,萍如愿进了一所职校。再见面时,发现她变得神采飞扬、热情、开朗、打扮得体,并且对目前的自我状况感到满意、自信。

萍是一个忧郁、悲观的女孩,她觉得自己学习成绩差、长得又笨又难看,觉得自己一无是处,甚至活着没意思。怎么帮助她?心理辅导教师对她的过去进行了深入细致的了解和分析。按照精神分析学说,童年的创伤会隐隐地影响人今后的成长。心理辅导教师找到了女孩童年的痛苦经历,并以此作为切入口,运用认知行为干预技术,对她的消极想法进行驳斥,层层推进,帮助她建立理性信念,使她从忧郁变向开朗,从自贬走向自信。

二、焦点解决短期咨询技术

焦点解决短期咨询(Solution-foused Brief Consultation,缩写为"SFBC"),是20世纪80年代美国密沃尔基的短期家庭治疗中心的创办者史提夫·苗·夏泽及其夫人茵素·金·柏格所带领的团队发展起来的。该项技术把重点放在问题的解决而不纠缠于问题本身。咨询的中心任务在于帮助来访者考虑此时此地应该做些什么可以使问题不再继续下去,而不是追究问题的原因。它以"正向为焦点的思考""例外带来解决之道""改变永远在发生"的基本咨询信念体现了对人性的尊重,凸显了人文关怀的精神。它的操作特点是使整个咨询历程大大缩短,具体技术操作简便易行。因此,SFBC备受咨询师和来访者的欢迎。

1. 焦点解决短期咨询的基本理念

SFBC在理念上深受策略学派、结构学派的系统观影响。有所创新的是,传统的策略学派、结构学派注重问题的内涵及结构,而SFBC把焦点放在探讨问题不发生时的状况,注重引导来访者看到自身先前未发生问题时的状态,并由此入手,强调其正向积极的改变。伯格是韩国裔,她把东方"阴阳太极"中"变"的思想植入心理咨询中。倘若把"阴阳太极鱼形图"中"黑"的部分命名为"问题发生时的互动",把"白"的部分命名为"问题不发生时的互动",那么策略学派、结构学派的传统做法是从"黑"的部分去修改问题的结构,而SFBC的做法却是从"白"的部分入手进行扩展,因为整个系统是固定平衡的,一旦"白"的部分扩大一些,"黑"的部分自然就减少一些,所以一旦"白"的部分扩大一点点,整个系统的改变也就发生了。奥斯本认为 SFBC 不从缺乏解决素材的问题成因入手,而特别强调问题以外的例外经验及来访者已经拥有的力量、资源、希望的开发。概括地说,SFBC 的基本理念是:用正向的、朝向未来的、朝向解决问题的积极观点,来促成改变的发生,而不是局限于探求原因或是问题取向的讨论。

2. 焦点解决短期咨询的基本假设

沃尔特和佩勒提出了焦点解决短期心理咨询的 12 项基本假设。

(1) 越把焦点放在正向、已有的成功解决方法,并迁移运用到未来类似情境上,则越能使得改变朝所预期的方向发生。

(2) 任何人都不可能每时每刻处在问题的情境中,总有问题不发生的时候,这就是所谓的"例外",这些存在于来访者身上原有的例外情形,常常可以作为解决问题的指引。

(3) 改变随时都在发生,没有一件事是一成不变的。

(4) 小的改变会带来大的改变,最后可以导致整个系统的改变。

(5) 合作是必然的,没有来访者会抗拒。不同的来访者会以不同的方式与咨询师合作,若咨询师仔细了解他们的思考及行为的意义,便会发现来访者努力地向自己展示了要他们改变所必需的独特方式。

(6) 人们拥有解决自己问题所需的能力与资源,咨询师的责任是协助来访者发现自己所拥有的资源。

(7) 意义并非由外在世界所引起,而是与经验的交互建构,是个体透过本身的经验对外在世界的解释,因此 SFBC 并不重视探究事件本身,而更重视来访者对事件的解释,以及在事件中采取的反应与行动。

(8) 每个人对某一问题或目标的描述与其行动是相互循环的,因此可以借由改变个体看问题的观点达到改变行为,也可以借由改变行为达到改变看问题的观点。

(9) 沟通的意义可从收到的反应来判断,对咨询师而言,咨询过程中沟通的意义要视自己所收到的反应而定。

(10) 来访者是他们自己问题的专家,设定什么样的改变目标,应由来访者自己决定。

(11) 来访者的任何改变,都会影响其与所在系统中每个人的互动,也会带来其他成员的改变。

(12) 凡是有共同目标的人,都是咨询团体的成员,咨询师主要是协助团体成员协商出解决问题的目标,并找出个人可以做到的行动。

综观这 12 项假设可知,SFBC 促成改变的着重点在于来访者已有的成功"例外",不去看问题所在的黑暗面,而去看问题不发生时的光明面,相信解决的策略就在光明面中,多用这些已有效的策略,会导致小的改变,进而引发大的改变,甚至是系统中与他人互动的改变。[5]

3. 焦点解决短期咨询的基本流程

SFBC 的会谈时间大约为 60 分钟。咨询分为三个阶段:①建构解决的对话阶段(40 分钟),包括对话阶段、目标架构(正向开场与设定目标)、例外架构和假设目标架构四个环节。②休息阶段(10分钟)。③正向回馈阶段(10分钟),包括赞美、信息提供和家庭作业三个环节。在三个阶段中,第一个阶段是整个咨询过程的重点所在,它又大致可分为三个区块:设定目标会谈区块、寻找例外会谈区块、发展未来想象区块。其中第一个区块的任务是引导来访者设定积极可行的具体目标;第二个区块的任务是引导来访者看到过去问题不发生(或不严重)时的成功经验;第三个区块的任务是引导来访者想象未来问题已经解决的远景,鼓舞来访者拥有希望并从中找到现在就可以开始做的步骤。

4. 焦点解决短期咨询的基本技术

焦点解决短期咨询在不断发展过程中开发出许多咨询技术,以下列举几种常用技术,供读者参考。

(1) 正常化技术。是指让来访者觉得自己的遭遇具有普遍性,是一种发展阶段常见的暂时性困境,不是病态的和无法控制的灾难。这会降低来访者对目前糟糕状态的恐惧感,使其接纳自己的问题。在使用这个技术的过程中要以来访者的参照框架为主,而不是直接去驳斥来访者的观点。例如:

来访者:"我儿子不敢去学校上学,一定有学校恐惧症了,我该怎么办?"

咨询师:"你的孩子近来很害怕去上学,这种状态让你最近心情不太好。孩子们感到上学有困难时,绝大多数人的父母都会像你这样担心。"

(2) 把抱怨转化成目标。当来访者带着问题或困难进行心理咨询,并且一再叙述他的困难时,似乎情况真是糟糕透了。但如果咨询师能引导他去思考"希望情况有何改变"时,来访者就不会再陷于抱怨,而能比较明确地去澄清自己的期待,并且思考改变的可能并寻找自己的着力点,也就是说,来访者开始为解决问题的目标做准备。在心理咨询中,咨询师的责任就是要将来访者对问题的抱怨,引至正向解决问题及未来导向的谈话。

例如,有一对父母带着他们的儿子来到咨询室,刚开始他们向咨询师抱怨儿子的种种不是,越说越气愤,似乎孩子简直无可救药,而这个孩子则静静坐在一角,低着头,一言不发,显得非常无奈。当父母的抱怨告一段落,咨询师问这对父母:"你们希望儿子能有些什么改变呢?"父母开始思考并试着叙述他们的期望,此时问题似乎不再那么绝望,而有了转机,孩子也慢慢地抬起头,仔细听父母的叙述。离开咨询室时,这一家人已找到了解决问题的办法,并愿意努力试试。

(3) 例外询问。SFBC相信任何问题都有例外,来访者有能力解决自己的问题,咨询师要协助来访者找出例外,让来访者看到以自己的能力和资源获得问题解决的可能。当来访者叙述其整日沉溺于忧郁的情绪无法自拔时,咨询师经由来访者的叙述发现例外,也就是"何时忧郁不会发生"或是"何时忧郁会少一点"。透过研究来访者做了什么而使例外情境发生,并加强例外情境的发生,使这些小小的例外情境成为改变的开始,逐步发展成更多的改变。

例如,小李进入咨询室时,可能完全笼罩在自己的问题当中。她说自己的状况一直很差,心情也不好。咨询师了解了小李的低落情绪后,试着问小李:"你曾经做过些什么使你的心情好一点?"小李想了半天,说:"插花。"于是,咨询师针对小李的情况,找到一个例外情境,深入探讨例外情境何以发生。例如:"插花的乐趣是什么?""你什么时候愿意去插花?"

"怎么能够在心情不好时,想到去插花?"从这个方向探索,可能就会发现改变的途径,并发展出更多使心情改变的途径。

(4) 奇迹询问。SFBC 经常会使用一些奇迹式问句(又称为"假设性架构"),鼓励来访者发现问题解决的方向。比如,咨询师会使用假设问句:"如果有一天,你醒来后奇迹发生了,问题已经解决或正在解决中,你认为有什么事情会变得不一样?"或者使用水晶球问句:"如果在你面前有一个水晶球,可以看到你(美好的)未来,你猜可能会看到什么?"这些面谈的言语技巧,可以帮助来访者找寻适合自己的解决方法。奇迹问句是专注未来导向的,引导来访者去看当他的问题不再是问题时他的生活景象,将来访者的焦点从现在和过去的问题移到一个比较满意的生活状态,这样使心理咨询和治疗更富于正向引导性和激励性,鼓舞来访者深入澄清自己的价值,建构生活的意义。

(5) 振奋性鼓舞。是指咨询师为来访者所做的努力和改变而喝彩、加油,给予支持和肯定。在咨询过程中要抓住机会给来访者鼓励,但要符合实情,不要过度或者虚假的鼓励,还要注意言语和非言语信息(如表情、手势)的一致性,真心诚意地使用。例如:"这个想法很有创意,能说说你是怎么产生这个想法的吗?"

(6) 赞许。是指当来访者表现出正向的力量或资源时,咨询师给予的鼓励和赞赏。一般来说,在咨询暂停后,应对来访者做得好的部分给予正向的反馈和赞许。赞许能平衡来访者只重视问题和缺点的习惯,帮助来访者远离被评价和面对改变时的恐惧,促进来访者新近的改变,提升来访者的责任感。要以来访者接受的方式表达出来,每个赞许都应针对来访者明确的行为表现,而不是泛泛的陈述。咨询师要仔细观察来访者的反应,以了解赞许对来访者的意义。点头、微笑表示同意或接受,如果没有获得来访者的认同,咨询师应找机会修正,必要时也可以等到下次咨询时再给出赞许。例如,咨询师说:"你这些年来为孩子和整个家庭的辛苦付出,给我留下深刻的印象,毕竟这不是一件容易做到的事情。"

(7) 关系询问。是指来访者关于重要他人对来访者、对问题、对发生改变的可能性的看法。因为 SFBC 重视来访者的生活系统,及其生活系统中重要他人的看法。因此,来访者的重要他人(家人、老师、邻居、朋友)的观点可以扩展并改变来访者的认知范围,引导来访者去想象改变的好处,修正来访者的目标或者解决办法。这个技巧一般在咨询构建、澄清目标以及目标不清时使用。如咨询师说:"你说希望自己心情好一点,那么你的好朋友觉得你怎么表现心情才会好一点呢?"

(8) 刻度询问。是指利用数值(一般用 0—10)评估协助来访者将抽象的概念具体化的技术。刻度询问需要限定来访者做评估的时间范围,如今天、下周的某天、现在等。一般来说,来访者打的分数在 7 或 8 分时,往往暗示来访者已经在一个"够好"的状态了。刻度询问可以引导来访者的理想远景,并将理想远景转化为具体可操作的步骤。在肯定、了解来访者目前的状况与努力的同时,还可以促进来访者对继续改变有更加明确的认识,促进来访者思考下一步的具体行动。另外,这种数字的量化能将来访者抽象的状态转变成具体的数据,提升来访者对自己的理性观察,帮助来访者表达出难以说明的内在状况或目标,同时也能够协助咨询师理解来访者,更清晰地看到来访者所处的状态。如:

咨询师:"在一个0到10分的量表上,如果0分表示非常不好,而10分表示你要达成的境界,你目前是几分?"

来访者:"5分吧。"

咨询师:"这跟你上个月的评分有什么不同?你是怎么让自己做到这些变化的?"

(9)"滚雪球"效应。SFBC认为改变不会在一朝一夕之间发生,来访者的改变是从小的改变开始的。因此,咨询师应着眼于协助来访者从他已经在做的有效行为入手,或从他所容易做到的行为开始,踏出第一步,并及时给予适当强化。来访者则会因成功的第一步而体验到改变给自己带来的成就感,继而小改变会带动大改变,即所谓"滚雪球"效应。

(10) 家庭作业与追踪。咨询是否有效,要靠生活实践来检验。咨询师与来访者一同商量如何将咨询结果落实于生活当中,这就是家庭作业的布置。咨询师告知来访者他希望有机会于若干时日后(通常以2—3周为宜),协助来访者一同检视其在家庭作业的实践当中可能遇到的问题。这样一来,使得来访者明确不仅要为自己的改变负责,也要为咨询师的要求负责。更重要的是,来访者能获得与咨询师交流的机会,包括他需要注意的问题和可能遇到的困难。通过家庭作业追踪策略的运用,来访者对自身改变的信心将逐渐增强。

5. 焦点解决短期咨询实例分析

下面介绍一个钟志农老师运用SFBC技术处理的案例。[6]

小马是初一年级男生,父母管教严格,但因学业不良而丧失自信,表现在:一是上课听不懂、发呆;二是作业不会做,拖拉;三是有问题不敢问老师,怕骂。一到家就被父母管得死死的,父母一个抓文科,一个抓理科,小马感觉回家后比在学校里还要紧张,因此学习很被动,总是磨磨蹭蹭拖时间,成绩在班里排倒数。小马是被妈妈连拖带拽地拉到咨询室的(是个参观者,连抱怨者都说不上)。以下摘录几段对话:

"我的确不算笨"

我请小马谈谈自己上小学以来的状况,当问到他在班里的排名时,他说了一句:"不太好。"我问:"具体说呢?"他迟疑了一下说:"不到40名吧。"我笑了,知道他是在掩盖真相,但这不正说明他有羞耻感吗?于是我点点头说:"那还不错嘛!我想知道你的强项学科是什么?"(为了消除他的内在阻抗,心理辅导教师先运用了例外询问,使开场谈话尽快朝正向转变,以建立合作的辅导关系。)

他犹豫了一会儿说:"可能数学比较好一点吧。""具体说说看,最近一次数学考试你考了多少分?"我说。他回答:"86分,不过是一次单元测验。"我马上流露出内心的惊喜,说:"哦,你知道这个86分意味着什么吗?"(预设性询问,暗示这是一个不同寻常的信息,引导来访者往积极、正向的方向去思考问题,而不是陷于以往的失败中不能自拔。)

小马回答:"不知道。""我的理解是,按照学校的惯例,100分的卷子,60分及格,61到70分是中下,71到84分是中等,85到100分就叫优良,你真的很不简单啊!"我说。(振奋性鼓舞和积极暗示。)

小马立刻露出了笑容,可瞬即又低下头,说只有这一次考了86分。

我说:"只有这一次考到86分?那你是怎么做到的?"(例外询问。)

小马一脸茫然,说:"我也不知道。"

我说:"这至少说明你的智力很正常,你爸爸妈妈能成为国家公务员,你姐姐能在重点高中读书,你肯定不会比他们差。"小马高兴起来,说:"我的确不算笨。"(引导来访者发现和开发自己的资源。)

……

想让自己有些改变

我:"此时此地,你在这里一定想让自己有一些改变吧?"(关系架构已经形成,可以提出目标架构。)

小马:"我也希望自己能学得好一点。"

我拿了一把刻度尺,上面有11颗小五星,将尺均分成10格。我指着尺子对他说:"左面这颗星是你们班的第一名,右面的这颗星是你们班的最后一名,你在什么位置?"(刻度询问。)

小马显得不好意思了,结结巴巴地说:"其实我是49名。"

我:"那么全班总共多少人呢?"

小马:"56人。"

我指着刻度尺的倒数第二格末尾说:"哦,我明白了,你大概在这个位置,对吧?"

小马认可了。

我:"那么,你心里想过没有,如果自己跟自己比的话,最好能够有多大的改变呢?"

他想了想,指着尺子的正数第六格点了两下。

我:"你的意思是要达到全班的中游水平,大概30名左右,是吗?"

小马:"是的。"(建立良好的正向目标。)

我:"好!现在我们来想象一下,假如经过你的努力,有一天,奇迹真的就出现了,你真的考到了全班第30名,你想想看,同学们会怎么议论你?"(以奇迹询问开始建构假设性架构。)

小马:"他们会说,小马进步了。"

我:"那么老师会怎么说你呢?"

小马:"老师也会表扬我,说我进步了。"

我:"你再想象一下,父母会怎么说你呢?"

小马:"爸爸妈妈会说'其实我们的儿子也是可以学好的'。"(连续用了三个关系询问。)

……

会谈临近结束时,我问小马准备什么时候向我报告好消息,他回答说:"期中考试以后。"我举起那把刻度尺问他:"期中考试后你就要进入第六格?那要求太高了吧?"(探寻改变最先出现的迹象可能是什么?在何时出现?)说着,我把手指往刻度尺的右边第二格指了指,说:"还有半个多月时间,我看期中考试以后,你只要在第二格原来的位置上往前移动一点点,就可以来向我报告好消息了,行吗?"(确定改变的起点,聚焦于半个月后的小改变。)

小马充满自信地点了点头。

一个月后,我又见到了小马,一副很阳光的样子。他告诉我说,期中考试他的总成绩前进了3名,学习的劲头更大了,人也变得更自信了,再也不用父母盯着学习了。

第四节 个别辅导注意要点

通过对五十多位心理辅导教师的个别辅导经验进行总结,归纳出以下注意要点。

一、忌先入为主

心理辅导教师在接受个案的时候,首先要了解当事人的有关情况,不要急于做出判断,切忌先入为主。如栏1-4,辅导教师原先评估案主是"考试焦虑",但随着辅导过程的深入,辅导教师发现自己的判断是错误的。

> ❖ 栏1-4 心理辅导教师咨询手记之三:特别的爱特别的你[①]
>
> "对症下药"是本次辅导成功的关键。因为当事人在第一次交流中,一般都采取迂回的手段。像小敏第一次来访时述说的是考试紧张、无法参加高考,如果仅作为一个"考试焦虑症"案例来辅导的话,那辅导将走入死胡同。
>
> 虽然她的问题很多,有学业问题也有人际关系问题,同时也存在着青春期对异性的情感需求,但最困扰她的真正问题是后者。小敏作为一个插班生,内心的问题相对多一些,而班主任那渊博的学识、儒雅的风度、风趣幽默的谈吐以及耐心诚恳的教导和关怀,常常使她内心十分激动。
>
> 和同龄人比,老师们多一份成熟;和父母比,他们又多一份尊严。老师在少男少女心目中占有一个特殊的位置,少男少女也就会对他们产生一份特殊的感情。这种特殊的感情在小敏的心中潜滋暗长,就成为一种对老师的恋情。又或者换一种更为严谨的说法:师生恋或对老师的单相思多数是"移情"现象作祟。这种"移情"现象,在小敏身上尤为突出。初中时良好的师生关系,使她念念不忘,同时随着青春期生理性心理的成熟,渴望与异性交往的心理,使她产生了对现有班主任的"恋情"。在整个的情感里她非常投入,对这份感情显得痴迷。班主任成为她朝思暮想的偶像,她内心特别想找种种机会接近老师,但社会的道德准则又令她难以启齿,内心的想法和冲突渐渐演变成强烈的单相思,使她无法自拔。
>
> (马美珍)

[①] 本案例选自《野百合也有春天——学生心理辅导案例精选》(吴增强主编),略有删改。

由于辅导教师克服了先入为主的思维方式,所以最终找到案主问题的症结所在,辅导方案也就更有针对性了。

切忌先入为主,要求辅导教师克服一定的思维定势。对于青少年迷恋网络游戏,大多数成年人持反对态度。辅导教师在对一个准备退学的"电玩高手"辅导的案例中,为了深入了解学生迷恋网吧的内在动机,她深入现场、细致观察,发现了学生们真正的想法(栏1-5)。

> ❖ **栏1-5　心理辅导教师咨询手记之四:电玩高手**[①]
>
> 我们按约定,早晨7:00在"快乐天地"门口见。10分钟后网吧就全部坐满了,后来的人只好看别人玩。在那里我感觉到,网吧真是孩子们的天地,在这里孩子们可以无拘无束,尽情欢乐。一般情况下,单独一人玩电脑游戏的孩子比较少,大多数孩子在一起玩一种"网络游戏",在网络游戏中,孩子们需要集体配合、协同作战,需要遵守共同的游戏规则,不能偷看别人隐藏的位置,不许中途叛变,否则要遭到众人的谴责。经过艰苦激烈的"战斗",孩子们最终取得了胜利,那种喜悦和欢乐是很令人激动的,也是难以用言语来表达的。
>
> 孩子们说:"在学校、在家里,我们必须听老师的话、听家长的话,按照他们的要求去做事,去完成作业。现在学习压力大,心里很紧张,既没有地方去宣泄,可以玩的地方也很少。在网吧里,我们是主人,我们可以控制整个'战争',可以改变形势,让整个计划按我们的要求(意志)去发展,我们取得成功后的快乐,甚至超过看一场足球比赛,因为足球比赛的局势我们无法掌握,只能被动地看别人在踢球,有劲也使不上。所以,我们一有时间就想约同学去网吧玩。"
>
> 孩子们在玩电脑游戏的过程中,心理上得到最大的满足,生理上达到最高的兴奋点,大脑产生较多的兴奋物质——吗啡肽,使孩子们有非常愉悦的感觉,所以说玩电脑游戏有其心理和生理的动力机制,难怪孩子们这么喜爱去网吧玩。
>
> (曹自勤)

如果不到现场,没有学生们的同感,就不可能了解到当事人真实的思想。

二、聚焦问题

个案往往有许多问题,在这些问题中,有些是表面问题,有些是深层问题,聚焦问题就是透过表面现象发现深层问题。如栏1-6,心理辅导教师在处理某个案时发现,原先认为案主是强迫症,而后才发现是人际适应不良。

[①] 本案例选自《野百合也有春天——学生心理辅导案例精选》(吴增强主编),略有删改。

❖ 栏1-6　心理辅导教师咨询手记之五：她得了强迫症吗[1]

从表现上看，小J的问题很容易被评估为强迫意向，因为她遇到所见物品都有归类的念头，甚至一旦进入物品归类时，非得要全部完成。即便是耗时过多或是身心疲惫，却还是表现出欲罢不能的感觉。但是当我们由表及里，深层次地认识和了解小J的问题时，我们就会发现，其实在其强迫归类现象背后隐藏着实质性的问题，那就是自我评价上的认知曲解。顺境中成长起来的小J，一直认为自己是最优秀的，同样也一直要求自己做得最优秀。可进入重点中学后，一切发生了变化，由此产生了自我同一性混乱。反应在人际交往上的压力感和焦虑感（进入高中的人际适应期）的自我投射（以强迫归类的形式出现）。其问题的实质是由于非理性认知支配，导致人际交往不适。

（倪京凤）

三、与当事人建立良好关系

帮助学生解决心理问题的过程是心理辅导教师与当事人双方互动的过程，如果这一过程中没有信任、真诚和尊重，辅导工作会寸步难行。本书中的大多数案例，是从建立关系开始实施辅导方案的。在与当事人建立信任关系的过程中，需要心理辅导教师具有相当的亲和力和沟通技巧（如栏1-7）。

❖ 栏1-7　心理辅导教师咨询手记之六：心灵接触[2]

我到达大厅，脑中迅速闪过几种开场白的方案，不知怎样才能拉近我和男孩的距离。说实话，我一点把握也没有，因为我们没有良好的沟通基础，甚至可能比初次见面的咨询关系更糟，我为平时没有主动关注他而感到惭愧，同时我是那样的不自信。

思考还没有结果，我就看到他们已经站在大厅外了，男孩、副班主任、德育主任和总务处主任。"怎么啦？"我笑着迎了出去，男孩没有什么反应，但也没有表露出对我的排斥。我不记得老师们是怎么离开的，我把男孩带到大厅旁的休息角坐下，那儿有几张小圆桌和几把椅子。我们选择了靠墙的位子坐下，我和他的椅子基本组成90度角。这儿环境幽雅，灯光柔和，除了空间大一些，我对这个咨询环境还是很满意的。

---

[1] 本案例选自《野百合也有春天——学生心理辅导案例精选》（吴增强主编），略有删改。
[2] 同上。

> 我开始观察他,只见他眉头紧锁,身子不停地颤抖,有时会忍不住用双手紧紧地抓着头发。我暗暗深呼吸了一下,故作轻松地问他:"怎么啦?因为被批评了,就想回上海啦?"他没有回答,只是两手交叉紧紧地握着,放在圆桌上,身子依旧不停地颤抖。这时,我注意到他只穿了件衬衫,4月初的夜晚并不暖和,我伸出手去,握了握他放在圆桌上的手,笑着问:"你是冷得发抖,还是气得发抖啊?"他有点惊讶地看了我一眼,直起身,深深呼了口气,稍稍平静了一些,但依旧紧锁着眉头,开始不断重复"好烦"这个词。
>
> 我知道咨询中适当的身体接触有利于良好关系的建立,但咨询到现在,我从未直接握过来访者的手,因为握手相对于拍肩膀等行为更为亲密,我是个年轻的女咨询师,而对方是个大男孩,这多少有些不便。但我希望能通过握手拉近我与他的距离,并让他感受到我对他的接纳,从而缓和他的情绪,同时也想由此判断一下他颤抖的原因。他的双手很温暖,看来他确实很激动,先从他的"好烦"开始吧。
>
> (李秀芬)

心理辅导教师从气氛创设、关注当事人到体态语言的运用都恰到好处,表现出其良好的素养和技巧。

四、寻找错误认知是关键

学生的许多心理问题的根由在于错误的认知。本书中不少案例,都是从解决当事人的认知错误入手的。如栏1-8,心理辅导教师在对女高中生的危机辅导案例中,就是通过层层深入,寻找到当事人的错误认知。

> ❖栏1-8 心理辅导教师咨询手记之七:冰山下的心结[①]
>
> 初看起来,我们要做的工作是对自杀后的女孩的心理辅助,而女孩自杀的原因是学习成绩不理想。但实践证明,此路不通。因为女孩的"学习成绩不理想"如同冰山一角,只是表面的外显行为和结果,真正的原因是那埋在水下的巨大的冰山根基,而这根基又是那么的复杂和环环相扣:
>
> 青春初期接触到暴虐性描写;(恐惧,压入潜意识)
>
> 高中时遇到露阴癖行为;(恐惧加深)
>
> 看到父亲的私处;(联想到露阴癖的人)
>
> 怕父亲;(对露阴癖的人的恐惧移情到父亲身上)
>
> 自我认知"我是一个坏女孩";
>
> 影响学习,成绩下降;
>
> 自杀。

---

① 本案例选自《野百合也有春天——学生心理辅导案例精选》(吴增强主编),略有删改。

> 由此可见,女孩的关键问题是她的自我认知"我是一个坏女孩"。应在引导她合理宣泄出"恐惧"的消极情绪的基础上,帮助她建立一个新的、对事物的合理看法和自我认知,以最终达成问题的解决。
>
> （温颖娜）

心理辅导教师正是抓住了当事人"我是一个坏女孩"这个错误认知进行辅导,最终取得了成功。

五、充分开发案主自身积极的资源

每个人的内心深处都有一股积极向上的力量,辅导的目的就在于唤醒和开发当事人内在的积极力量。罗杰斯曾经说过:"我的经验告诉我,人具有一个基本上的积极的方向。在我的治疗经验中,和我有最深刻接触的来访者,包括那些带着最多困扰的人,那些行为最反社会的人,那些具有最不正常感觉的人在内,我发现上述的信念都很真确……在他们之中(就如同在我们每一个人之中一样)的一些最深层次里,也潜伏着极其积极的方向。"因此,对每个学生都要有积极的信念。童年是生命旅程的开始,而不是旅程的终点。要相信每个孩子内心蕴藏着积极的资源,相信每个孩子是可以变化发展的,相信每个孩子有各自的特长和才能。教师只有基于这样的信念,才会在教育和辅导中,对学生充满爱心和热情,充满积极的期待,才能成功地帮助学生成长。下面的案例中,当事人是一个攻击性极强、在学校里人见人怕的男孩。心理辅导教师正是从挖掘当事人自身积极资源着手,并以此作为辅导的契机。他发现这个男孩非常希望得到他人的尊重,就告诉当事人:要想别人尊重你,首先要尊重别人。下面是心理辅导教师和当事人的一段对话:

师:"……你非常想要大家尊重你,这很正常,但你又不相信人家会尊重你。你最怕人家看不起你,可是你又没有找到让人家尊重你的方法,结果方法用错了,得到的是自己的压力更大了,包袱更重了。"

生:"是的。"

师:"老师教你一个方法,你去试试看,好不好?"

生:"什么方法?"

师:"'礼尚往来'这个词你听说过吗?"

生:"我知道的。"

师:"那就好!老师想教你的就是这句话。要别人尊重你,你就要先学会尊重别人;要别人欣赏你,你就要先学会欣赏别人……"

六、建立积极的社会支持系统

家庭、学校和同辈群体是学生成长的社会支持系统。学生不是生活在真空里,他们的思想、观念、情感和行为方式都会受到周围人群和环境的影响。有时问题表现在学生身上,但根由在学校、教师或者家长身上。社会支持系统良好与否,教师和家长的心理、行为健康与否,将直接影响学生心理、行为的健康。本书的许多案例表明,学生的心理和行为问题与家庭环境不利密切相关,因此,开展家庭辅导以建立积极的社会支持系统,也常常成为干预方案的一个组成部分。如栏1-9,当事人是一个问题青少年,在一个离婚重组家庭里,父亲与继母对女孩缺少关爱和情感沟通,致使她逐步被边缘化。

> ❖ 栏1-9　心理辅导教师咨询手记之八:摆脱撒旦的天使①
>
> 　　家庭的不幸,家庭教育的失误,造成莉萍自卑、焦虑、冲动,以及与日剧增的反社会倾向。按照马斯洛的需要理论,人的需要分为五层,依次为:物质的需要、安全的需要、爱的需要、人格和尊严的需要、自我价值实现的需要。当时莉萍在家里,除了物质的需要基本能得到满足之外,既无安全感,也得不到正常孩子所需要的爱,更谈不上人格和尊严。特别是在莉萍的学习成绩滑坡以后,后妈的讥讽,父亲的打骂,随时随地都会降临。人的需要是一种本能,家里得不到的,莉萍必然会通过其他途径去争取得到它。
>
> 　　莉萍在校内校外广交"朋友",她向"朋友"们倾诉自己内心的痛苦,"朋友"们理解她、同情她、安慰她,一时间"朋友"们成了她心灵的港湾。同时,"朋友"们也为她打开了更为广阔的天地空间:茶室、酒吧、舞厅。莉萍很快学会了抽烟、喝酒,学会了跳舞、调情,学会了挽着男友的手穿过树丛小道……和他们在一起时,莉萍忘却了生活的不幸,感到了生活的丰富多彩,她误认为这才是真正的生活。但无论怎样,这一切对莉萍来说实在太早太早,她才是一个初中二年级的学生,正是学习的好年华。
>
> 　　　　　　　　　　　　　　　　　　　　　　　　　　　　　　　　　　　(靳达愉)

　　针对不良的家庭环境,心理辅导教师的辅导对策之一就是帮助父女重建支持性关系。在心理辅导教师的努力下,父女俩终于重归于好,为女孩的转变创设了契机。

　　学校个别辅导是一项科学性、艺术性都很强的工作,它需要心理辅导教师具有相当的专业理论、方法和技术,需要高度的爱心、耐心和信心,需要对心灵的洞察力与亲和力,需要不断反思和调整的能力。它不是高不可攀的,却是需要付出艰辛和努力来达到的。它在帮助学生成长的同时,也在丰富心理辅导教师自身的情感世界和人生经验,使之生命得到升华。

参 考 文 献

[1] 吴增强.学校心理辅导实用规划[M].北京:中国轻工业出版社,2012.
[2] 吴增强.学习心理辅导[M].上海:上海教育出版社,2000.

---

① 本案例选自《野百合也有春天——学生心理辅导案例精选》(吴增强主编),略有删改。

［3］车文博等.心理咨询大百科全书［M］.杭州:浙江科学技术出版社,2001.

［4］R.G.Miltenberger.行为矫正的原理与方法［M］.胡佩诚,等译.北京:中国轻工业出版社,2000.

［5］刘宣文,何伟强.焦点解决短期心理咨询原理与技术述评［J］.心理与行为研究,2004(2).

［6］钟志农.焦点解决短期咨询:小改变引发"滚雪球"效应［J］.思想理论教育,2008(18).

第二章

自我与人格辅导

"我是谁?""我从哪里来? 要到哪里去?"青少年时期的学生常常会问自己这样的问题,这也是古往今来许多哲学家思考的问题。这个问题看似简单,其实非常深奥。精神分析学派创始人弗洛伊德用冰山模型表述了人所认识的自我只是冰山一角,隐藏在水面之下的巨大的"我"的世界,可能需要我们终生不断修炼、不断探究。青少年时期是探索自我最为重要的时期。按照埃里克森的理论,青少年时期主要的心理冲突是自我认同与角色迷离。学生表现出来的情绪困惑、行为问题、人际关系问题等,其内在原因是自我的迷离。自我认同感较好的学生,在学习和生活中能够体验到较强的自尊和自信,热爱生活、充满生命的活力;而自我认同感较差的学生,却常常体验到自卑和沮丧,他们常常觉得自己一无是处,觉得自己被人排斥,对自己的社会角色认识模糊,感到生活没有意义、生命没有价值。因此,心理辅导的宗旨就在于帮助学生从朦胧的自我走向理性的自我、同一的自我。帮助学生建立积极的自我信念是一项重要的辅导任务。

第一节 自卑心理辅导

一、问题表现

关于自卑,心理学家阿尔弗雷德·阿德勒讲过这样一个小故事:有三个小朋友,都是第一次到动物园。他们站在狮子面前,被它的威严吓坏了。一个小朋友躲在妈妈的背后说:我要回家。另外一个小朋友脸色苍白、全身发抖,但他站在原地仰着头说:我一点都不害怕。第三位小朋友恶狠狠地瞪着狮子,问妈妈:我能向它吐口唾沫吗?

这三个小朋友当中,谁在凶猛的狮子面前表现出自卑呢?人们对于第一个小朋友表现出自卑没有疑义。对于第二、第三个小朋友的表现就有些众说纷纭了。阿德勒认为,自卑感的表达方式有数千种,这三个小朋友都害怕、都自卑,但他们根据自己的生活方式,以自己的方法表达了这种感觉。

在阿德勒看来,自卑感是人格发展的动力,每个人都有不同程度的自卑感,因此心理上的自卑是每个人要面对的基本处境。自卑感会带来心理上的不舒服,每个人都会努力来摆脱这种不舒服,只是每个人的摆脱途径或方式可能不同。

有些人的自卑表现为畏缩、躲避,逃避与人交往,自我封闭,对集体活动较为冷漠。他们推卸、退让,表面上看与人交往正常,但是对别人的称赞或信任总感到自愧不如,缺乏自信,总以"我不行,我不会"为借口推脱。

有些人则以相反的方式表现自卑。他们在交往中表现得很活跃,在活动中表现得非常积极,以此来掩饰自己的自卑。总感觉别人看不起自己,情绪压抑、忧郁,悲观失望,在自己的小天地里备受煎熬,还伴有焦虑失眠等。

中学生的自卑心理在以下几个方面的主要表现:

1. 心理健康

自卑感强的学生难以体会到幸福感,他们会为了自己遇到的困难感到焦虑,缺乏安全感,并且长时间处于紧张的应激状态。长期保持这种状态,会影响到心理健康和人格发展。

2. 人际关系

自卑感强的学生往往不擅交际,因为无人交流,他们会感到孤独,甚至和其他人格格不入;也不愿意承担团体的责任和义务,在一个团体中时常不被人接受,被人排斥,没有要好的知己。

3. 学校表现

心理学研究发现,学习成绩和自卑感有显著关系,可能是自卑感导致学习成绩不好,也可能是因为学习成绩不好而产生自卑感。研究还发现,自卑感强的学生在参加学校活动方面,表现不如其他学生积极、活跃。

4. 问题行为

许多心理学研究已经表明,中学生的大部分行为问题,例如吸烟、离家出走、自杀、校园暴力等,都和自卑感有显著的关系。

二、原因探讨

学生产生自卑心理的内部原因主要有:

1. 个人性格特点

气质抑郁、性格内向者大都对事物的感受性强,对事物带来的消极后果有放大趋向,而且不能及时宣泄和排解其消极体验。因而外界因素对他们心理的影响往往要比对其他气质、性格类型者的影响大,产生自卑的可能性也相应增大。

2. 自我认识不正确

每个人都有自己的优势,也有自己的不足。有些学生只看到自己的不足,往往喜欢拿自己的不足与他人的优势相比较。或者是因为曾经的挫折、失败而导致对自我的评价偏低。也有一些学生会因为自我认知不清晰,对自己有过高的期望,当这样的期望一直无法实现的时候,就会产生挫败感,从而觉得自己一无是处。

学生产生自卑心理的外部原因主要有:

1. 父母的教养方式

孩子们的自我评价很大程度上会受到身边重要他人的影响。孩子越小,这种影响就越大。有些父母在教养过程中对孩子期望值过高,导致孩子达不到父母的要求,总是处于受责备、挨骂的地位,缺乏鼓励和肯定;有些父母总是喜欢拿自己的孩子与所谓"别人家的孩子"相比较,长此以往,孩子就会觉得自己一无是处,因而产生自卑。

此外,家庭生活的不和谐以及家庭经济条件过于贫困也会导致孩子的自卑。

2. 学校生活的影响

在学校,老师对学生的态度也会影响到学生的自我评价。总挨老师"训"的学生容易变得自卑;学习上感到困难的学生如果被老师、同学看不起,甚至受到歧视,也会感到自卑。不爱说话、性格内向的学生,如果老师不主动与他们交流,对他们没投入太多的关注,也容易使他们觉得自己没什么优点值得老师注意,因而在同学中不被接受、不合群,也会变得自卑。

三、案例分析

▶▶案例 自卑的女孩[①]

贝贝,女,14岁,初二学生。小学四年级时父母离异,法院将其判给父亲,母亲一周和其相聚一次,父亲工作较忙,实际上一直由爷爷奶奶照顾其学习与生活。她来到心理辅导室向我诉说:感觉自己是个一无是处的人,没有特长,长相普通,家庭也不完整。别人都不喜欢自己,所以不敢和别人交往,没有朋友,很孤独。

来访者面部表情伤感,自我形象低劣,情绪比较低落,平时较少主动和同学、老师交流,渴望别人能主动接近。成绩中等,睡眠正常,偶尔有失眠。

贝贝认为,父母的离异有自己的责任,如果自己能优秀一点,讨妈妈喜欢的话,说不定爸爸妈妈就不会离异。她和年迈的爷爷奶奶生活在一起,平时交流比较少,性格比较内向,也不太和同学接触,怕他们知道她父母离异的事。所以,贝贝可能对父母的离异一直心怀内疚,觉得是自己的"不优秀"造成的,这种想法使得她产生了自卑,不敢主动和同学交往,导致人际关系出现问题。

基于以上分析,我首先帮助贝贝纠正自我认知的误区,正确认识自己,让她明白每个人都有优势和不足,学会发现自己的优势。同时,鼓励贝贝主动与人交往,并教她一些与同学交往沟通的技巧,在交往中,学会给自己一个正确的评价,学会接纳自己。

制订辅导计划

对贝贝的辅导计划分为三个阶段。

第一阶段:针对贝贝认为"父母离婚是因为我的不优秀造成的"想法,鼓励贝贝和父母交流沟通,把自己一直以来对他们离异这件事的想法告诉他们,听听父母的回应,纠正贝贝个人化归因的错误认知。

第二阶段:和贝贝一起分析她的特点,引导贝贝一起探讨,发现自己的优势,从而改变对自我的负性想法,确立积极的自我评价。

第三阶段:鼓励贝贝主动与别人沟通交流,学习一些与同学交往的技巧和方法,在与别

---

① 本案例由沈俊佳老师撰写。

人的交往中,学习正确评价自己,接纳自己。

第一阶段的辅导进行了两次。刚开始对于咨询师提出和父母沟通的要求,来访者表示接受,但是事实上来访者并没有完成。后来咨询师重申了这个要求,并和来访者一起讨论了沟通的方法,来访者表示接受,并且最终完成了沟通的任务,家长的反馈也是积极的。

第二阶段的辅导进行了两次。来访者不再害怕他人知道自己的父母已经离异,觉得自己也是有优点的,并希望能够发挥自己的优点,得到更多人的认同。

第三阶段的辅导进行了一次。来访者愿意主动尝试和他人交往,但是对于自己的交往能力仍有些怀疑,希望今后如果遇到困难,还能得到帮助。

第一次对话

咨询师:"这是你第一次来找心理咨询老师吗?"

来访者:"是的。"

咨询师:"谢谢你对我的信任。你了解什么是心理咨询吗?"

来访者:"不是很清楚。"

咨询师:"那么我想花几分钟和你谈谈心理咨询是什么,以及接下来我们可能会做些什么,你看好吗?"

来访者:"好的。"

咨询师:"心理咨询是一个帮助有需要的人获得心理成长的过程,一般根据问题的不同需要进行几个阶段的咨询,每次咨询的时间大约是45分钟。在整个咨询过程中,我会遵守来访者自愿以及保密原则。"

来访者:"我说的什么,你都不会告诉别人,是吗?"

咨询师:"一般情况下是这样。但是如果牵涉到你或他人的生命健康,或者是法律问题,就可能需要泄密了。你能够接受吗?"

来访者:"可以。"

咨询师:"好。那么你可以告诉我,你为什么会到这里来呢?"

来访者:"我实在受不了了,想来这里试一试。"

咨询师:"我可以知道,什么使你受不了吗?"

来访者:"我没有朋友,从来没有人愿意和我聊天,放学回家路上,别的同学总是一起走,有说有笑,只有我是一个人。我做什么都是一个人,太难过了。"

咨询师:"你的意思是说,你没有朋友,感到孤独,是这样吗?"

来访者:"是的。从小到大,我都没有朋友,别人都不喜欢我。"

咨询师:"你说的别人,是指你的同学们吗?"

来访者:"同学,老师,还有……"

咨询师:"还有谁?"

来访者:"我的爸爸妈妈。"

咨询师:"你觉得你的生活中,没有人喜欢你,这种感觉让你很伤心。"

来访者:"是的。"

咨询师:"你希望我能给你什么样的帮助呢?"

来访者:"我也不知道。我想,如果我能优秀一点,大家就能喜欢我了。"

咨询师:"你觉得是因为你不优秀,大家才不喜欢你,是吗?"

来访者:"是的。"

咨询师:"你希望通过咨询,能让自己变得优秀,变得受人欢迎,是吗?"

来访者:"是的。"

咨询师:"好,我会尽力帮助你。但是,不是我单方面提供方法,你照做。这需要我们共同努力,共同探讨,最终要解决问题,还得靠你自己。"

来访者:"我明白。"

咨询师:"好,我们一起来分析一下问题。你怎么知道别人不喜欢你?你问过他们吗?"

来访者:"没有。我怎么敢问他们?"

咨询师:"为什么不敢问呢?"

来访者:"我从来不敢主动跟同学和老师说话,更别说问这种问题。"

咨询师:"你为什么不敢主动和别人说话?你不愿意和同学交流吗?"

来访者:"我想和同学交流。但是我这人从小到大都很差劲,长得不好看,成绩也不好,又没有特长,谁会喜欢这样的人?他们不会想和我说话的。"(叹气)

咨询师:"你很想和同学交流,但是又觉得自己不受欢迎,不敢主动交往,这让你很沮丧。"

来访者:"是啊。"

咨询师:"你刚才说你的父母也不喜欢你,为什么这样说呢?"

来访者:"因为我太差劲了,他们就不喜欢我了,他们在我四年级的时候就离婚了。"(哭)

咨询师:"你的意思是说,父母离婚是因为你太差劲了,是吗?"

来访者:"是的。"

咨询师:"你问过你的父母吗?"

来访者:"没有。不过,我一直是这样想的,如果我很优秀,他们就会很喜欢我,就不会舍得离婚的。"

咨询师:"我想,你说得有一定道理。但这毕竟是你自己的想法,我们还应该证实一下。我们可以问一下你的父母,看看他们离婚是不是因为你太差劲,你看好吗?"

来访者:"好吧。"(犹豫)

贝贝从踏进咨询室的那一刻开始,就表现出紧张不安,始终没有抬起头来,说话声音也很轻。我让她坐下来,她选择了一张角落里的凳子。为了让咨询能够开展,我采取了一些方法。因为当时我正在放一张唱片,就很自然地开始和她讨论流行歌曲。过了一会,我问她愿不愿意坐得靠近我一些,她表示愿意,我们才开始进入谈话。

解开贝贝的心结

贝贝长得挺招人喜欢,看上去清秀乖巧,是个内向的孩子。所以,当她说没有朋友、比较孤独的时候,我心里比较认同,并且马上产生了判断:肯定是因为太内向,人际交往出现了问题。在后来的谈话中,我发现问题没这么简单,贝贝交往问题的产生是有其心理原因的。作为一个咨询师,要耐心细致地听来访者述说,并且要有敏锐的洞察力,善于发现蛛丝马迹。如果先入为主,凭第一印象或者自己所谓的经验,往往对问题的把握会出现偏差。

当发现贝贝的问题可能与错误认识父母离异的原因有关时,我很兴奋。我认为这是一个很容易解决的问题,只要让贝贝了解事情的真相就可以了。于是我给她布置了一个任务:

回去和父母沟通,了解离异的真正原因。但是,让我出乎意料的是,这个看似简单的任务贝贝却没有完成。这让我很困惑。

经过反思,我意识到是我出现了问题,如果贝贝有勇气向父母询问的话,那么这个问题怎么可能成为她的心结呢?我想起在第一次咨询中,我向贝贝布置这个任务时,她表现出的犹豫,我当时忽略了她的情绪。于是,我对于贝贝没有完成任务表示理解,并了解她的顾虑是什么,然后一起探讨合适的沟通方法。最终,我们决定用写信的方法询问和贝贝比较亲近的母亲。结果是积极的,贝贝的母亲说,她和贝贝的父亲都认为贝贝是个很优秀的孩子,父母的离异完全和贝贝无关,而且她和贝贝的父亲都非常爱贝贝。

在解决这个问题之后,能感觉到贝贝的轻松。在咨询过程中,我发现贝贝由于自卑,一直不敢主动和别人交往,并且认为别人都不喜欢自己,所以,要进一步建立贝贝的自信。在以后的咨询中,我和她一起寻找她身上的优势,她也比较能够积极地参与。

在这个案例中,我觉得有两个问题是必须引起注意的。首先,是贝贝自卑的根源。我想引起自卑的原因可能是多方面的,也许是性格问题,也许是家庭环境引起的,也有可能是早期受到的创伤造成的,我没能够深入挖掘。如果我能找到真正的原因,就可以帮助她获得更好的认知。

其次,我应该引导贝贝向同学、老师询问,了解大家对她的真实看法,也许可以更好地纠正她过低的自我评价。

四、辅导建议

上述案例中,咨询师找到来访者自卑的根源,同时通过行为治疗,帮助来访者解决人际交往的问题,在此基础上帮助来访者建立积极的自我评价,从而改善了自卑的心理。

自卑感每一个人都有,而且自卑感也不都是没有功能的。根据阿德勒的理论,由于有自卑感,人类才能保持上进的动力。所以自卑心理辅导,其目的不是在于消除自卑感,而是在于帮助来访者正确认识自己,并学会一些方法来应对由于自卑而产生的心理不适的感觉以及功能失调的行为。

1. 正确地认识自己

自卑的人往往只看到自己的不足,而忽视自己的优势。在与他人比较的时候,也往往只拿自己的不足与他人比较,越比较越觉得自己一无是处。辅导中最重要的就是建立来访者正确的自我评价。在认知治疗中,这牵涉到人的核心信念,比较难以改变。好在对于学生来说,这样的核心信念改变起来要比成年人简单一些。下面是一些帮助来访者正确认识自己的方法:

(1) 请学生为自己设计一张名片,名片上要写出自己的优点和不足。(尽量全面)

(2) 请学生采访自己最信任的人(父母、老师、好朋友),询问他们对自己的看法,并记录下来。(自卑感强的学生往往找不到自己的优点,而且他们非常在乎别人的评价。所以可以事先与来访者在乎的人进行沟通,要求他们尽量给予来访者积极的评价,帮助来访者改变自我认识。)

(3) 要求来访者回忆曾经做过的让自己满意的一件事,并从中总结出自己的优势。(开始辅导的时候可以要求来访者回忆自己的成长经历并总结,到后期可以请来访者对自己刚过去的一周进行总结,并且要求来访者每当自己成功地完成一件事情时给自己适当的奖励。)

（4）在完成以上训练的基础上,请来访者完成以下表格：

我的优势	我的不足

在完成表格后,请来访者根据表格的内容,用"虽然……但是……"的句型练习造句。比如"虽然我长得不好看,但是我很善良",并将这些句型写下来。

2. 建立有力的支持系统

进入青春期的中学生,他们的自我意识不断增强,希望得到赞赏和认同。尤其是他们认为重要的人对他们的评价,会影响他们对自己的评价。对于中学生来说,来自家长和老师真诚的鼓励和欣赏能帮助他们建立自信。因此,在辅导一个有自卑心理的来访者时,不妨与来访者的家长以及老师进行沟通,要求他们注意平时与来访者的交流方式,多鼓励、多提希望,不要打击来访者的自尊和自信。

3. 解决由于自卑产生的问题

一个有自卑心理的来访者,往往不会来找咨询师解决自卑的问题。他们通常是因为一些其他的原因来寻求帮助,如成绩不理想,人际关系(同伴关系、师生关系、亲子关系)不良甚至有社交恐惧等,而这些问题的背后常常有自卑的原因。当我们面对这样一个来访者时,可以先帮助他解决急需解决的问题。例如:我们帮助来访者将自己感觉到的人际关系的问题解决,使他变得在同伴中受欢迎,那么来访者的自卑感自然就会减轻。在这个基础上再运用认知治疗的一些其他方法,让来访者意识到自己的核心信念,从根本上解决自卑问题就更加有效。

第二节　自负心理辅导

一、问题表现

小辉是一个热情开朗的男生,成绩也不错,可是同学们却都不喜欢他。老师观察以后发现,小辉特别爱表现自己,每次有一点"小成绩",就在同学中大肆宣扬。平时喜欢称自己为"天才",一旦他和同学发生争执,他的观点遭到质疑,就会特别生气。同学说他过分骄傲,小辉对此评价不屑一顾,他认为自己是一个很自信的人,同学们不喜欢他完全是因为嫉妒。

像小辉这样的孩子,在如今的中学生中并不少见。这是自负心理的表现,常见于思维敏捷、智力水平较高、成绩拔尖、活泼好动、常受老师表扬的学生身上。一些长期担任班干部、竞赛获奖、父母经济条件特别好或手中有权力的学生也容易有自负心理。

所谓的自负心理是指无视客观事实，过高地评估自己，看不到自己的不足，盲目虚妄地认为自己"最了不起"。"自负"和"自卑"一样，都是自我认识不正确的表现。每个人都有自己的优势和不足，自卑的人只看到自己的不足，并拿自己的不足与别人的优势相比较；而自负的人则只看到自己的优势，喜欢宣扬自己的优势，看不到自己的不足。

具体说来，自负心理有以下表现：

1. 自视过高

有自负心理的人总认为自己非常了不起，别人都不行。他们很少关心别人，与他人关系疏远，时时事事都从自己的利益出发，从不顾及别人。不求于人时，他们对他人没有丝毫的热情，似乎人人都应为自己服务。

2. 看不起别人

自负心理的人认为自己比别人强很多，固执己见，唯我独尊。他们总是将自己的观点强加于人，在明知别人正确时，也不愿意改变自己的态度或接受别人的观点。他们总爱抬高自己，贬低别人，把别人看得一无是处。

3. 过度防卫

有自负心理的人有很强的自尊心，当别人取得一些成绩时，容易产生嫉妒心，极力去打击别人，排斥别人。当别人失败时，幸灾乐祸，不向别人提供任何有益的信息。同时，在别人成功时，他们常用"酸葡萄心理"来维持自己的心理平衡。

值得关注的是，有自负心理的学生心理承受能力往往比较弱，所以他们不能忍受别人对他们的质疑。在学校生活中，如果有同学不认同他们的观点，他们就会特别生气。他们也不太能接受师长对他们的批评和指责，会感觉"没面子"，反应比较激烈，而且他们一旦受挫，很容易变得自卑。

二、原因探讨

中学生产生自负心理的原因是多方面的。

1. 家庭教育不当

对青少年来说，他们的自我评价首先取决于周围的人对他们的看法，家庭则是他们自我评价的第一参考系。在现在的家庭结构中，大多是几个大人围绕着一个孩子，有什么好吃的、好玩的都优先考虑孩子，众星捧月式地娇惯着孩子，自然而然地会让孩子产生"我是最重要的人"的感觉。而且，现在很多家长为了培养孩子的自信，对孩子进行鼓励和赞赏，这对孩子的成长当然是有帮助的，但是在鼓励和赞赏的时候要注意分寸，对孩子无条件地满足，无原则地赞赏，会使他们觉得自己"相当了不起"。

2. 生活"一帆风顺"

一个人的生活态度与他的生活经历有密切的关系。对于青少年来说，他们生活阅历浅，生活一帆风顺，没有经过什么挫折和打击，很容易养成自负的性格。现在的中学生大多是独生子女，是父母的掌上明珠，在家里基本上是"要啥有啥"。如果他们在学校里出类拔萃，老师又宠爱他们,就会比较容易形成自负的个性。

3. 自我认识偏差

当一个人对自己的自我认识不正确时,往往就会出现问题。如果一个人只看到自己的优势,夸大自己的长处,缩小自己的不足,甚至看不到自己的不足,就会不可避免地产生自负心理。他们对自己的能力评价过高,好大喜功,取得一点小小的成绩就认为自己了不起,成功时完全归因于自己的主观努力,失败时则完全归咎于客观条件的不合作,过分的自我中心,把自己的举手投足都看得与众不同。

4. 人格特点的影响

一些人的自尊心特别强烈,为了保护自尊心,在挫折面前,常常会产生两种既相反又相通的自我保护心理。一种是自卑心理,通过自我隔绝,避免自尊心进一步受损;另一种就是自负心理,通过自我放大,获得自卑不足的补偿。例如,一些家庭经济条件不很好的学生,深怕被经济条件优越的同学看不起,装清高,摆出看不起这些同学的样子。这种自负心理是自尊心过分敏感的表现。

三、案例分析

▶▶案例 优等生的"贵族病"[①]

病来如山倒

小杰是一个思维活跃、聪明伶俐的男生。他有较强的学习能力,学习成绩在班级里一直名列前茅,尤其是理科的学习成绩非常好。同学们非常佩服他,有什么问题总是请教他。可是小杰总是对同学们爱理不理,常不屑地说:"连这也不会,真是太笨了。"时间长了,同学们也不愿意多接近小杰。在新一届的班委改选中,小杰没有被选上,觉得这是大家嫉妒他成绩好。由于自我感觉理科成绩很好,小杰数学课上经常不听讲,有一次甚至在课上拿出手机查英语单词。老师没收了他的手机以后,他居然丝毫没有感觉到自己错了,还振振有词地对老师说:"数学对我来说太简单了,我还不如用数学课的时间来学习英语,这样可以提高成绩。"小杰根本不顾及课堂规范,对于老师提出的批评不以为然,常跟老师争辩。

细心寻病根

面对小杰这个学习优等生表现出的种种行为问题,老师进行了深入的分析:小杰由于成绩优秀,常常得到老师的表扬和同学的肯定,这让他觉得自己高人一等,看不起同学们,同学们也因此不愿意接近他,所以他的人际关系出现了问题。同时,这种自负的心理使得他处处以自我为中心:面对别人的负面评价,他不从自己身上找原因,而认为是别人嫉妒;不把纪律规范放在眼里,想怎么做就怎么做,甚至无法接受老师的批评。

对症把病除

老师意识到小杰种种问题的症结是由于他的自负心理在作怪,于是对小杰开展了如下辅导:

[①] 本案例由刘小莹老师撰写,选自《积极心理学取向的班级辅导培训手册》(倪京凤主编),略有删改。

1. 透析认知

辅导老师让小杰写出手机被没收事件的详细经过和他对此事件的想法。以下是小杰完成的作业：

事情经过	想法	情绪
课堂上拿出手机查英语单词，被老师发现，没收了手机。	数学课枯燥无味，为了提高英语成绩，便在上课时学英语。遇到不懂的单词，苦于没有词典，才用手机查英语单词。我英语成绩不如数学，要抓紧时间学习英语。英语乃现代人立足社会之根本，老师不该没收手机。	懊恼、愤怒
下课直接找老师，要求归还手机。	手机是我向同学借的，应该还给同学，被老师没收，我就没办法还了，所以才直截了当请老师归还。	着急、愤怒
老师没有把手机还给我，还批评我，我与老师争辩。	老师是人类灵魂的工程师，用汗水浇灌了下一代，教书育人，诲人不倦，帮助学生更好地走向社会。对于老师来说，没有什么比能看到自己学生生活得好更为开心的事情了。	尊敬
回答老师关于学习和做人哪个重要的问题。	毋庸置疑，当然做人重要，只是当务之急是解决学习问题，毕竟学会做人，社会实践的作用远比学校的大，等到踏上社会，再一步一步改善做人的方式，日省三次足矣！	

从小杰的作业中，老师发现很多问题：第一，他具有一定的分析能力，善于思考，表达能力较强。第二，小杰以自我为中心，较多地站在自己的角度考虑问题。第三，对自己的错误行为，他都能给出看似合理的理由。

尤其在面对老师的批评这一事件的时候，小杰看似表达了对老师职业的理解，以及对老师的尊敬，但明显心口不一，并没有写出自身真实的想法，只是写了一些冠冕堂皇的套话，这正好证明了他根本没有意识到自己的行为有什么不妥。

在此基础上，老师确立了以下教育目标：

（1）引导学生意识到强调课堂规范的目的是为了创造和谐有序的听课环境。

（2）培养学生平衡学习各个科目的能力。

（3）帮助学生改正数学课上损人不利己的行为，学会双赢。

2. 矫正认知

（1）从小杰的作业入手，给予他肯定：文字表达能力强，善于思考分析。小杰的敌对情绪得到缓解，有利于建立良好的师生关系。在此基础上，老师提出：如果身边的人对你的评价全部是否定的，你会怎么看待评价自己的人？小杰认为这样的人不好，完全不需要搭理他。老师指出，小杰自己在和别人的交往中往往就是只给别人负面的评价，看不到别人身上的优点。进而要求小杰学会欣赏别人，不要成为自己讨厌的那种人。

（2）考虑到小杰比较以自我为中心，而且很在乎学习成绩，因此老师询问：如果在上课的时候，别的同学都是想干什么就干什么，影响课堂纪律，你会有怎样的反应？小杰明确表示不喜欢这种行为，老师在此基础上强调了遵守课堂纪律的重要性。

（3）关于数学课，老师认为认真听讲才有发言权，不认真听讲就没有评价的资格。建议小杰如果觉得数学课讲得枯燥无味，可以通过认真听课，找出老师上课时存在的问题，下课以后给老师一点有意义的建议。这样既可以进一步加强自身的数学学习,还能提高老师的教学水平,做到教学相长。

此后,老师和小杰的师生关系得到了改善。

老师在此案例中有如下反思:

在手机一事的处理中,师生关系由刚开始的对立转变为平和的谈话到最终师生关系的融洽,是什么引起这些变化呢?是从老师对学生的肯定开始的,为继续交流创造了良好的氛围。作为老师,我们时常以改正学生的缺点为己任,却忽视了学生身上的优点,这让学生抵触老师的批评。换一种眼光看学生,师生关系的和谐顺畅能更好地引导学生走出误区,改正错误的行为。

这个学生表现出的以自我为中心、认为只要学习好什么都可以不顾的行为,其实不是短时期形成的。刚进高中时,很多老师都没有关注他的思想以及行为,认为只要他成绩好,也就没有必要过多约束。其实,我们不能因为学生的成绩好而迁就他的缺点和错误,应该对他提出更高的标准、更严的要求。

四、辅导建议

以上案例中,老师对于小杰的问题有比较清醒的认识,知道小杰的种种问题是由于他的自负心理造成的。在处理的过程中,老师首先看重的是师生关系的改善,这为以后的辅导建立了良好的基础。接着老师根据小杰的特点进行行为矫正,比如让小杰学会欣赏别人,改善人际关系;让小杰认识到课堂规范的重要性,认真听课,遵守课堂纪律等。应该说,这样的处理起到了一定的效果。

但是,我们不难发现,在此案例中,小杰的自负心理并没有得到扭转。

在认知治疗中,我们也强调行为治疗的作用。尤其对于中学生来说,通过矫正他们的行为,解决行为问题从而促进认知的改变效果会比较好,但是最终仍然强调认知的改变。在此案例中,小杰并没有认识到自己的自负问题。这就像一棵生了病的树,我们将树体上看得见的虫子捉走了,但是并没有解决根本的问题,过不了多久,树体上又会长出其他虫子。

在老师布置给小杰的第一个作业中,我们其实可以获得更多的信息,比如在作业的最后一项,老师提出了做人与学习的问题。这个问题有点空,所以小杰的回答也是空泛的,但尽管如此,还是能看出小杰一切以学习为重,其他都不放在眼里的想法,所以小杰才会因为自己成绩很好而如此自负。这些信息在后续的辅导中并没有得到重视。

在案例反思中我们也看到了,刘老师其实已经发现了小杰自负心理由来已久,并且也表现出了担忧,但是在辅导小杰的过程中,并没有明确地、有针对性地采取措施。

前面我们谈到,自负心理其实在中学生中并不少见。他们自我感觉非常良好,对自己充满信心,认为"我是最棒的,我能做好一切事情"。值得注意的是,这种状态有时甚至还会得到家长和部分老师的赞赏,认为这是自信的表现。但事实上,自负和自信是完全不一样的。真正自信的人应该对自己有充分的认识,知道自己有优势,也能接受自己的不足;而自负的人则完全看不到或者是故意忽视自己的不足,一味妄自尊大。有自负心理的同学在成长过程中会遇到很多问题。

那么,我们该如何对有自负心理的同学进行干预呢？有以下一些建议：

1. 形成正确的自我认识

自负心理的特点是只看到自己的优势,并夸大这种优势,而看不到自己的不足。因此,在开展干预时,最重要的是帮助来访者形成正确的自我认识。要让他们知道,全面地认识自我,既要看到自己的优点和长处,又要看到自己的缺点和不足,不可一叶障目不见泰山,或抓住一点不放,失之偏颇。不能孤立地评价自我,应该将自己放在社会中去考察。每个人生活在世上都有自己的独到之处,都有他人所不及的地方,同时又有不如他人的地方。与他人比较时,不能总拿自己的长处去比他人的不足,把他人看得一无是处。

要注意的是,自负的同学往往心理承受能力较差,在进行干预的时候,不可直接指出他的不足,并强迫其接受,这样可能会激起来访者的反抗,甚至有时会让来访者直接由自负转向自卑(此二者本身就是相通的)。我们可以根据来访者的特点,设计一些作业或练习,让来访者自己感悟、体验。例如,请来访者完成下列练习：

我最擅长的	
我比较擅长的	
我不太擅长的	
我不擅长的	
……	

在完成练习的基础上,请来访者给图2-1中的花瓣涂色,不同的颜色代表不同的特点,如：红色代表学习成绩很好,绿色代表体育成绩不太理想,黄色代表不擅于人际交往等。所有的花瓣涂满以后,来访者就会看到一朵色彩绚丽的花朵。咨询师可以告诉来访者：这朵花就代表着你自己,有优点也有不足,优点当然是足以自豪的,但是这些不足也是构成自己的一个组成部分,优点和不足一起构成了一个特别的你。

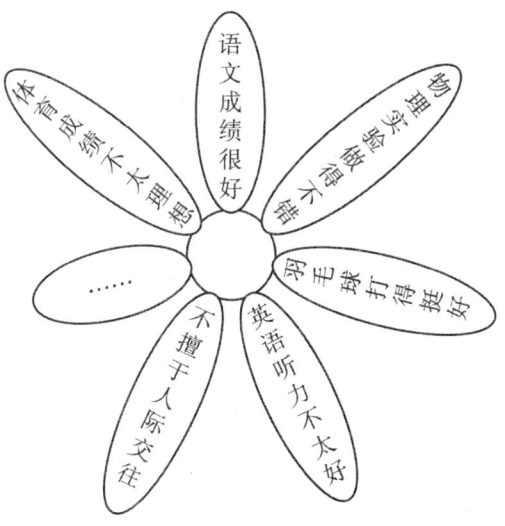

图2-1

2. 平等地对待他人

自负者以自我为中心,视自己为上帝,无论在观念上还是行动上都无理地要求别人服从自己。平等相处就是要求自负者以一个普通成员的身份与别人平等交往。如果自负者能做到开始考虑别人的感受,他就会从自高自大的自我世界里走出来。要自负者学会平等地对待他人并不容易,我们应该循序渐进地培养他们这方面的能力。一般来说,有以下几个步骤:

(1) 看到别人的优点

让来访者通过仔细观察,列出同学的优点,并和自己进行比较,哪些优点是自己也具备的,哪些优点是自己不具备的。经过一段时间训练后,请来访者从欣赏的角度为自己的同学写评语。

(2) 接受别人的评价

自负者的致命弱点是不愿意改变自己的态度或接受别人的观点。接受批评即是针对这一特点提出的方法,它不是让自负者完全服从于他人,只是要求他们能够接受别人的正确观点,通过接受别人的批评,改变过去固执己见、唯我独尊的形象。可以建议来访者去找自己欣赏或信任的同学、师长,请他们客观地对自己进行评价,在肯定优点的同时,指出自己的不足之处。还可以适当地多找一些人,客观的评价越多,来访者越能了解自己在别人眼中的形象,有助于形成正确的自我评价。

(3) 学会与他人合作

要求来访者选一名同学,主动和这位同学合作完成一件事情。在完成这个任务的过程中,要求来访者做到以下几点:

① 尊重他人,能听取他人的意见。

② 用恰当的方法与他人交流,让对方了解自己的想法。

③ 分析自己的想法和他人想法的利弊。

④ 与合作者一起讨论形成最终完成任务的方法,并实际使用这些方法。

⑤ 最后写出整个过程中的个人感受。

当自负者能静下心来听别人的意见时,他们会发现每个人都有自己独立的想法,这些想法不见得不如自己。当我们学会从别人的意见中吸取有用的东西时,就更有利于我们获得成功。有这样的一种心态,自负者也不再会妄自尊大,把自己的观点强加给别人了。并且这样的一种合作态度,会让他们改善人际关系,更有利于他们的发展。

3. 用发展的眼光看自己

自负者往往有一种盲目的、不切实际的自信,当他们遇到挫折的时候,很容易产生心理问题(比如嫉妒、怨天尤人、自卑等)。因此在心理辅导中要让来访者对自己的发展有个合理的规划和目标。既要看到自己的过去,又要看到自己的现在和将来。

帮助来访者事实求是地评价自己的能力、知识水平,设定出符合自己实际能力的奋斗目标。知道自己并不是什么都能做,了解自己目前能做什么,并且能为自己的将来做些什么。这样才能在发展中始终保持上进的动力,并对自己充满自信。

第三节 依赖心理辅导

一、问题表现

依赖及依恋的情感是普遍存在的,对他人某种程度的依赖对个体来说是适应,但是过分依赖可能会产生心理问题。过分依赖的具体表现为:生活难以独立,缺乏自信,不论大事小事都需要家长、老师、同学帮助,遇事优柔寡断,缺乏判断、决断能力,总是依赖别人为自己作出决策。非常在意别人的评价,自尊心低,自信心不足,把命运交给别人。例如:在生活中,就是购买一件小小的物品,也要找人参谋。在学习中,从不相信自己能够取得好成绩,甚至做作业时,也要将答案与别的同学对一下,才能放心。

二、原因探讨

有关研究表明,依赖心理的形成有遗传生理因素,但主要还是环境因素。

1. 生理因素

人们观察到,一些婴儿在出生时就表现出了害怕、孤独和忧郁的气质,这些气质特点赢得了父母更多的关心和保护,也因此,这些气质特点持续存在并有所发展。人们还观察到,过分依赖的人多有内胚层体形(肥胖、笨重)和外胚层体形(瘦小、虚弱)。这些观察结果提示过分依赖的心理可能具有一定的生物学基础。

2. 家庭因素

依赖性的产生往往和家庭环境、家庭教育有着密切的关系。

一种是早期抚养不周。由于过分依赖的人不论是重要决定还是普通决定都依赖于他人,这就导致他们有一种不合常理的被抛弃的恐惧。一般认为,这种被抛弃的恐惧来自早期的抚养环境。婴儿出生时都要依赖他人提供食物、保护以及照顾,儿童社会化的一部分就是学会怎样独立生活。有学者认为,如果这个过程被干扰,比如父母去世或者照顾者对他们忽视或者拒绝提供照顾,都会使得儿童在被抛弃的恐惧里长大,从而逐步形成过度依赖。

一种是过度保护。当孩子不能应付环境压力时,父母应该提供相应的支持和帮助以增加孩子的生存机会。但是父母因为考虑到"安全",而不让孩子试着去面对环境压力,或者无视孩子已经具备应付环境压力的生理、心理基础,仍然一味地包办、代替等,便属于过度保护。过分保护、过分照顾,很容易使孩子在成长过程中丧失独立办事的能力,变得具有依赖心理。尤其是独生子女,要比多子女家庭的孩子享受到更多的"特权"。长辈们的娇宠使孩子易养成饭来张口、衣来伸手的懒惰性,这种懒惰性其实就是过分依赖。过分依赖在学习上的表现为:在学习中遇到困难时,不爱独立思考,只等着家长给他讲,要么就干脆等同学做完后抄人家的。

3. 社会角色偏见

由于过度依赖的人多见于女性,曾有学者推断,这是源于女性固有的依赖倾向。这种观点因有明显的性别歧视,一直受到女权运动者的反对。跨文化研究发现,女性的依赖性是文化赋予的,而非性别所固有的。进一步研究还发现,如果一个人接受了社会所赋予他的依赖性社会角色,他便会有依赖性行为,甚至还可能发展成为依赖型人格障碍。

三、案例分析

▶▶案例　活在别人眼睛里的人[①]

知道小凡同学向学校提出免考的申请时,我着实吃了一大惊。小凡从普通中学考入重点高中就读,性格中性偏内向,不善言语,稳重踏实,学习努力刻苦,成绩中等偏上。从小学到初中,学习成绩一向很优秀,受到同学和老师的赞誉,被同学称为"有学习天赋"。但自从进入高中后,虽一直很努力,成绩却不能名列前茅。经过一年的努力,状况没有得到改变。难道这就是小凡提出免考的原因吗?

我和小凡进行了一次深入交谈,了解到由于始终没有取得理想的成绩,小凡开始不断怀疑自己,觉得自己很笨。面临高二年级的第一次期中考试,她不敢想象自己会有怎样的结局,于是不能集中精力复习。"最近一段时间我每天上课都听不进,自修看不进书,想到考试就害怕,我害怕考试。"小凡说。

小凡是个要求上进的学生,也很要强。

"我曾经一直觉得自己是有学习天赋的。虽然老师上课讲的内容有些我不能当场搞明白,但我每节课都有记录,下课后慢慢琢磨,再整理在笔记本上。虽然这一切需要大量的时间,但我在当时从来没对学习失去兴趣。以前我一直觉得学习是一件很快乐的事,我可以比别人做得更好。

现在却不一样了。当我在休息时间看书时,很多同学会说:'你好认真哟!'我很不喜欢听这样的话,我觉得他们似乎在说:'你好笨,付出了这么多的时间,只考了这样的成绩。'我原来对学习充满了热情、期待,所以当其他同学在玩的时候,我能强迫自己不去玩,抓紧一分一秒。如今,这种种打击不断袭来,我怕自己会对学习失去热情,失去期待。

现在的我不知道怎么回事,当我看到其他同学做的内容或复习的内容和我的不一样时,我就会想:'哎呀,他们看的资料我都没有看过,时间来不及了,我复习不完了!'想到这些,我的内心就会很不平静,感到自己花了很多时间复习,结果好像什么都没有复习。

我觉得他人的一举一动对我的触动很大,也许有时这与我无关。我很佩服那些'走自己的路,让别人去说吧'的人。我甚至在食堂吃饭的时候,都一直东张西望,注意这个人,看看那个人。"

看来,小凡产生问题的原因找到了。"拥有学习天赋"的小凡给自己定位很高,也总希望自己能够做得更好。过分追求完美的她,害怕不尽如人意的成绩会挫伤自己的信心。于是,

---

① 本案例由沈慧老师撰写,选自《野百合也有春天——学生心理辅导案例精选》(吴增强主编),略有删改。

她为自己设立的参照物永远是别人，同时把对自己的认识也完全建立在别人对自己的看法和评价上，很少有对自己的独立评价，对自己缺乏了解和信心。综合分析小凡的情况，基本可以确定，她是由于把对自己的认识完全建立在别人对自己的评价上，缺乏对自己的了解和独立评价，造成了极度缺乏自信心，产生依赖他人的心理。要从根本上解决问题，首先得帮助小凡从"活在别人的眼睛里"解放出来，让她真正了解自己，合理定位，重建自信，才能使她真正走出心理阴影。

在与小凡的交谈中，我发现在小凡的心中，有很多想法。如："如果这次考不好，这太可怕了""如果……那就糟糕了""如果……那就全完了"。我和小凡从几个方面进行了分析：

A. 你认为会发生糟糕的事，这与事实相符吗？或者只是你的幻觉？还是小题大做？

B. 你认为会发生糟糕的事，是很可能的吗？还是不过是可能而已？如果仅仅只是有一点可能，自己却事先感到恐惧，那就不值得了。

C. 如果想象中的事情真的发生了，那么自问一下，这件事是否真的有那么糟糕？只有当你无法想象出比这更糟糕的事情时，才需要使用"糟糕""可怕"这类字眼。

我告诉她，如果你打算和我探讨感到恐惧的内在原因，并且加以改变，那么你必须去冒险。你必须做那些使你感到恐惧的事情，并且要准备好面对这种危险。如果去冒险，可能我们有机会得到一点儿收获。如果不去冒险，我们几乎一无所获。权衡一下得失，尽管你害怕，如果你还是面对这种情况，你将获得什么？如果你回避，那么又会失去什么？

我不是想逼她做某件事，只想让她为自己做决定，想让她明白是她的思想决定了她的行为。最后她自己表示，把这次考试只当作是为了培养自己的勇气而去冒的一次险，只要能走进考场完成考试就赢了，而不考虑成绩如何。

一个星期后，期中考试成绩揭晓。她告诉我："本次考试成绩尚可，但我的内心仍很矛盾。有同学羡慕我的成绩，但我自己从没肯定过。我始终觉得距离目标还很远。"小凡在一次周记中记录了她的内心独白："我是不是很不聪明？我经常这样问自己，但我不承认也不相信。每次考试我都想考好，但我真的很紧张。我在平时的测验中都能取得很好的成绩，但我从来没在期中和期末考试中考出过好成绩。晚上睡觉时，脑子里的一根弦绷得很紧。我很早就起来看书，但看着书，心里却有种说不出来的滋味，泪水随之哗哗流下来。"

在和小凡的几次接触中，她反复强调"我有学习的天赋"，为逞这一"能"，她臆想出一个标准，并以此来衡量自己。我告诉她，过高的目标和期望，往往会由于力所不及而屡屡碰壁，会使人丧失信心，转而变为自我否定。也就是说，不适当的自我评价会导致自我否定，自我否定的人对自己的能力和品格评价过低，看不到真正的价值，总觉得自己不如别人，总觉得别人会瞧不起自己。

我对她说："任何一个人都不是万能的，你不能以某一行为来评判一个人。你可以对你的行为下断语，但是不要对作为人的你下断语。如果有可能改掉你的错误和弱点，你就要努力为之。如果你还没有能力战胜自己的弱点，你可以承认自己是一个有弱点的人，但是瑕不掩瑜。"最后，她觉得应该为自己的能力划一条界限，以这次期中考试成绩作为标准，估计一下自己到底有多大的能力，能达到什么层次，然后再尽力而为。

言谈中，我发现小凡太注重结果，竞争的目的是获胜，有很强的急功近利的思想，一旦失败，就认为会被人瞧不起，抬不起头来。因此，还没开始行动就害怕自己不能获得成功。

而且经常批评自己,对自己不满,贬低自己,把自己说得一无是处,把许多不成功的事归罪于自己。倘若办成某事,那并不是自己的功劳,而是碰运气或纯属偶然,并常常想"我这个人一点用处都没有""我是个不顶事的人""我一无是处"。于是,我和她一起分析了她的内部思想:

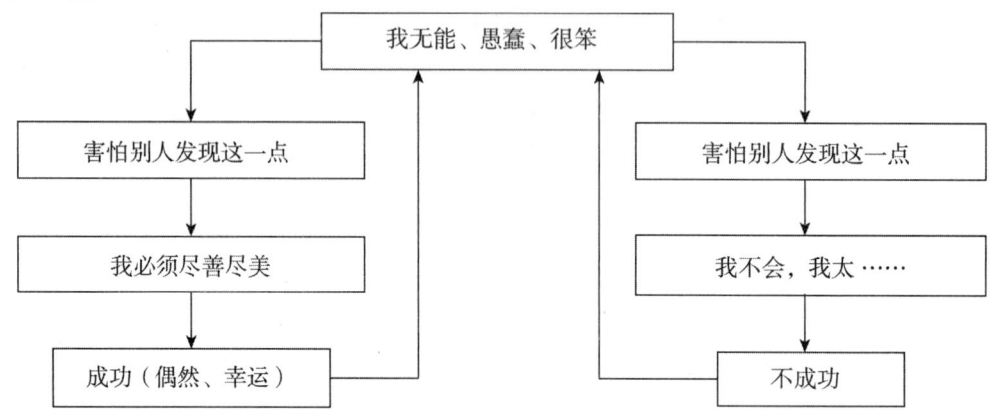

无论她经历什么事,在她看来都是消极的。她认为问题比比皆是,自己无依无靠,支配不了自己和自己的生活,认为自己的未来漆黑一片,不相信有什么东西能够再度改变自己的处境。

我们开始分析为什么两个人经历同样的事,却可能会做出截然不同的反应。我告诉她ABC情绪理论。

A. 场合:发生了什么事情?

B. 评价:积极的、消极的和中性的。这件事情对"我"意味着什么?

C. 感觉和态度:"我"怎样感觉和采取什么态度?

我告诉她:"你怎么想就怎么感觉。"消极的想法导致消极的感觉,积极的想法导致积极的感觉,中性的想法导致中性的感觉。

"经历不是在一个人身上发生了什么,而是如何对待发生在自己身上的一切。"无怪乎有人说,是否感受到生活的美好,主要取决于人的主观态度,而不在于所经历的生活本身如何。为了帮助小凡扭转原来的消极思维,我要求她进行六个方面的训练:

1. 请停止对自己使用消极、否定的词语。当你和别人说话时,你需要考虑使用什么样的词语,那么你对待自己至少要像你对待至交那样友好和宽容。要承认自己的不完美,人总会犯错误,总是有弱点。

2. 请将行为和人区分开来。尽管你会做出一些不能令自己满意的事,但是你并不愚蠢。诚如,尽管你可能做过什么不好的事,但是你并不坏。

3. 要为你做的好事情表扬自己。你在选择可以表扬的事情时不要太严格,至少你每天都要给自己一个表扬。或者当你无法发现值得表扬的事情时,你也可以为自己曾努力做过的事情而表扬自己。

4. 将至今感到自责和拒绝自己的所有事情和想法列出一个表,然后看看表上有哪些错误和弱点是你能够根除的。同时也应清醒地认识到:有些错误和弱点本身是你无法根除的。

5. 请在纸上列出至少10个你的积极的特点和行为方式,这些特点和行为方式不必是与众不同的。每天通读一遍这张表,再随时添上新特点。

6. 每天读一遍下面这段文字(我和小凡共同制定的宣言):

"我是一个有尊严的人。无论我做什么,也丝毫改变不了这一点。

我能够努力去做得好一些,但是我不可能什么都懂。错误和不如意并不意味着我一无是处。

我对自己也像对别人一样友好,没有理由对待自己比对待他人更坏。因此,我心里想的是积极的事物,我也会告诉别人,我所想的事物也会有益于别人。

有些事情的发生我自己也不满意。如果不满意的事情发生了,我也得承认它,因为它能提醒我,我并不能决定一切。我唯一能改变的东西就是我此刻的感觉,我决定着自己如何去感觉。我坚信:如果我想成功,我就能成功!

我是自己生活中最重要的人,因为我决定着自己的生活。无论我做什么,我都将承认和接受自己。"

经过一个月的训练,小凡说:"我发现自己对事情的看法有些改变,天不再是灰黑色的了。"我们都为此感到高兴,同时又为下一步练习做准备。我知道,要改变小凡的一些想法,还需要长时间的训练,如果看到起色就此结束的话,以后可能会碰到更大的问题。我建议小凡仔细探索自己内心的消极思想,再进行消极思想和积极思想的分析与转换。比如,我们对她思想中比较顽固的消极思维"我现在一点用处都没有,我无力应付学习"一起进行了分析:

1. 这种思想符合事实吗?你是怎么认为的?请大声回答:是或不是。
2. 你一点用处都没有,这个想法有助于你心情舒畅吗?
3. 你可以怎样将这种思想转变为积极的思想,帮助你改变心情?

小凡明确地告诉我,这样的想法不符合事实,她说:"我觉得以前的我很傻,这样的想法不仅不能让我心情好些,反而使我更加灰心失望,情绪低落。我现在已经真正理解了'天生我材必有用'的含义了。"

小凡现在的想法是:"我不能再像以前那样既快又好地学好功课,但这是很正常的。一旦我消除了自己的低落情绪,我的学习会重新有起色。当我自以为不能再好好地学习时,这是很可怕的。我要注意不要让消极情绪再被我的消极思想所加剧。"

一个星期后,小凡轻快地告诉我,她已经对自己的消极想法做了一个大检查,发现自己在碰到问题时经常会想:"我现在再也学不好了""谁都帮不了我的忙",而这一次彻底地对这些想法进行了清理。当然,要根除这些令人不快的"毒草"还需要经常清理。

一个学期即将结束,暑假就要来临时,小凡愉快地告诉我,现在她的心情非常好:"我想,我必须以一种积极的态度去面对作业和考试,让自己的付出有价值。我不想让自己既不痛快,又没有一点收获。我很能调整自己的心情,我对自己的高三学习已满怀信心!"而且她告诉我,现在她已经成为学校礼仪队的成员,在学校的一些重大场合上都会见到她的身影。

四、辅导建议

帮助学生克服依赖心理,辅导建议如下:

1. 克服依赖习惯

分析和罗列一下自己的事情中哪些应当依靠家长和老师,哪些应由自己决定,从而自觉减少习惯性依赖心理,自己做出正确的主张。如自己决定有益的业余爱好,自己安排和制订学习计划等,由依赖转变为自主。

2. 树立自信心

过分依赖的学生普遍具有不自信的弱点,只有充分自信才能彻底地改正依赖他人的习惯。有专家建议可以分以下两步来树立自信心:

第一步,消除记忆中的挫折经历。具有过分依赖性的人之所以缺乏自信、自我意识低下,与其儿童时期受到的挫折经历有关。比如,父母、长辈或者老师可能都对其说过"你真笨,什么也不会做""瞧你笨手笨脚的,让我来做吧"等。可以把类似的话都整理出来,然后用理性去推翻这些定论。也可以告诉所有的亲人和朋友,让他们改用热情的、鼓励的话来激励他。

第二步,重建勇气,学会自立。人们只有鼓起勇气去做某件事,才会因为这件事的成功而树立起自信。老师可以鼓励学生选择一些以前没有做过的事情来做,如独自一人参加一项娱乐活动或到附近的景点进行短途旅行等。还可以规定每周有一天"自主日",在这一天里,凡事都要自己做主,不可以依赖他人。只要坚持锻炼自主意识,就一定可以充满勇气,学会自立,并矫正依赖他人的习惯。

3. 重建理性的认知

帮助学生建立以下信念:

(1) 能力是可塑的,是能够在克服困难的活动中形成和发展的,关键在于自己努力行动。

(2) 理性分析依赖行为的利弊。依赖可以省事轻松,但是会使自己失去锻炼自己能力的机会,失去体验成就感的机会。

(3) 只要勇敢地参与到成长的活动中,你就不仅能体验到成长的幸福,还能摆脱"自己无能"的痛苦。

(4) 学会客观地评价自己,既看到自己的不足,也能发现自己的优点。

(5) 学会自我激励,为自己每天取得的进步喝彩。

第四节 任性心理辅导

一、问题表现

现在经常可以听到学校老师这样议论孩子:"现在的小孩儿真是越来越自私了,只想到自己,不考虑别人。"任性孩子的特点就是以自我为中心,不考虑别人的感受,我行我素。你说东他偏往西,脾气说来就来,一有不称心就发脾气,跟老师、父母对着干。任性的孩子表面上看上去就是自私,一方面,他的自私影响到他与同伴的交往,在学校里常常被孤立;另一方面,他也很难与老师、父母融洽相处,产生很多行为问题,从而影响到他的社会化进程。一般来说,低龄儿童由于缺乏认知和判断能力,多少都有点任性。但低龄儿童的任性如果一再放任,就会衍生出很多其他的行为问题,影响其发展出亲社会的能力,进入青春期或者成人之后可能会带来很多适应问题及其他困扰。那么,任性心理是怎样产生的呢?我们又该如何去辅导和干预呢?

二、原因探讨

1. 遗传因素

孩子受遗传的影响,有的天生气质就属于较兴奋的类型,情绪表现较强烈,属于那种"有个性"的孩子,这与家长的遗传因素有很大关系。如果后天再不注意改进,这样的孩子最容易出现任性的行为。

2. 心理反抗期(生长发育特点)

婴幼儿在正常发育的情况下,两三岁就开始出现心理反抗现象,出现强烈的独立需求意识。如愿意自己吃饭、自己穿衣服、上下楼梯不愿别人牵领、自己家的东西不让别人动等,处处以自我为核心,遇到不满意、不顺心的事情大哭大闹,劝阻和强制都不起作用,直至家长妥协、自己满意为止等。

3. 家庭教育因素

任性与遗传因素有一定关系,与人的神经类型有关。但是,关键还是后天的教育影响。一是,家长对孩子溺爱、娇惯、放任、迁就。据调查,独生子女和末生的孩子任性率较高。孩子任性往往与他们在家庭中受到百般宠爱有关。二是,家长对孩子的教育方法简单粗暴,造成孩子的逆反心理。这种情况下,不管家长说得对不对,孩子都不接受,从而埋下了任性的种子。有些家长无视孩子生理、心理的发展,无视孩子的兴趣、爱好,对孩子一味限制,要求孩子绝对服从,想出各种方法让孩子就范。这种做法不仅违背孩子的意愿,也违背孩子的身心发展规律。同时,这种做法也是孩子形成任性的重要原因。三是,家长粗暴的教养方式损害了孩子的自尊。有些家长总爱讽刺、挖苦、漫骂孩子,或者当着众人面数落孩子,有时家长的话虽然是对的,但刺伤了孩子的自尊心,孩子心里明白自己错了,可为了保全面子,也不能接受批评,于是产生对抗心理。[1]

4. 自我中心一部分是儿童心理发展的正常部分

皮亚杰认为,儿童自我中心化与去自我中心化存在着4种不同水平,分别为感知运算阶段(0—2岁)、前运算阶段(2—7岁)、具体运算阶段(7—12岁)、形式运算阶段(青春期)。任性心理现象往往在小学阶段出现较多,这与儿童处在具体运算阶段的自我中心化与去自我中心化的水平有关。这一阶段的儿童不能把感知事件和心理建构区分开来,他们知道每个人有不同的观点,但是要到8—10岁才能意识到每个人都知道别人有自己的思想和情感,知道不仅别人有不同的观点,而且能够意识到别人的观点;10—12岁的儿童才能从第三者、共同的朋友的角度来看待两个人的相互作用。12—15岁的青少年能够认识到存在着综合性的观点,而且也认识到"为了准确地同他人交往和理解他人,每个自我都要考虑社会系统的共同观点"。那么在小学阶段的早期(6—8岁),正是孩子慢慢朝这个方向发展的阶段,但有些孩子可能会在过程中遇到一些困扰,再加上家长的纵容等,可能会减缓孩子发展的速度,从而导致孩子自我中心、自私、任性的问题比较明显。

三、案例分析

▶▶案例 她有朋友了[①]

事出有因

有一次,晚上送学生乘校车回家时,我突然听见一个学生喊:"老师,有人把裤子脱下了!"循着发出声音的方向一看,只见一个七八岁的小姑娘不顾旁边还有许多男、女同学,若无其事地脱下早上前后穿反了的裤子,正准备把它重新穿好。我快步走过去,帮她把脱下来的裤子赶紧穿好。当我问她,在车上当着这么多同学的面只穿着一条短裤是否难为情时,她满不在乎地对我说:"我想换就一定要换,我才不管有没有人呢!"她的话和她说话时的神态引起了我的注意。第二天,我了解到小姑娘名叫贝贝,今年才7岁,性格活泼好动。在班级中她的个子是最高的,嗓门也是最大的,而朋友却是最少的。由于她的刁蛮任性,在班级里几乎没有人愿意跟她一起玩,为此她很不开心,但又无可奈何。

被宠坏的宝贝

贝贝这种刁蛮任性的性格是如何形成的呢?贝贝出生在父母都是知识分子的家庭,贝贝的出生让她的爸爸妈妈无比欣喜,因为他们一直想要一个女儿。可她来到这个世界上不久,大人们却发现她患有先天性的眼疾。在她上学读书前,爸爸妈妈带她去了许多大医院,找了无数的专家,希望能治好她的眼疾,专家建议她进行眼部手术,但手术后的效果却不尽如人意。现在,贝贝在夏天白天出门时仍须戴上墨镜,否则她在外一定是泪流满面,她的双眼仍然无法适应强烈的光线。或许是父母对女儿怀有深深的歉疚之情,怕女儿有自卑心理,在外受人欺侮,抑或是他们对贝贝有一种补偿心理,于是对女儿付出了更多的爱,凡是能想到的都替女儿想到了。除了父母之外,家里其他人也十分疼爱贝贝。几个堂姐、表姐处处让着她,有什么好事也都想着她,特别是姑父,他女儿和贝贝在同一个学校,不过比贝贝大几岁,姑父每天让自己的女儿独自乘公共汽车回家,自己却到校车车站去接贝贝。但是,贝贝对大人们的这片苦心却不以为意,她认为这一切都是应该的,是理所当然的。久而久之,在家人特别是爸爸妈妈、爷爷奶奶的过分宠溺之下,小贝贝总是以自我为中心,为所欲为,克制力差,攻击性行为的发生率也较高,常常和别人打架。

贝贝在家是老大,连爸爸妈妈、爷爷奶奶都得听她的。她曾对要向她爸爸告状的小朋友说,我们家我最大,在家只有我管爸爸的份儿,我说怎样就怎样。贝贝把这种坏习惯不自觉地带到了学校。她常在校车上旁若无人地大声喊叫,随便抢别人的位子坐,有时被老师批评了,就在车上不停地对人翻白眼。因此,后来她再乘校车时,大家都对她敬而远之,几个高年级的同学还在背后说她是神经病。在班上,贝贝没有朋友,没有同学愿意和她一起玩。因为贝贝常仗着自己人高马大,对那些对自己不言听计从的小朋友施以暴力,连班上一些身材矮

[①] 本案例由王红老师撰写,选自《野百合也有春天——学生心理辅导案例精选》(吴增强主编),略有删改。

小的男同学也被她打哭过。所以有几次,小朋友的家长趁她的班主任不在教室里时,到教室里找到贝贝要揍她,想为自己的孩子讨回公道。

辅导措施五招

贝贝的问题主要是由父母的过分溺爱所造成的。贝贝的爸爸妈妈意识到了问题的严重性,他们与老师经过沟通,很快达成了一致意见,并且马上采取以下行动:

第一招:家长特别是爸爸运用适当的方法和女儿进行交流,学会对女儿说"不"。如每天利用吃晚饭的时间,询问女儿在班上和哪些同学玩以及同学间有没有不开心的事发生。如果有,及时和女儿讨论,并找到解决问题的最好方法。要让她逐步形成正确的是非观,懂得同学之间要互相谦让,而不能像过去那样,总是对她听之任之。同时,心理辅导老师每周要和家长联系一次,做好与家长的沟通工作。

第二招:让她懂得谦让和关心他人。爸爸妈妈要让贝贝做一些家务事,以培养她的责任感,让她明白随心所欲是不对的,每个人都应对自己的行为负责。例如,要求贝贝除了自己整理书包外,还要学习整理自己的房间,每天晚饭后去扔垃圾,对每天比自己早出门、晚回家的妈妈说一声"妈妈辛苦了"。另外,贝贝的爸爸在贝贝一年级第二学期时,就让女儿改乘公交车上学,每天早上由他送女儿到公交车站,然后让她独自挤公交车上学。要让贝贝明白:懂礼貌、有教养的孩子才会受到大家的喜欢。

第三招:采用正强化并辅以适当惩罚的方法来促使她纠正不良行为。对贝贝提出的合理要求予以满足,但须附有一定的条件,对那些无理的要求则须坚决拒绝。和她约定好,如果她一天不和同学打架,就可得 1 枚五角星。刚开始 2 周,她若得到 3 枚五角星,即可满足一个合理的小要求。从第 4 周开始,她要连续得到 3 枚五角星,才可满足一个小愿望。从第 10 周开始,她要得到 4 枚五角星,才可满足一个合理的小要求。从第 16 周开始,她要连续得到 5 枚五角星,才可满足一个合理的要求。与此同时,她若和同学打架了,就要受到惩罚,惩罚就是双休日不允许贝贝看她最想看的电视节目。贝贝由于眼睛不好,每周看电视的时间不能超过 20 分钟,所以她特别珍惜这段时间。

第四招:充分利用榜样的示范作用。为了配合家庭教育工作,贝贝的家长请班主任帮助贝贝在班上选择合适的榜样,让贝贝将其作为精神和行为学习的对象,并让她和这名同学坐在一起。要求贝贝晚上回家想象一下,白天的事如果发生在她身上,她会这样做吗?然后把自己的想法说给信任的人听。

第五招:为她提供宣泄情绪的机会。每周由心理辅导老师和她进行一次单独谈话,以了解她在学习和生活中遇到的问题和麻烦,以及隐藏的心理和情绪问题。每次谈话的时间不一定要很长,如果发现她情绪不是很好,就安排活动让她适当地发泄,如让她在心理咨询室画画、书写、大声朗读、随音乐跳舞等。有时也会让她在心理咨询室里利用空椅法来体验同学和自己吵架时的心态,从而让她慢慢地平静下来。当她情绪较稳定时,心理辅导老师再针对她在班上没有朋友这一苦恼,教她一些交朋友的小窍门,让她明白对一些小事不可过于计较,不然,时间长了就没人愿意跟自己玩了。

贝贝不再是"孤家寡人"了

现在的贝贝能和同学一块玩,不再像以前那样孤零零一个,班上已有同学主动找她玩。记得本学期开学不久后的一天,我正在心理咨询室里值班,看见贝贝拉着一张苦瓜脸进来了。我顿时紧张起来,心想:是不是又发生了什么事?没想到我还没开口,贝贝却"扑哧"一声笑了出来。她高兴地对我说:"王老师,今天婷婷她们叫我一起玩游戏了。"我说:"太好了!那你刚才进来时为什么还苦着一张脸呢?"小家伙居然说:"我本来想骗骗你的,可是我太高兴了,忍不住了,所以就变成那样了。"是啊,这对她确实具有重要意义。因为婷婷是班上最后一个理睬她的女同学,而且婷婷还是班上人缘最好的同学之一。

在这个案例中,我们可以看到,根据贝贝的情况,王老师与家长还有班主任共同制定了五招辅导策略,颇具针对性。例如,第一招是让她碰碰爸爸的"钉子",让她明白自己的许多行为是受限制的,不能为所欲为;第二招是培养她正面的情感,让她懂得谦让和关心他人,眼里要有他人,而不能目中无人;第三招是运用强化技术来培养她的积极行为,促使她克服不良行为;第四招是利用榜样的示范作用,给她选一个可以效仿的榜样;第五招是让她的情绪得到宣泄。

四、辅导建议

上述案例是一位心理辅导老师联合班主任和家长针对有任性心理困惑的学生进行的比较成功的辅导,这里有一些辅导建议和干预措施供参考:

1. 与家长沟通,双管齐下

任性心理问题的儿童很多时候是由家庭过于溺爱造成的,学校心理辅导老师需要联系儿童的父母,了解情况,发现教养方式中的问题,与父母形成合力。在与父母沟通的时候,可以采用"具体化"的技术,了解具体的家庭教养方式。例如:

师:"能举一个孩子在家里特别任性的例子吗?"

家长:"从小她要吃的东西我就给她买,不买到她就会哭。"

师:"能说得再具体一点吗?比如,最近发生过什么让你印象很深的事?"

家长:"她放学后到家,说今天看到同桌有一个新的铅笔盒,很好看,非要我给她买,我说她已经有一个铅笔盒了,以后再买。她非说马上要买,我不给,她就哭起来。"

师:"怎么哭?还做了什么?"

家长:"嚎啕大哭,而且越哭越凶,后来就坐在地上不肯起来,还不肯吃饭。"

师:"那你后来怎么办了?"

家长:"我实在没办法,总不能不让孩子吃饭吧,就带她出去买铅笔盒了,买好了她就高兴了。"

师:"你和你女儿僵持了多久就去买铅笔盒了?"

家长:"也没多久,就5分钟吧,她说不给她买,她就不吃饭。(说到这里,家长自己笑了。)以前她要什么我就立刻买给她的,5分钟已经蛮长了。"

在对话中,老师和家长可以一起发现一些问题,想办法一起解决。本案例中,老师就请家长调整了原本与女儿的相处模式,让女儿知道很多事是有限制的,爸爸也有底线,家长参与到辅导中,对孩子的改变更有利。

要注意的是,心理辅导老师需要具体评估本身的家庭教养方式,和父母一起认识到问题出在哪里,切忌给父母直接安排任务,父母会有抵触情绪,对个案辅导会起到反作用。

2. 角色扮演

任性的孩子一般很多事情都由父母包办,很多事想当然认为应该别人帮他做好,他想怎样别人就要照他的去做,不会理会别人的感受。父母和老师需要从小培养孩子自己需要完成的任务,比如,进入学龄期后,自己整理书包、为自己做错的事承担责任等。心理辅导老师可以通过绘本阅读等方式辅导孩子学会承担自己的责任,也能通过角色扮演让学生体会多种与人交流的方式。例如:

师:"我们一起来阅读《小魔怪要上学》这本绘本,读完之后,我们分别扮演不同的角色,把绘本故事演一演。"

学生:"好的。"(阅读绘本)

师:"现在,老师这里有个小魔怪玩偶,还有一些其他的玩偶,我们用这些玩偶把刚才的绘本演一演。"

学生:"好的,我要演大魔怪。"

大魔怪是一个能量很强大的角色,可以为所欲为,学生选择这个角色有他的原因,先不急着询问,老师和学生一起把绘本表演出来。

师:"你演大魔怪的时候是怎么想的?"

学生:"一开始觉得很开心,很厉害,别人都怕我。"

师:"后来呢?"

学生:"后来,大魔怪跟小朋友一起玩之后,觉得很羞愧,自己以前对他们不太友好,但是小朋友都很可爱。"

师:"你扮演的大魔怪跟小朋友一起玩的时候有怎样的感受?"

学生:"很开心,比以前更轻松了。"

师:"你扮演的大魔怪是如何跟小朋友一起玩的? 怎么邀请他们?"

学生:"这些小朋友都是大魔怪的儿子小魔怪的同学,大魔怪是通过小魔怪邀请小朋友的。"

师:"好,如果你现在还是大魔怪,当你第一次见到小朋友的时候,你说的第一句话是什么?"

学生:"小朋友们,你们好呀,欢迎你们到我们家做客。"

师:"听到了你的邀请,小朋友们也很高兴。那么在你邀请之前,你做了哪些准备?"

学生:"我做点心,打扫房间,买了很多好吃的,准备招待小朋友,还准备了一些游戏活动。"

师:"小朋友们看到你准备的吃的一定很高兴,你准备了哪些游戏?"

学生:"捉迷藏、猜谜语……"

……

由于学生处在小学阶段,老师辅导孩子阅读绘本、表演绘本一定要非常具体,并启发孩子具体表达需要孩子学习的一些行为,比如上面提到的,"邀请时,会说些什么? 会做哪些准备? 会玩怎样的游戏?"从具体的方面帮助学生梳理良好行为的示范。然后和学生互换角色,老师扮演大魔怪,学生扮演小朋友,体会遇到这样的"大魔怪","小朋友"的心情是怎样的。空洞地让学生进行换位思考学生很难理解,这样用阅读绘本,分别扮演不同绘本角色,每扮演一次就进行一次讨论的方式,对于小学阶段的学生来说比较形象具体,指导也更明确。

3. 强化亲社会行为

有任性心理困扰的学生一般都伴有一些行为问题,需要培养他们的亲社会行为,比如主动帮助班级做好事、帮助同学等行为。心理辅导老师可以和学生一起商量,启发学生发现别人的亲社会行为,激发学生希望获得这些亲社会行为的动机,把学生希望发展出来的亲社会行为进行罗列,同时运用代币等方法强化这些行为,从小学阶段起,奖励的方式比较鼓励运用激发内在驱动力的方式,少用物质奖励。比如,下面是一位老师为培养孩子的亲社会行为设计的代币方案:

如果你有以下行为表现,出现一次可以得到1个积分:

（1）听到上课铃声就进教室,放好学习用品,安静等待老师来上课。

（2）主动帮助有困难的同学,比如看到其他同学不开心,会去安慰他、关心他。

（3）待人有礼貌,会主动问好,会用"请、谢谢、对不起"等礼貌用语。

然后,老师在这个阶段里就特别关注学生的这些行为,当这些行为出现时,就得到1分,并把积分兑换的奖励也告诉学生,如表2-1。

表2-1 积分兑换表

积分	奖励
5分	可用活动铅笔一周
10分	为班级的植物浇水一周
20分	获得上课喊口令一周
30分	获得集合队伍时负责喊口令一周
40分	获得在黑板指定区域画画、写字、作品保留一周
50分	获得将拼图带回家玩两周的权利
60分	获得在借书之外的时间去图书馆看书的权利
90分	获得与老师合影的机会

可以看到这个老师在积分兑换的设计里,注重培养和促进学生的各种体验,他并没有物质奖励,但这些奖励与培养学生的亲社会行为紧密相关,同时可以激发学生的内驱力。

（1）体验权威感和成就感。如:获得集合队伍时负责喊口令一周,获得与老师合影的机会。

（2）体验荣誉感、培养责任感。如:为班级的植物浇水一周,获得上课喊口令一周。

（3）体验因自身努力而获得的自主权与特权。如:可用活动铅笔一周;获得在黑板指定区域画画、写字、作品保留一周;获得将拼图带回家玩两周的权利;获得在借书之外的时间去图书馆看书的权利。

这样的方法是在告诉那些有任性心理困扰的学生,你可以学习很多被欢迎的行为,这些行为出现得越多,你自己也会更开心。当然,奖励兑换里的一些内容需要和学生本人商量,做到有引导、有启发、有原则。

4. 消退冷冻,缓和冲动

任性的孩子往往比较容易情绪冲动、行为过激。因此,冷处理常常是班主任辅导这些孩子的策略之一。有位班主任曾经遇到这样一位任性的孩子,请看她是如何进行"冷处理"的:

班上有个叫毛毛的小男孩,每节课都积极举手发言,他普通话发音标准,嗓音洪亮,但是有时会在课堂上莫名其妙地发脾气。如果哪一次你没有叫他发言,他便会生气地将铅笔扔在桌子上,嘟嘟囔囔发一通牢骚。要是没人搭理他,接着他就大哭起来,越哭越凶。对此,我采用冷处理的方法,不理他,几次下来,他逐渐感到哭是解决不了问题的,而且我明确告诉他,等到他不哭了,老师才会和他谈话。渐渐地,毛毛闹情绪的毛病收敛了许多。

任性的孩子非常希望引起别人的关注,只不过他们用了许多错误的方式,这是他们任性的内在动机。冷处理是一种非强化技术(或者称为消退),其目的就是要抑制孩子的任性行为,对有此类动机的孩子,这个方法常常能够收效。[1]

参 考 文 献

[1] 吴增强.班主任心理辅导实务(小学版)[M].上海:华东师范大学出版社,2010:38.

第三章

情绪辅导

　　情绪健康是心理健康的显著标志,现代脑科学研究进展表明,情绪健康不仅有益于身体健康,而且还有益于智力活动和潜能开发。积极的情绪可以促进儿童学习、交往,提高参加各种活动的效率。学校心理辅导工作中很大一部分的任务,是培养学生健康的情绪。然而,由于每个孩子的个性不同,面临的生活事件不同,以及由此而形成的应对方式不同,使得一部分孩子会产生情绪问题,诸如焦虑、恐惧、抑郁心理等。

第一节　分离性焦虑辅导

一、问题表现

　　分离性焦虑是儿童在与所依恋的亲人分离时表现出的过度焦虑情绪,多发于未成年儿童,表现为儿童强烈地担心依恋对象可能会遇到伤害,或者担心依恋对象会一去不返。分离性焦虑儿童恐惧独处,特别是当依恋对象不在身边陪伴,就会出现不愿意就寝、不愿外出、拒绝上学等现象,如果与依恋对象分离,就会表现出过度焦虑的情绪,烦躁不安、哭喊、发脾气,显得特别痛苦,有时又会表现出淡漠退缩,有时候还会表现出头痛、胃痛、恶心、呕吐等躯体症状。

二、原因探讨

　　一般地,诱发儿童分离性焦虑主要有遗传因素、教养方式、生活事件等原因。

　　1. 遗传因素

　　一般患有焦虑症的父母所生的子女,焦虑症的发生率明显高于正常父母所生,说明分离性焦虑与遗传有密切的关系。

　　2. 教养方式

　　患有分离性焦虑的儿童,成长过程中一直和母亲或者固定养育者待在一起,如果养育者过分疼爱,过分保护,事事包办,处处代劳,从而让儿童养成较强的依赖性,使其不能够适应环境变化,一旦与养育者分离,就容易出现分离性焦虑。

3. 生活事件

儿童出现分离性焦虑之前,往往有生活事件为诱因,常见有父母突然分离、重大受挫事件、不幸事故或者亲人病重亡故等。

三、案例分析

▶▶案例 啃手指甲的女孩[①]

爸爸的诉求

一个大雨天,我在咨询室里等待前天电话预约的案主,据说是爸爸代女儿预约的,不知道下这么大的雨他们会不会来。没有想到他们冒雨如约而至,我想或许是他们真的遇到困扰了。

一位爸爸手里牵着一个正在读小学三年级的女儿。爸爸介绍孩子叫菲菲,然后很谨慎地说:"老师,您是不是可以安排另外一个房间给我宝宝,我想先和您单独谈谈。"我表示同意,然后安排孩子到另外一个房间去画画。小女孩起初似乎不愿意离开,菲菲爸爸上前和她说了一些悄悄话,她才有些放心,愿意跟随我前往另一个房间。我让孩子画画,并且告诉她,希望她能够在画作上画一下房子、树和人。孩子没等我解释,就点头表示明白,抓起画笔,先画了一间大大的房子。因为还要和菲菲爸爸聊聊,我回到了原先的咨询室。

菲菲爸爸很着急地先说话了。交谈的过程中,我知道了孩子二年级刚从老家来上海读书,现在在一家寄宿制学校学习。可是一年过去了,菲菲还是不能够适应学校生活。每周最痛苦的是周日晚上,送孩子去学校的时候,孩子总会哭上半天,抱着爸爸不愿意撒手。菲菲爸爸说他很难过,不过让他觉得最最担忧的是孩子啃手指甲的问题,啃到现在以致手指都出血了。他还表示孩子在家很"黏"他,三年级了还要讲睡前故事。记得一次他以为孩子睡着了,刚想离开,没想到孩子突然从睡梦中一把抓住了他的手臂,说要继续听,叫爸爸别走。菲菲爸爸还说孩子的班主任说孩子不合群,很晚了也不肯睡觉,吃饭也不好。我问他孩子之前有没有啃手指甲的习惯,他表示应该没有,就是二年级从老家来上海后才有的。当我问及他们的家庭情况时,菲菲爸爸有一些犹豫,含糊地说了一句他们都很忙,可能孩子被忽视了,然后恳请我去和孩子聊聊。

图画表达隐痛

带着一系列疑问,我来到另一间咨询室。菲菲还在画画,见我过来她挪挪位置起身看看爸爸是否离开。我告诉她爸爸在另一间不会离开,她似乎有一些放松。我打量了一下,孩子比较瘦,衣服穿着不是很适宜。看到我看着她,孩子拘谨起来了,我赶紧转移话题,看见她的画,想借助图画可以和这个孩子展开话题。

我问:"你最先画了什么?"

菲菲说:"是房子。"

[①] 本案例由蔡素文老师撰写。

我问:"这是一间什么房子?"

她不假思索地说:"是家!"

我看她的房子差不多占了1/3的画面,然后我说这家好大呀!我发现在家门前有两个手拉手的火柴人。

我问:"这两个人是谁?"

她想了想,用手指着上面的人说:"是我和爸爸。"

可是我发现按照她指的有问题,她所谓的爸爸明明是一个比她小很多的人。我追问道:"这个是菲菲爸爸吗?可是你们是不是要换一下位置,菲菲是不是搞错了?"

她的心情似乎一下子沉重起来,犹豫了半天幽幽地说:"没有错!其实……是弟弟。"

对于一下子冒出来的一个弟弟,我还是有一些惊讶,回想刚才菲菲父亲闪烁其词的样子,我想可能孩子正在承受一些什么。我试探着不知道能否再与她走得更近一些。

我小心地问:"是弟弟?他也在这边读书吗?"

她低着头,接着摇摇头说:"在老家。"

我自然地追问:"那谁带他呢?"

她依旧低着头,哽咽地说道:"妈妈。"然后两颗大大的泪珠重重地掉在了画纸上,我的心一下子揪紧了,觉得她似乎在承受着她无法承受的痛苦,但是她一直就像刚才那样,懂事地隐忍着。我伸手拍了拍她的小手,她顺从地挨近我一点,我起身小心问道:"我可不可以抱你一下?"她依旧低着头点了点头,然后趴在我的肩头小心地抽泣着。

等她哭得差不多了,我表示要看看她的指甲。她不好意思地伸出手指来,确实看得让人心疼——指甲啃得只剩一点点,指尖的肉鲜红,有几个手指还真是破了皮。

我和她说了一些啃手指的后果,教了一些自我控制的小办法。我知道,现在只能草草帮孩子擦拭一下伤口,因为还没有了解原因,没有到"大刀阔斧"动手术的时候。

父亲的隐瞒

又是一周,菲菲爸爸和菲菲如约而至。菲菲爸爸表示孩子今天是自己愿意来的,他恳请我再和孩子聊聊。可是这一次我把孩子带到隔壁去玩沙子,我想和菲菲爸爸先聊聊。我分享了上一次孩子画画的过程,并且希望他能够认识到孩子的问题可能不仅仅是孩子自身的问题,而且现在靠孩子自己的力量改变也有点难。我说如果可以,希望菲菲爸爸能够和我一起寻找原因,找到解决办法。

菲菲的父亲表示,其实有一些话他压在心里也很累,有一些自责记在心里也很累。原来他一直在上海一个人打拼,两个孩子都在老家和妻子生活。在菲菲一年级的时候他和妻子协议离婚,但是怕孩子受伤就没有告诉孩子们,只是告诉菲菲,让她学习环境好一些就跟爸爸来上海读书,弟弟还小,跟着妈妈在老家。

我问:"离婚的事情你们隐瞒了,您认为菲菲相信吗?"

菲菲爸爸:"开始我想是没有问题的,但是总有一些破绽,我觉得孩子也许现在有点知道了。"

我问:"您和孩子有意无意地谈过此事吗?"

菲菲爸爸:"没有,因为我们还没有想好,不知如何说,我怕她难过。菲菲很爱妈妈和弟弟,他们从小生活在一起,彼此没有分开过。"

我说:"您认为她知道的可能性有多大?"

菲菲爸爸:"80%吧!因为离婚了总会不一样,而且虽然我叮嘱过孩子的母亲,总会有意无意地表现出来。"

我说:"如果孩子知道了,您认为她的感受会怎样?"

菲菲爸爸:"非常难过吧!"

我说:"您能用一个词或者一句话形容吗?"

菲菲爸爸:"嗯……也许是天塌下来的感觉吧。"

我说:"一个这么小的孩子有天塌下来的感受,却没有任何一个人倾诉,只能压抑在内心,压抑到一定的程度,她可能需要一个出口……"

菲菲爸爸:"于是她难受的时候啃手指甲。"

我说:"这样可以减轻她内心的痛。"

菲菲爸爸:"老师您这样帮我梳理一下,我明白了。"

我说:"您明白什么了?"

菲菲爸爸:"我知道自己该做些什么,而不是这样遮遮掩掩。"

我说:"关键是如何做。"

菲菲爸爸:"对!"

在与菲菲爸爸交谈的过程中,我们一点点抽丝剥茧,寻找孩子问题的根源,我们似乎看到密云背后的几丝阳光,现在的问题是我们的应对策略。

拨云要见日

又是一周了,这一周我们的会谈主要是应对问题的解决策略。

步骤一:与孩子的会谈

我觉得先和孩子交流,要与她一起梳理解决问题的办法。通过沟通,发现孩子最想解决的问题有三个:咬指甲的问题,对于爸爸的问题和与妈妈、弟弟之间的关系处理问题,尽管这些问题还是没有真正触及她的内心隐痛,但是有一些问题需要家长的共同参与来解决。

问题	策略	应对
咬指甲	自己有办法解决吗?	不去想它;转移注意力;在自己的铅笔盒里写一些字条……
	自己较为满意的做法是什么?	当想啃的时候,去找别的事情做。
	自己不满意的做法是什么?	不去想它。
	接着有何打算?	好好努力,不让爸爸担心。
	有没有想过新的好方法?	还没有。
对于爸爸	觉得爸爸是一个怎样的爸爸?	爸爸很好的,很忙,很累。
	自己可以为爸爸做些什么?	听话、去上学、不哭。
对于弟弟和妈妈	自己怎样做觉得会心情好一些?	能够经常回去,或者弟弟和妈妈经常过来。
	这些做法需要谁来帮你一起完成?	爸爸、奶奶、姑姑(奶奶、姑姑偶尔来上海陪她几天)。

步骤二：与菲菲爸爸的会谈

上一次咨询与菲菲爸爸达成共识，他希望第一步能够将真相通过合适的方式告诉菲菲，于是我让菲菲爸爸写了回家作业——通过哪些人，用怎样的方式告诉菲菲，然后我们一起讨论选择最为合适的进行操作。

对象与方式	可行性
1. 爸爸直接告诉孩子	可行性50%，瞒了这么多时间，很难开口，或者怕说了，自己一个人无法应付。
2. 让奶奶和姑姑告诉孩子	可行性40%，奶奶、姑姑近期接触孩子比较多，但是在老家接触不多，加上奶奶、姑姑在离婚这件事情上还有负面情绪。
3. 让班主任老师告诉孩子	可行性50%，班主任老师是没有问题的，但是怕孩子会介意，把家里的事情告诉老师。
4. 让妈妈告诉孩子	可行性70%，妈妈比较知道孩子的秉性，知道该如何说，但是前提他和前妻要统一一下思想。

一个具体化的应对策略在讨论中产生了，菲菲爸爸通过这样具体化的操作，似乎对于自己采取一些应对策略有了一些心得。于是我又告诉他，这只是刚开始，我们还要在一起探讨一个应对菲菲问题的策略，才能逐步改善孩子的问题。

目的	方法
拉近亲子关系	多谈心，多交流，孩子住宿期间，晚上能够打电话，尽可能打。
构建支持系统	与老师多交流，知道孩子动态。 为孩子过一个生日，请老师和部分小朋友一起来帮其构建班级人际交往。
释放不良情绪	创造机会多运动，进行亲子运动。
拥有安全感	与孩子母亲商榷，相互约定多久可以相聚。 告诉孩子即使父母分开，但是父母对她的爱不会变。

又是一周，这一周菲菲和爸爸没有来咨询室，但是菲菲爸爸打来电话说，要带孩子一同去打羽毛球，时间有冲突。他说不知为何，这一周来他和菲菲似乎都轻松了好多，除了继续巩固实践大家一同探讨的策略，他已经和菲菲妈妈达成共识，就等着马上到来的小长假回老家，一家人共同面对问题。我转头望向窗外，阳光暖暖。

四、辅导建议

上述案例是心理咨询老师与家长共同合作干预分离性焦虑的一个案例，纵观分离性焦虑的案例，对于干预措施有几点建议：

1. 提升家长意识，共同介入

儿童出现分离性焦虑，往往因为有触发的生活事件，本案的案主菲菲就是因为父母离异，她与母亲突然分离而引起的，所以很多时候家庭成员的介入是很有必要的，同时家长必须提高自己的意识,意识到孩子的问题,不单单是暂时的简单的适应不良,或者在耍小脾气,过一段时间就会好。上述案例中,心理咨询老师就是花费了大量时间很好地与菲菲父亲在一步步探讨孩子的现状、困扰与孩子的感受,这样家长才会设身处地、感同身受地去体谅孩子,与孩子共同面对困扰,解决问题。

再如这样一个案例:

家长(爸爸):"老师,班主任老师把我喊来做什么呢?"

师:"听说您的孩子一直不能适应一年级的生活,开学到现在一直在校门口哭,不肯进学校。"

家长(爸爸):"没有关系,时间长了会习惯的。"

师:"可是,差不多一个月了。我们一起找找原因吧!"

家长(爸爸):"老师,这都是我妈给惯的。"

师:"孩子之前一直和奶奶生活?"

家长(爸爸):"是的!"

师:"现在呢?"

家长(爸爸):"我妈在孩子开学前出车祸了(家长眼圈红了)。"

师:"哦!真是很难过。"

家长(爸爸):"我妈的案子还没有处理好,大家都很忙,孩子又来添乱。"

师:"孩子从小是一个添乱的孩子吗?"

家长(爸爸):"这倒不是,可是这一段时间我真的很烦呀!"

师:"即使忙,也不能如此简单对待孩子的状况。孩子知道奶奶出车祸的事情吗?"

家长(爸爸):"似懂非懂吧!不过有几次梦里哭醒了喊奶奶。"

师:"你难过与悲伤还可以发脾气,还可以通过忙碌来缓解压力,孩子呢?除了哭,她没有办法让你们知道她有多么难受,不肯进学校只是一个表面现象。"

家长(爸爸):"您的意思是,孩子的问题可能是因为我母亲的过世,带给孩子太大的伤害,她还太小没有办法表达。"

师:"我们需要深入探讨。但是这个问题需要我们老师、家长一起帮她处理好,这么小的孩子靠自己愈合,可能要付出代价。"

家长(爸爸):"那么,老师您说我该如何做?"

师:"我们一起想办法。"

心理老师与家长的这段谈话,就是在与家长一起层层剥离儿童现状,让家长看到问题本真,意识到问题的存在,然后家长才会产生积极配合的动力,共同介入干预过程。

2. 聚焦改善目标,逐级推导

儿童的分离性焦虑,表现形式不同,有些孩子表现出恐惧独处;有些孩子表现出不愿意就寝,不愿外出,拒绝上学;甚至还有一些躯体症状,如头痛、胃痛、恶心、呕吐等。我们面对这些表现,有时候会被表象所迷惑,要根据儿童表现的症状作出评估与诊断。

在辅导与干预的过程中,心理老师要与儿童或者家长共同探讨一个具体的改善目标,根据目标制定逐级改善策略。分享具体策略的过程,也是帮助儿童和家长梳理和自我厘清的过程。比如在上述案例中,孩子出现的问题很多,但是她自己最想改善的问题是啃手指甲、和爸爸的关系、和妈妈及弟弟的关系,那么就针对这些问题一起探讨应对策略,可能孩子更容易接受。对于家长也是一样,菲菲爸爸最想解决的问题就是他们的婚姻现状如何告诉孩子。在解决一个具体目标的时候,提供多种方案,筛查方案的过程也是一个自我厘清的过程。

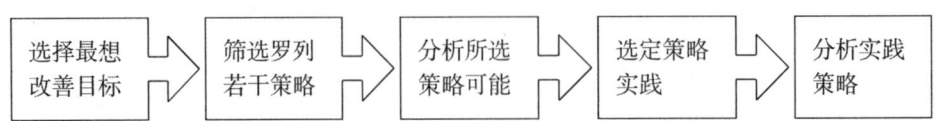

3. 合理策略架构,循序渐进

构建支持生态系统:分离性焦虑的儿童内心缺乏安全感,所以辅导老师与家长要为其构建支持性的生态系统,如孩子在家的时候,父母或者家人要耐心倾听孩子的倾诉,在倾听孩子倾诉的过程中,要适时给予孩子安慰与疏导,逐渐消除其顾虑和恐惧感。同时,在学校中也要积极为其构建一个支持系统,教师用关爱化解孩子的不良心理;帮其找到结对子的伙伴,用孩子感兴趣的活动转移注意力。家校多交流,了解儿童的个性特征和行为习惯,并给予尊重和接纳。

放松训练户外运动:在孩子较为安定的时候,可以做做放松训练,在放松的过程中让儿童的情绪得到平复,同时习得调节情绪的方法。鼓励儿童做做户外运动,特别是体育锻炼和游戏活动,在活动的过程中转移、交往、锻炼。家长要鼓励孩子把玩具拿出来与其他孩子一起玩,以培养孩子与人相处的能力,减少或避免分离焦虑的发生。

学会等待逐步适应:儿童的问题不是一朝一夕形成的,问题的改善与解决也不是一蹴而就的,心理辅导老师要和家长一同认识到儿童的转变是需要一个过程的,要慢慢让儿童适应与依恋对象的分离,让儿童有足够的时间去逐步适应。

第二节 社交焦虑辅导

一、问题表现

我们看到有些孩子会出现这样的情况:他们对在陌生人面前或可能被别人注视的一个或多个社交场合产生持续、显著的畏惧,并且严重地影响到自己的正常生活。比如,和老师说话时会脸红,紧张,说话结结巴巴;不敢在很多同学面前发言;不敢和陌生人说话,在陌生人面前会心跳加快、出汗、不敢直视别人的眼睛。而且,这些紧张不安的情绪一直存在,离开那个社交场景后还会持续很长时间,这种紧张不安的程度大大超过了正常范围,这样的学生会回避或者逃离社交场合。

社交焦虑的情况出现的年龄阶段比较早,一般出现在13—15岁左右,有时更早。当学生遇到社交焦虑的困扰时,我们应该如何帮助他们呢?

二、原因探讨

1. 个性因素

个性是产生社交焦虑的因素之一,一般来讲,敏感多疑、胆子小、比较羞怯、内向被动的孩子容易出现焦虑的情况,也容易发生社交焦虑的问题。

2. 生长发育的特点

孩子进入学校学习后,社交范围扩大,开始关注老师和同学对自己的评价,注重别人对自己的态度。如果一个人在与他人的交往过程中受到老师、同学的嘲笑、否定和批评,他有可能会对自己产生怀疑,进而怀疑自己的能力,害怕自己的行为会暴露自己潜在的弱点和无能,这些都使人容易产生社交焦虑。

3. 家庭环境因素

在儿童早期,父母对孩子的评价以及要求会给孩子的成长带来重要的影响。有些父母本身很焦虑,对孩子的要求很高,嘴上说"没关系,你尽力就好",行动上却给孩子参加各种补习班,不愿意让孩子输在起跑线上,对孩子取得优异的成绩大加赞赏,如果孩子达不到他的要求,即使嘴上不说,也会让孩子感觉到无形的压力。在这时,孩子会认同父母的要求和焦虑,认为自己一定要做到最好,如果做不到最好,就不敢在别人面前说话。孩子内化了父母对自己的高要求,也容易产生社交焦虑。

4. 其他因素

产生社交焦虑的因素比较复杂,除了上述一些因素外,成长过程中经常受挫折、自我意识强、缺少社会支持、自卑心理等都会引起社交焦虑的发生。

三、案例分析

▶▶案例 小齐不紧张了[①]

小齐是个小学二年级的女生,据老师们反映,她与别人说话时特别紧张,经常脸红,说话语无伦次,结结巴巴,常常呆了半天,也不知道要说什么。平时有陌生人经过她身边,她也会紧张很久,手心冒汗,害怕得躲到爸爸妈妈身后。陌生人走后很久,她也不能平静下来,要回到家里,与父母聊聊刚才的经过,父母安慰之后,才能慢慢平复。哪怕是认识的老师和同学经过,她也会紧张,特别是和他们说话的时候,几乎不能说完整的句子,眼睛不敢看老师和同学,更不敢在全班面前公开发言。这严重影响了小齐在学校里的人际交往,她渴望认识新朋友,却又害怕,在班级里她没有什么朋友。老师们愿意与她多交流,但发现有时找她说话时,她都会紧张得发抖,更别提把自己的想法表达出来了。所以时间一长,老师们也就不太与她交流了。虽然她只是一个小学二年级的学生,但对于她来讲,学校是她离开家庭的第一个陌生的环境,在这里她需要学会与人交流,但这似乎成了她一个很大的困难。班主任老师向家长反映了小齐的情况,父母说小齐在家里没有这样的问题,班主任建议小齐寻求心理老师的

---

① 本案例由沈闻佳老师编写。

帮助,父母也表示支持。

小齐在父母的鼓励下,去找了心理老师。原来小齐出现这样的情况,的确是有一些原因的。

对于小齐来说,心理老师也是一个陌生人,她第一次与心理老师交流的时候,也特别紧张,头上一直在冒汗,话说不清楚。慢慢地,小齐放松下来,也说了一些经历。我们发现,小齐在读幼儿园的时候没有这些情况,是从进入到小学之后才出现的。进一步了解,我们发现在一年级的时候,有一次上语文课,老师问:"谁来说说这个字的笔画?"小齐高兴地举手,老师请她起来回答。小齐满怀信心地开始一边比画,一边数这个字的笔画,像个小老师一样,她也非常肯定她的回答一定正确。可是,就在她快数完的时候,旁边一个调皮的男生突然对着她"哇"地叫了一声,她被吓了一大跳,同学们看到她被吓了一大跳,都"哈哈哈"地大笑起来。小齐刚才笔画数到哪儿都忘了,脸一下子涨得通红,她觉得自己的笔画没数完,被同学笑话,在同学和老师面前丢脸了,既害怕又羞愧,哭了起来。老师过来安慰,没有一点作用。后来,小齐虽然停止了哭泣,但这件事对她的影响很大,她也不敢把这件她觉得丢脸的事告诉自己的爸爸妈妈,只是一直憋在心里。从那以后,她与人说话就开始紧张,说不了一句完整的话;如果是陌生人,她更是会远远地逃开,再也没有在班级里公开发言过。有时候情况严重时,比如不得不和陌生人说话,或者在班级里发言,她甚至会紧张得晕过去。这样的次数多了,老师也不太敢让她发言,同学们与她交流得也少了,小齐成了班级里最孤独的人,她想结交新朋友,可是又不敢,为此非常苦恼。

通过与小齐父母的沟通,我们也了解到,小齐的爸爸妈妈对小齐的要求比较高,给小齐报了很多辅导班。妈妈本身也是很焦虑的人,希望小齐永远是最棒的。的确,小齐的成绩在他们班是数一数二的。小齐在家写作业也力争完美,只要有一点点写得不好,妈妈就会要求小齐擦掉重写,久而久之,小齐自己对自己的要求也很高,妈妈不再要求时,小齐看到自己的作业有一点点不满意,自己也会擦掉重写。如果第二天有口头的表达作业,小齐更会在家准备很久,做到非常完美,才愿意在第二天老师面前完成口头表达作业,否则她就不敢说。

小齐的问题主要是由两部分原因造成,一个是妈妈对小齐过高的期待,小齐也内化了妈妈对自己的期待,她的自我要求非常高,力争事事做到完美,然而不可能每件事都完美,因此,小齐经常处在达不到要求的紧张情绪中。

另一个原因是,小齐在一年级的时候经历过一个应激事件,但是当时那个事件没有得到很好的处理,那个应激事件也是小齐将各种"紧张"聚焦到"社交焦虑"这一个突出表现的源头。从此,小齐的紧张通过她的社交行为表现出来,在社交行为中为自己的紧张找到一个宣泄的出口。

在了解了这些情况后,心理老师与父母进一步沟通,进行了以下辅导:

1. 家长要降低要求,让家成为缓解紧张情绪的地方

在与孩子的交流过程中,我们发现,孩子的紧张情绪会持续很久,一直要等回到家后,与奶奶说了自己的经历,得到安抚后,紧张情绪才会平复。这里可以发现孩子的一个资源,家对她来说是一个缓解情绪的地方,还是带给她很多安全感的。但是她有时也不敢把发生的事情与自己的妈妈说,可以发现,妈妈对孩子的要求是非常高的,我把情况与孩子的母亲进行了沟通,希望她可以降低对孩子的要求,孩子已经内化了母亲对自己的高期待,如果妈妈

能够做出一些改变,孩子对自己的要求可能也会降低,她紧张的情绪也可能得到缓解。

2. 教给孩子一些放松的方法

在心理辅导的过程中,我也教给孩子一些放松的方法,比如深呼吸的方法,以及肌肉放松的方法,请孩子回家每天花一些时间练习。这样当她下次遇到让她感到紧张的事情的时候,就可以运用这些放松的方法,有些情况比如心跳加快、身体发抖可以通过这样的放松练习得到一定缓解。

3. 教给孩子一些与人交往的技巧

小齐在表达自己的需求和想法上的确受到社交焦虑的影响。有个同学经常推她,她想请这个同学不要再推她,可是她不敢开口,一说话就开始结巴,说不清楚。聚焦在这个情境中,我们练习一些人际交往的技巧。首先,我请小齐想一想,如果她想请那个同学不要推她,她可以怎么说。一开始小齐不太愿意说,于是我换了一种方式,用了两个木偶,一个是那位同学,一个是小齐。我请小齐拿着代表自己的木偶再尝试一次,这次小齐可以比较自如地练习了。她用代表自己的木偶对着另一个木偶直接问:"你好,你推我让我感到很害怕很烦躁,请你告诉我,为什么要推我?"然后,我用代表那位同学的木偶,做了不同的回应,一个回应是"你走得太慢",一个回应是"我就是想推你",还有一个回应是不理睬小齐。在这三种情况下,我问小齐是不是跟平时差不多?还有没有另外的可能?小齐说就是这样。于是我请小齐分别对这三种情况进行思考,看看她会采取什么办法来应对这三种情况。

一开始,小齐说想不出来,我给她时间让她尽量自己想办法。小齐说:"如果说我走得太慢,我可以走快一点,但不能影响到前面的同学。如果就是想推我,我就请她不要推我了。如果她不理睬我,我就再坚持有礼貌地请她不要推我。"我问:"如果那位同学还是不听你的建议,怎么办?"小齐想了很久说:"我已经尽力了,我心里感觉好一点了,随她去吧。"

通过在心理辅导室里这样的演练,而且也对可能出现的回应进行了讨论,小齐在实际情境中就能很好地应对。

教给孩子一些人际交往的技巧并不是简单的说教,而是要和孩子一起模拟实际情境进行练习,并把可能出现的情况一一进行讨论,把最困难的情况都讨论到,这样孩子离开咨询室遇到实际情况就能做到应对自如,一定程度上也能缓解她的社交焦虑,因为她有方法应对了,而不是不知所措。

4. 分级暴露,扩大孩子的社交范围,逐级降低孩子的社交焦虑

在这个个案中,我也和小齐一起讨论了她感到紧张的社交情境。我先请小齐列出了她可能感到紧张的所有情境,然后从 1 到 10 分给每个情境打分,1 表示最容易克服紧张的情境,10 表示最不容易克服紧张的情境。小齐一共列出了五个情境,分数从低到高依次是:与同班同学下课交流、与老师私下交流、在班级公开发言、认识新朋友、加入新朋友的活动。之后,我们对每个情境进行了讨论和演练,并在实际生活中进行练习,小齐慢慢地克服了这个列表中所有的情境带来的紧张,她的社交焦虑渐渐得到缓解。

经过一段时间辅导后,小齐能够在班级里积极举手发言了,即使有错误,她也不再紧张害怕,她愿意把自己的想法表达出来。小齐也交到了很多新朋友,班级里有很多同学都很喜欢和她成为朋友,和她一起玩。而且,小齐不仅能结交到学校里的新朋友,还能与校外的陌生小朋友说话交流,成为朋友,小齐变得比以前开心多了。老师们也发现了小齐的变化,她

和老师说话变得流利多了,不再像以前那样结结巴巴,也不再连一句完整的句子都说不了。老师们对她的肯定也比以前更多了。小齐不再孤单,她融入了小学生活,与老师和同学开始了愉快的相处。

四、辅导建议

上述社交焦虑个案的处理比较细致,在遇到与上述案例类似情况的个案时,这里有一些辅导建议和干预措施供参考:

1. 问题的原因部分来自家庭,需要父母介入,参与辅导过程

社交焦虑的孩子有一部分原因是内化了家庭对他的高要求,追求一定要做到最好,这就使得他们在社交场合中一旦经历被质疑、被嘲笑的过程,就会受到很大影响,产生紧张情绪,影响到他们对类似情境的参与。如果在了解原因的过程中发现这部分原因的话,就需要与父母沟通,了解父母与孩子的互动模式,发现孩子内化父母高期待的模式,并给予家长一定的指导,告诉家长孩子出现这样的焦虑与他们对孩子的高要求有关,邀请父母参与辅导,降低对孩子的要求,从而帮助孩子缓解焦虑。

2. 分级暴露

分级暴露需要来访者和咨询师配合做一些放松练习,咨询师的干预重点是陪同来访者适应和习惯暴露在逐步递增的焦虑环境中。分级暴露的具体操作可以分为以下一些步骤:

(1) 设计分级暴露计划

咨询师需要根据来访者的客观情况为来访者设计一套完整的分级暴露计划。在设计计划中,咨询师需要把握3个要点:一是明确暴露的现实对象,对象必须单一、具体、真实;二是给暴露对象的焦虑等级进行打分,细分焦虑等级;三是策划分级暴露的具体过程。

(2) 确认和指导分级暴露

咨询师设计的分级暴露计划需要得到来访者的确认,也要向来访者做详细的解释和指导。

(3) 实施分级暴露

从最低等级开始暴露,咨询师可以通过鼓励表扬对来访者的坚持状态进行肯定和强化,在低级情境得到充分暴露,并且争得来访者的同意后,再进行高一等级的暴露。每个级别的暴露时间不一定一样,当暴露遇到困难时,可以将这一等级再进行细分,帮助来访者慢慢适应,逐渐缓解焦虑。

3. 行为示范模拟演练逐级列出的情境,学习人际交往的方法

在学校特别是对低年级儿童进行社交焦虑辅导时,行为示范模拟演练的方法会经常运用。咨询师可以运用一些媒介,比如木偶、玩具等扮演社交情境中的不同人物,示范人际交往的一些技巧,或者根据分级暴露的情境扮演情境中让来访者感到焦虑的部分,与来访者讨论这些焦虑,想象最困难的问题,对问题进行讨论和演练。当来访者在咨询室里已经进行了最困难部分的讨论和练习,他们在实际情境中可能心中更有底,应对时害怕紧张的情绪就可能得到缓解。

比如,一名来访者在和咨询师练习如何邀请陌生人参与她的活动的情境。这个活动的要求是来访者需要邀请8个陌生人参与"展示我自己"与来访者合影的活动,这是这位来访者焦虑程度最高的级别,因为她要跟陌生人说话。行为示范和演练的过程可以这样来做:

（1）咨询师与来访者先商量邀请陌生人参加"展示我自己"合影的可能性,要么同意,要么拒绝。

（2）咨询师告诉来访者,一会儿咨询师会扮演这两种路人,但是在扮演之前,咨询师要和来访者一起准备,分别遇到这两种情况,来访者可以如何应对。如果同意,来访者可以说"谢谢",并邀请陌生人合影;如果陌生人不同意,来访者可以表示歉意。

（3）在讨论了如何应对两种结果后,咨询师和来访者练习了如何邀请。咨询师先做示范,来访者进行模仿:"你好,我们正在进行一个'展示我自己'的合影活动,想邀请您和我一起合影,可以吗？"

（4）充分练习了邀请的过程后,咨询师开始扮演前面讨论的两种不同的结果。咨询师扮演同意的陌生人,来访者热情地作出拍照的动作,并说谢谢。咨询师又扮演不同意的陌生人,来访者说:"抱歉,打扰您了。"

（5）咨询师对来访者有礼貌的行为以及对问题的思考给予肯定,这可以强化来访者在现实生活中产生这样的行为,并提升信心。

（6）最后,咨询师和来访者需要讨论怎样提高成功邀请的可能性。来访者思考了一会儿说:"如果在路上看到走路很急的人,就不要去邀请他们,他们一般有急事;对那些看上去走路比较悠闲比较慢的人可以试着邀请。还有,年轻的学生和老年人一般比较容易邀请。"

在这样的情景得到充分练习、各种结果得到充分分析和思考并进行模拟、困难得到充分准备后,离开咨询室,来访者就可以很好地应对,并且可以提升应对顺利的可能性,这种顺利对来访者是一种自我强化。

第三节　学习焦虑辅导

一、问题表现

学习焦虑是学生在学习过程中一种常见的心理现象。它是学生感到来自现实的或预想的学习情境对自己自尊心构成威胁而产生某种担忧的心理反应倾向。由于学习是一种艰苦探索的过程,难免经常有错误和失败的威胁相伴随。因此,无论是优秀生还是学困生,都会不时体验到学习所带来的各种压力以及由此引发的不同程度的紧张和焦虑。要解决焦虑问题,关键在于如何正确判断焦虑程度,有效调节情绪状态,把学习焦虑控制在适度水平上。

二、原因探讨

形成学习焦虑的原因主要是来自各种压力,其来源可以归纳为两方面:一是外部因素;

二是个人因素。

1. 外部因素

（1）来自家长的压力。"望子成龙,望女成凤",这是大多数家长的想法。家长为孩子创造优越的家庭环境,花费了大量的时间和金钱在孩子的学习上。这类学生唯恐辜负家长的期望,生怕自己学习不好,对不起父母,稍有不顺,就开始自责,忧心忡忡,焦虑不安。

（2）来自学业的压力。考试作为评定学生成绩的标准,直接关系到学生升入哪一类学校继续学习,关系到终身前途。因此大大小小的考试对学生产生督促作用的同时,也造成很大的压力。考试前、考试中甚至考试后学生们都可能感到紧张,个别学生产生过度焦虑现象,记忆力下降,学习效率大大降低。

（3）应激事件。焦虑发作常与应激有关,如考试失败、父母生病等。其实,这些应激因素在正常情况下也很常见,不是焦虑障碍发生的必然因素,应激因素仅仅是在上述易感气质基础上起了促发作用而已。

2. 个人因素

（1）气质特征。具有行为抑制气质特征者从小就对新奇或不熟悉的情境表现出显著的害羞、害怕和退缩倾向,这种气质特征是有遗传基础的。有研究报道,有行为抑制气质的儿童发生焦虑障碍或者抑郁障碍的风险较高。

（2）遗传因素。学生焦虑有家族聚集性。父母患有焦虑障碍、抑郁障碍、社交恐惧症、广场恐怖症的,其子女发生率高。有研究报道,5-羟色胺转运体基因与儿童内化性(指焦虑、抑郁、退缩等行为)问题有关。

（3）个人成就目标过高。在正常情况下,成就目标若是配合自己的能力和环境条件来制定的,就有达成的机会。但是自我成就要求过高的人,常常不切实际,而且对事情的成败很在乎,得失心重,因此就会觉得压力很大。[1]

三、案例分析

▶ **案例　还我一片蓝天**①

小虎,男,16岁,就读于一所市重点中学的重点班。学习成绩一般,处在班级的中下游,年级的中等水平。作为高一新生,小虎在学习上存在着较大的不适应,尤其是学校激烈的竞争环境、家长较高的期望值,使原本基础就不扎实的小虎备感压力。他感觉只要一拿起书本,头就嗡嗡直响,听课的时候经常莫名其妙地走神。他常常会因为一点点小事就和同学们闹别扭,无法集中精力学习。

小虎自述:"这段时间,我发现自己的情绪很不稳定,无论做什么事,都很急躁。特别是学习,刚开始做作业,只要有一点不顺利,我的心情就变得很坏,感觉像掉进了无底深渊,万分难受。我很害怕,极力想摆脱这种情况,但又不知如何摆脱。我不愿意求助,因为这是塌台的事。我只能不断地告诉自己'我能行',可就是不管用。"

---

① 本案例由吴俊琳老师撰写。

高压下的学习焦虑

通过两次咨询对话,我基本了解到小虎为什么会产生如此强烈的焦虑情绪,其原因概述如下:

1. 家庭压力

"我出生在一个大家庭中,同辈中几乎都是学习能手,个个有一串令人骄傲的学习战绩。我的父母要求我向他们看齐,即使不能超过他们,也得和他们打个平手,决不能让父母丢脸。"

"我在初中学习马马虎虎,基础不扎实,成绩一般,仅靠最后一学期的家教和运气才考出好成绩,幸运地进入重点中学的重点班。我笨,没法同他们比,因此,总是挨父母的骂,总是给父母丢脸。"

或许是由于现在的家庭都只有一个孩子,父母关注的焦点过于集中,或许因为感受了社会激烈竞争的残酷,希望自己的孩子准备得好些,再走上社会。家长用别的孩子做例子为自己孩子树立榜样是一种比较普遍的情况,目的在于"激将"。但当标准过高,孩子达不到时,这样做往往容易导致孩子自信心的丧失和崩溃,产生自卑心理。

2. 同学压力

"人们说进了重点班,就等于半只脚跨进了重点大学。我和父母都非常高兴,可惜,这样的喜悦之情并没有维持多久。开学后,我发现重点中学是个藏龙卧虎的地方,同学们个个都比我强,我觉得自己还没起跑,就已经落在别人后面了,我一开始就觉得力不从心。尤其是在每次考试后,看着自己不尽如人意的分数,看着同学高傲的表情,我就感到无限的沮丧、焦虑和无助。"

孩子需要鼓励,需要肯定,需要赏识。持续失败的挫折感,会使孩子积累起"我不行"的消极情感体验,它不仅使孩子得不到自信心形成所必需的成功体会,反而时常经历失败,使孩子由经常的自我怀疑而走向自卑。

3. 学校压力

"期中考试的前夕,老师在考前动员会上提到:高一结束后,各班成员会进行调整,重点班里成绩不合格的学生将离开,而其他班成绩好的学生会补进来。所以希望上学期考得不好的同学要特别加油了,争取在第二学期的期中、期末考中有好的表现,以保证自己能留在重点班。这一消息对我来说,不啻为一个噩耗。随着考期的临近,我的心情越来越急躁。只要一看书,就想到老师的话,然后联想到被赶出重点班后,同学对我的鄙视、爸妈对我的失望、亲戚朋友对我的嘲笑……这样一想,我的心再也静不下来了,看不进书,情绪一落千丈,觉得生活毫无希望,觉得做人很失败。我越想越害怕,呼吸急促,心跳加快,甚至浑身发抖,眼前一片眩晕。"

"期中考试如期进行,我怀着忐忑不安,甚至是恐惧的心理参加了考试,结果可想而知,又一次惨败,成了班级最后两名,淘汰已成定局,这更加重了我对学习的恐惧。我恨自己,恨自己做什么都不行,总是低人一等。想想做人太没意思,还不如死了好。这种情绪一直在折磨着我,让我痛苦万分。"

学业是学生表现自我、证实自我的一种方式。学生是最需要鼓励的,但分重点班、排名常常会打击大多数学生的积极性。尤其是低分学生会受到更多的否定、嘲笑、孤立,得到更少的爱、信任和鼓励。分重点班、排名给低分学生造成难以想象的挫折感和屈辱感。

调试学习压力

从小虎的叙述中不难发现,来自家庭、学校和同学们的压力已压得小虎喘不过气来。所以帮助小虎合理调试他的学习压力,摆脱低落与失败的状态是很重要的,这将直接影响之后的辅导效果。所以我给小虎提供了以下几种减压的方法:

1. 运动减压法

科学安排生活,体力劳动与脑力劳动有机结合,及时消除疲劳。长时段、高强度的脑力劳动者,更应该进行有益而适宜的体育运动,以此减轻紧张度。如在学习的间隙可以伸伸腰、踢踢腿、做做深呼吸等。

2. 转移减压法

有意识地转移注意力是减轻心理压力的有效途径。针对精神长期高度紧张的状况,如参加各种体育活动,放学后泡泡热水澡,与家人、朋友聊天,双休日抽出一些时间出游,还可以利用各种方式宣泄自己压抑的情绪等。

3. 环境减压法

对于小虎来说,在学校的学习氛围已经是够压抑和紧张的了,所以在家庭环境方面,应营造一个良好而宽松的生活与学习氛围。我建议小虎与父母进行沟通,共同营造安静的家庭学习和休息氛围。

4. 睡眠减压法

充足的睡眠是保证精力充沛、心理宽舒与平衡的前提,所以要注重睡眠质量,这已被爱因斯坦等许多科学家的切身经历所证明。

小虎非常认真地记录下这些方法,表示一定会尝试。

我要和自己赛跑

在介绍完减压方法后,我乘热打铁,采用了认知治疗技术,通过使用苏格拉底式的问题直接质疑和追问,与小虎一起探讨了他的一些内心想法。

1. 填空:我是_____中最差的

"在班级里成绩最后几名,是不是代表就是最差的?"我开始发问。

小虎:"那是当然的。"

我:"是全世界最差的吗?"

小虎:"那倒不是,肯定有比我更差的。但是我是重点班里最差的。"

我:"那在学校整个高一年级你是最差的吗?"

小虎:"不是,在整个年级里我的成绩还是可以的。"

我:"那就是说,在这个班里,在50位同学中你的学习可能是落后了,但不代表你就是几百甚至成千上万个人中落后的?"

小虎:"……是的。"

我:"现在能不能再重新评价一下你在学校的位置?"

小虎:"在我们学校,我还是一个不错的学生,虽然不是最优秀的那群,但也是比较好的。"

我:"现在能不能再评价一下你在整个区里的位置?"

小虎:"应该也是属于好的吧。"

我:"你现在的感受是什么?"

小虎笑了:"我觉得虽然比我好的人有许多,但是我也不是自己想象中的'最差的人'。"

2. 和别人比较的目的是什么

我:"我们总会情不自禁地拿自己与别人比较,你觉得你比较的目的是什么?"

小虎:"发现彼此的差距,了解自己的优势与劣势。"

我:"然后呢?"

小虎:"然后保持自己的优势,弥补自己的劣势。"

我:"如果差距太大,或许永远也补不足呢?"

小虎:"……"

我:"一种选择是彻底放弃,别浪费时间了;另一种选择是坚持到底,不达目标誓不休;你觉得还有其他选择吗?"

小虎是个聪明的学生,在思考了一段时间后,欣喜地告诉我:"您说的是两个极端,放弃太可惜了,不试过又怎知一定不行;但是也不能太认死理,就像鸡蛋碰石头。我想我会折中,要学习别人的优点,但只求有进步就行,不一定非得达到什么程度。否则每个人的优点我都要的话,我岂不变成'超人'了。"

我:"你说得很好,现在我们来谈谈你的学习吧。"

小虎沉思了片刻:"老师,我明白了。在学习上,我以成绩好的同学作为比较对象,常常可以看到自己的不足,为我指明了努力的方向,使我有了动力。但是如果我以和他们考一样好的成绩为目标,我可能无法完成,这会让我沮丧,动力会成为压力,甚至是阻力。我不该太看重结果,而应更注重过程。事实上,在向好同学看齐的过程中,我在努力学习,我在进步。这样心态也会好,才能良性循环。"

我:"太好了,小虎。现在你明白了,你的对手其实就是你自己。"

小虎:"是的,我要和我自己赛跑!谢谢老师。"

"超越自我"是调整小虎学习焦虑的转折点:过去,小虎按父母的要求学习,总是拿自己与亲戚、与同学比。现在他意识到这是不合理的,根据自己的能力学习,与自己比才是理性的比较方法。

这次辅导取得了较好的效果,结束时我给小虎布置了回家作业:

1. 丰富自己的支持网络。把自己进入高中后的这段心理动态告诉自己的父母,如果觉得当面讲比较困难,也可以改为写信。在沟通的基础上取得他们的支持与鼓励。

2. 制定两份学习计划,一份是从现在开始到期终考试的学习计划,主要是把这段时间进行阶段性的划分,并制定每个阶段的学习目标和要求;另一份则是每星期的学习计划,尽可能具体到每个小时。以后每个星期可根据上星期的执行情况及本星期的特殊要求修改"星期学习计划"。

3. 坚持按照制定的计划来学习,如果能完成就给自己一定的奖励;如不能,则要承受相应的惩罚。如果个人自控力较差的话,可以要求父母或好朋友帮忙监督执行。

我又看到了"蓝天"

在之后的几次辅导中,小虎向我汇报了他的家庭作业完成情况。小虎采用了写信的方式将自己这段时间的心情告诉父母,于是父母与小虎进行了一次长谈。这次谈话很成功,在学习上双方达成了共识:只要小虎尽力而为就行了。此后父母也经常与小虎交流,对于小虎取得的进步都会给予肯定与鼓励。这让小虎非常感动,也有了更大的兴趣去学习。

关于学习计划,最初由于计划定得太高而且刚开始时有些不适应,所以总不能按时完成。于是我和小虎在之后的几次辅导中对此进行了分析和修改,现在小虎的计划定得更合理了,他也能按照计划实施。在此过程中,小虎开始渐渐养成了良好的学习习惯。

用小虎的话说:"在同学、老师和爸妈的帮助下,我调整了期望值,无谓的压力减少了。我又开朗起来,参加了学校话剧社活动,我的表演受到大家的好评,我已经是社里的'台柱'了。这让我重新建立起自信。虽然现在我的学习成绩与全班的整体水平仍有一定的距离,但是与以前的我相比,我正在进步中。我能以平和的心态对待考试成绩的起伏,坦然地面对学习中的消极因素,以及生活中的种种不如意。"

当我与小虎一起回顾、总结这段经历时,小虎动情地说:"我终于又看到了那片蓝色的天。"

四、辅导建议

目前,绝大多数青少年学习焦虑的情绪,来自于外界的压力和个体内部深层的人格倾向。特别是到了初三、高三毕业年级,他们承受的压力就更大。对于青少年产生的学习焦虑情绪,主要辅导策略是减少压力源,调整不合理认知,学习情绪的自我调节。对于极少数确诊为焦虑症的青少年,则应该转介到医院心理门诊,进行必要的药物治疗和心理治疗。

1. 学会觉察和挑战自己的消极认知

学习焦虑的学生往往对自己的消极认知觉察不到。这是由于这种消极认知已经成为习惯化的思维。要扭转这种情况,需要学生自己仔细留心自己在遇到学习困难时的生理和心理上的细微变化,从而促使自己对自我消极认知有所觉察。下一步就是练习向自己的消极认知挑战。所谓挑战,就是向消极的自我认知中的不合理成分进行质辩,包括指出这些消极认知中的不现实性和不必要性,阐明由此对自己所造成的危害,并选择积极的认知取代。

2. 创设良好的家校环境,减少外部的压力

家长切勿对孩子期望过高,更不应该把自己不切实际的期望和要求强加于孩子身上,否则可能会使孩子产生无助、沮丧、焦虑的情绪。家长要尊重孩子的意愿和能力,尽量不要在学习成绩、课外补习和兴趣培养方面提出过分的、主观的要求。其次,父母要注意营造温馨、融洽的家庭气氛,展开良好的亲子沟通,给孩子更多的心理安全感。学校方面,要加强素质教育,全面评价学生,克服以分数取人的单一评价标准,建立多元的评价体系,发现每个学生的优势。学校不该人为营造紧张气氛,给学生增加过重的升学压力。

3. 学习减压的方法

不可否认,当今社会处在转型期,社会竞争激烈,这样的大环境一定会影响学校的学习环境。学习的竞争肯定是存在的,现在学习的材料往往偏深偏多,对大多数学生来说学习不可能是轻轻松松的事情,总是辛苦的。所以教会我们的学生一些减压方法,例如练习松弛训练(包括心理暗示、主观想象、肌肉放松等),鼓励学生多多参加体育活动、文娱活动等,都有助于学生调节情绪,保持身心健康。

第四节 抑郁情绪辅导

一、问题表现

抑郁是一种心境持续低迷的状态,是青少年较常见的情绪障碍。青少年抑郁潜在影响其心理健康、学业成就、人际关系以及家庭、同伴等支持系统。虽然青少年抑郁障碍的发生率比较低,但是由于后果比较严重,而且抑郁倾向的学生占有相当比例,应该引起老师足够的重视。[1]

二、原因探讨

1. 生物性因素

（1）遗传因素

家族史中有情感性障碍的,产生抑郁的比例比较高。最好的基因和心境障碍的有关证据来自于双生子研究。麦古芬等(2003)的研究发现,如果双生子之一患有某种心境障碍,那么同卵双生子患某种心境障碍的概率要比异卵双生子高 2—3 倍。肯德勒等(1993)通过一项对于女性双生子的大样本调查,计算得重度抑郁障碍的遗传概率为 41%—46%。抑郁症的遗传存在性别差异,女性为 40%,而男性要低得多。

（2）神经传递素

神经细胞之间通过化学信使,即神经传递素进行交流。目前已知的神经传递素大概有 100 多种,其中多巴胺、血清素、物质 p 等就与抑郁相关。当神经传递素进入受体细胞之后,通常会经历一个代谢过程,而最早(20 世纪 50 年代早期)的抗抑郁药物的原理就是抑制这个代谢过程,使去甲肾上腺素的浓度增加。

（3）激素

激素的分泌对抑郁也会产生一定的影响。例如甲状腺素,负责代谢、体温和能量水平,对生长和发育有深远影响。甲状腺素分泌不足会导致很多问题,包括抑郁症。有 20% 的抑郁症其实是未经诊断的甲状腺功能退化。再比如雌激素。与男性相比,女性患抑郁症的风险高出两倍,尤其是在生育前后以及更年期,这段时间各种激素水平波动特别大,对人体情感性障碍有一定影响,尤其孕激素和雌激素的比例变化是导致抑郁症发生的重要原因。此外糖皮质激素是一种压力激素。当一个人感觉到压力时,大脑丘脑下部区域一个小小的回路会释放这种激素,将身体置于高度警觉状态。糖皮质激素浓度越高,说明危险和压力越大。所以,如果你一方面面对巨大的压力源,另一方面还在脑子里反复思量纠结这件事情,很可能最终陷入不可控制的抑郁深渊。

2. 社会心理因素

生活中凡能造成强大的精神压力、严重的精神创伤或不愉快的情感体验等条件都可成为抑郁情绪的心理因素。

应激性生活事件。所有的心理障碍产生过程中,应激和创伤都是最重要的心理学因素之一。通过对随机人群样本的调查发现,严重的生活事件与抑郁症发病有显著的关系。重大的生活应激总是在所有类型的抑郁症之前发生。如人际关系紧张、学习困难、工作压力、家庭变故、意外事故、躯体疾病等不良生活事件等都有可能引发抑郁。调查还发现,与青少年学生抑郁相关的因素有,睡眠没有规律、学习生活不满意、生活事件多、健康自评差、体育活动少等;近一年的生活事件和抑郁情绪的发生成正比,依次为人际关系、学习压力、家庭事件等。

3. 性格因素

如性格内向、自卑、孤僻、多愁善感和依赖性强等,或者不良的认知模式、非理性思维,都会对抑郁发生作用。

三、案例分析

▶▶ **案例　走出情绪漩涡**[①]

三年高一

又是新学期,我再次回到高一带新生。为了提高上课效率,我在开学前就布置了作业。担心学生忘记,还再三申明作业的重要性。但正式上课时,我还是发现有一位学生没有交作业。课后我询问了班长,当他告诉我是木木时,我的眼前立刻跳出一张极具代表性的脸。如同她的名字,她的脸上永远没有表情,像个木头人,和人说话的时候几乎不看对方,目光呆滞地朝向远方。军训时她就引起了我的关注。我翻阅过她的档案,她在我们学校已经待了三年。第一年,她以优异的成绩进入了最好的班级,但是在高一即将结束的时候她以身体原因休学。第二年,她只来了一天就以相同原因又休学了。现在她再次回到学校。她的经历和个人状态引起了我极大的好奇心,我决定借这个机会好好和她谈谈。

抑郁症

经过首次面谈,我了解到:木木初中就读于我区最好的学校,又以优异的成绩考入我校最好的班级。或许是班级的竞争太激烈,木木每天学习到晚上12点。功夫不负有心人,她的成绩始终保持在年级前30名。但就在高一即将结束的时候,木木突然性情大变,总是抱怨,说自己无法集中注意力,不想再读书了,不想活了。一开始家人以为她是对学习绷得太紧的一种反抗情绪,直到她开始天昏地暗地睡在床上,不吃饭,不喝水,不说话,怎么叫也叫不醒的时候,他们才意识到问题的严重性。爸爸、妈妈、爷爷和奶奶一起用力,想把她拽下床,可是她就像一块老红木,重重地瘫在床上,愣是抱不起来。万般无奈之下,父母打了120,把她送到了精神病院,她被诊断为重度抑郁症。住院治疗一段时间后,木木情况好转,改为回家休养。新学期开学了,木木提出要回学校上课,可是才上了一天就放弃了,说是读书无用,不想上课了。家长觉得有问题,但又不知道问题出在哪里。直到有一天,木木因为一件很小的事情又和家人发生了激烈的冲突,一怒之下,她径直冲向窗口,准备跳下去。惊恐万

[①] 本案例由吴俊琳老师撰写。

分的家人只得死死地抱住她。看来木木并没有康复,只得重回医院。再次出院以后,医生认为木木康复情况不佳,可能需要终身服药,并建议她放弃高中学习,改读职业学校,学一门生存技能。

木木一直以来都是优等生,要她接受这样的安排很难。她的家人也不愿接受这样的建议。所以商量之后,他们还是选择重新回到我们学校,再努力一把。

木木的情况对我来说就像一颗重磅炸弹。在医生都判了"死刑"的情况下,我们能做些什么?万一她再发病怎么办?无数个问号在我心中,但是看着她愁眉苦脸的父母和年迈的爷爷奶奶,我还是答应了他们尽我的所能帮助木木。

又见暗流

为此,我特地约了木木了解她现在的学习和身体状况,情况不容乐观。开学两周,木木每天晚上做作业到12点,有时更晚。父母担心她的睡眠质量(医生特别关照要有充足的睡眠时间,否则病情可能会加重),所以就强制她在12点上床睡觉。但是木木放心不下学习,常常在凌晨三四点钟的时候就醒过来继续做作业。我询问木木的感受,她觉得完成作业是应该的,所以必须做完每一份作业,否则就不配当学生。在谈话中我感觉木木对发生的事情常常持否定的态度,事情稍不如意,就会责备自己,进而得出更大的结论,那就是所有的一切都糟糕透顶,她的负疚感和失败感很显著。为了木木身体考虑,我辅导的第一步就是帮助木木建立良好的作息时间。因为木木尚在康复期间,而高一的课程她发病前已经读过大半年了,所以在知识的掌握上是没有太大问题的。为此我建议木木可以有选择地做作业,以保证正常作息。

认知练习

在此基础上,我们辅导的重点是对木木的非理性认知进行调整。

我以作息时间安排作为辅导的切入点。可能是休学时间太长了,一下子要跟上紧张的学习进度,对于木木的身体条件来说,确实有难度。第一天就遇到体育课耐力跑,回家木木就说很累,第二天睡到中午才醒。类似的情况每周都会发生一两次,木木每次晚起之后就不愿意来学校,害怕同学问她原因。她的家长就这个问题联系了我。于是,我和木木进行了讨论。

我:"为什么害怕同学问原因呢?"

木木:"担心他们觉得我这个病没有好,把我当病人看待。"

我:"不解释的话,同学就不这么想了吗?"

木木:"这倒也不是。"

我:"中午醒了,怕下午回学校被同学问,所以下午就不去了。那明天到学校同学就不问你昨天为什么不来了吗?"

木木:"也问的。所以有时我想同学再问的话我可能连去学校的勇气也没有了。我确实在担心这件事情早晚会发生。"

我:"看来这个问题对你困扰很大的。"

木木:"是的,的确如此。"

我:"通常同学会问你吗?"

木木:"一般同学不会问,好像不知道的样子。只有临近的同学会问我:'怎么了,身体又不舒服了？'"

我："那说明大多数同学并不关注你的缺席，或许他们对于你缺席的情况已经习以为常了，不觉得有什么特别的。"

木木："应该是这样，他们确实没有特别的反应。"

我："那被问到了，你又会怎么回答？"

木木："我通常就支吾过去。她们看我不回答也就不再追问。"

我："那你觉得有什么不妥当的吗？"

木木："我觉得我越心虚，她们可能就越觉得我有问题。"

我："你是想给她们一个正面的回应，而且这个回应又要让人觉得这是正常情况？"

木木："是的，但是我找不到好的理由。连我自己也不能解释为什么我就会突然睡这么长时间。"

我："睡眠是一件极端个人的事情。我们中有些人每天只睡5—6个小时就够了，而有些人则必须要睡9个小时才行。对于尚在康复期的你来说，药物的作用以及大脑实际需要休整的需求都使你要睡得更多一些，有时甚至睡上12个小时或者更长的时间。所以你这样的情况可以解释为——因为许久没有上学的缘故，体力有限，所以常常要休息一下，充一下电。你觉得这个解释合理吗？"

木木："我觉得蛮有道理的，可以接受，下次我就这么解释了。"

我："我还有一个要求。大脑有自己的调整能力。当你沉睡的时候，父母叫不醒你，说明你的大脑还在休息。但是，如果你确实听到了父母的声音，而且意识清醒了，那说明你大脑已经休息好了。这时你应该靠自己的意志克服惰性，起床，然后上学去。让自己的大脑生物钟渐渐适应学习的要求，千万别让它一直懒惰下去。"

木木很用力地点了点头。谈话之后，木木每次晚起了，都能坚持醒过来就回学校上课，这让大家都很欣慰。

在实施辅导的过程中，我每周都找木木谈心。因为从已有的接触中，我总觉得木木倾向于用一种消极的方式看待自己和周围的世界。例如她对自己的负面认识"我一无是处"，对周围世界的负面认识"事事不顺心"和对未来的负面认识"我永远也不会好起来了"。这种负性思维成为她内心持续不断的自我批判的动力。一个相关特征便是主观臆断，随即立刻得出一个负性的结论。例如，木木与同学约好，放学后在校门口碰头，告诉她今天的作业。但是过去10分钟了，那位同学还没有来。木木马上想到是同学嫌她烦，故意不来了，而不会认为是因为她有事情赶不过来。木木的父母也反映，木木在家里经常抱怨，很少能从积极的一面分析看待事情。所以每次找木木谈心，我都会有意识地与她交流对事物的看法。例如那次同学迟到的事情，事后同学解释了，是因为老师拖堂了，所以她晚出来了。而且因为老师在上课，她不能使用手机，才没有办法通知木木。通过对实际事例的分析，木木渐渐意识到她的一些消极想法仅仅是想法，而不是事实。

同时我也请家长配合，每天晚上陪木木聊聊天，主要说说今天发生在单位里有什么开心的事情，以此激发木木把注意力更多地集中在寻找自己身边有什么开心的事情上。这样的思维方式更有助于她增强满足感和成就感。

到目前为止，木木在班级学习已经两个月了，参加了月考和期中考试，语、数、外三门排名年级200名左右,学习状态比较稳定。更为显著的变化是,现在的木木在说话的时候能够和人有目光接触了,笑容也更多地出现在她的脸上。或许在将来的学习道路上,木木还会遇到其他困难,情绪还会波动,但相信在大家的努力下,木木会以更健康、适应性更强的方式去应对情绪漩涡。

四、辅导建议

1. 建立良好的社会支持系统

亲子关系、同伴关系和师生关系是青少年主要的人际关系,良好的人际关系可以在青少年面临压力事件时,为其提供不同的支持、安慰,有效地避免抑郁情绪的发生。

2. 调整个体的期望

过高的期望会引起较高的压力,由此容易使人产生抑郁情绪,这就不仅要求家长和教师对青少年抱有适当的、与之能力相适应的期望,而且也要求青少年本人对自己要有适当的期望。

3. 保持良好的心态

经常保持愉悦、平和、乐观的心态,会使人变得积极开朗,挫折承受力得到增强,这将减少青少年抑郁情绪的产生。

4. 对症下药

如果确诊为抑郁症,药物治疗是必需的。心理障碍的治疗,药物治疗是主要方法之一,当然配合以心理治疗效果会更好。

第五节 恐惧心理辅导

一、问题表现

有些孩子怕黑,有些孩子怕高,有些孩子怕某些昆虫,有些孩子怕陌生的环境。但一般的害怕不足以构成恐惧心理,这里指的恐惧心理是指会体验到持续的不断强化的恐惧。具有恐惧心理困扰的孩子遭受的刺激并不严重,但其感受却大大超过刺激的强度,而且比同龄人更恐惧。尽管有些孩子遭受的场所情景或者物品对象无足轻重,但还是感到十分害怕、畏惧,出现回避反应。恐惧和回避交织使这些孩子感到无奈、压抑、羞愧、沮丧,同时其社会功能也明显下降。恐惧心理问题一般分为场所恐惧和特定对象恐惧。

二、原因探讨

1. 遗传因素

根据国外的调查,具有恐惧心理的来访者,其父母或兄弟姐妹中具有恐惧心理困扰的人也较多,所以遗传因素是恐惧心理产生的原因之一。

2. **性格因素**

性格与恐惧心理的产生也有一定关系,恐惧心理多发生在回避性人格者的身上,这类性格的人一般缺乏自信,具有敏感、孤僻、内向、羞怯等个性特征。这类人比较容易产生恐惧心理。

3. **应激事件**

强烈的精神刺激会诱发恐惧心理,如对狗有恐惧心理的孩子可能曾经被狗吓到过;具有场所恐惧的人可能曾在某个场所发生了什么严重的应激事件。又如,某人遇到过车祸就对乘车产生恐惧,可能是在焦虑的背景上恰巧出现了某一情境,在这一情境中发生急性焦虑而对之产生恐惧并固定下来,因此就产生了对乘车的恐惧心理。另外,亲人死亡、意外事件、恐吓事件等刺激性强烈的事件也可能诱发恐惧心理。

4. **习得性恐惧**

按照行为主义观点,认为恐惧情绪的出现是由于形成了不良的条件反射或称为学习的结果,即是由儿童时期早已消失习得了的恐惧经验中学习得来的。某些物体或情境与令人恐惧的刺激多次联合出现而形成条件反射,这些物体或情境成为了恐惧对象,由于儿童对此采取回避的措施,而使这种恐惧心理得以强化。

5. **社会因素**

恐惧心理还和生活方式、生活节奏有关。生活节奏快、压力大,遇到处理不了的问题,情绪一直没有得到放松,一直害怕并回避遇到同样的问题,这样的状态若一直被强化,也可能产生恐惧心理。

三、案例分析

▶▶案例 为什么那个身影总在黑夜中出现?[①]

小美是一个初一的女生,语文课代表,学习尚可,在班中成绩属中上,与同学关系融洽。但她的生活史明显比一般同学复杂,家庭成员有奶奶、父母、哥哥。其中奶奶带着哥哥在老家福建生活,爸爸妈妈经商,妈妈在南京工作,爸爸在上海,但由于爸爸工作繁忙,所以小美是住在阿姨家,跟阿姨、姨夫和小表妹一起生活。平时住校,周末与节假日回阿姨家。与妈妈的联系靠电话,爸爸虽然在上海,但一个月见不上一次面。之前跟父母在厦门、广州生活过,三年级时来上海一直至今……

小美曾经因为做了个奇怪的梦来咨询过,当时,她突然接连几天梦见自己怀孕了,而让自己怀孕的分别是哥哥、爸爸、姨夫……

父亲是她身边非常重要的男性。由于父母忙碌,小美从孩童时,享受到的亲情就非常少,因为奶奶不喜欢女孩,所以父母只能把小美带在身边,这让小美觉得她的出生是不受欢迎与多余的。哥哥由于父母带了小美而不是他在身边所以对这个妹妹怨恨,难得相聚,兄妹

[①] 本案例由李雪梅老师撰写。

总是不欢而散,小美渴望跟哥哥亲近,但哥哥总是一次又一次拒绝她。妈妈在南京,自然很少见到,爸爸虽然在上海,但小美一个月也见不到一次,她央求爸爸来看她,但爸爸总以工作忙为借口。她没有感受到来自离她最近的父亲的爱,所以对爸爸也是失望的。

姨夫是小美身边又一个重要的男性,但每当小美与表妹发生口角时,姨夫总不能公平对待,明显偏袒表妹。姨夫的不公平对待让小美有寄人篱下之感觉,她同样渴望姨夫的爱但依然失望。

从上个礼拜开始,小美每天闷闷不乐,同学们讲笑话、唱歌,她也不参与,更奇怪的是,只要宿舍一关灯她就会哭,说怕黑,眼前有个人影在晃,而且会手脚冰凉,喘不过气来。同宿舍的同学摸过她的手,的确是冰凉冰凉的……

小美在同学的劝说下来到咨询室。因为之前她来进行过咨询,所以我们很快进入了正题:"同学说你最近的状态有点不一样,是这样吧? 我想听你自己说。"

"是,我也不知道是怎么回事,很痛苦……"说着大滴的泪珠已经沿着脸庞滚落下来,接过我递去的纸巾,好一阵停顿后,她终于开口了。她的表达方式让我很惊讶,一个小女孩儿能有怎样的力量才能学会如此的叙述:平静、连贯、细致。

"最近只要一到晚上我就开始害怕,特别是宿舍关灯的时候,会很恐惧。灯一关上,在黑暗中我会看到一个人,身上带着鲜血,很恐怖地站在我面前,我不知道他要干什么,他就这么这么一直看着我,不走开。他不走开,我就不敢闭上眼睛睡觉,怕闭上了,他会离我越来越近。"

"同学劝我说那个人是我自己想出来的,根本不存在,如果有,宿舍那么小,她们也会看见的。我知道她们说的是对的,可一关灯,那个人总是又出现了,我是真的感觉到了,有时害怕极了,忍不住,就哭。见我哭,同学就会把灯打开,灯一亮那个身影就消失了……"

"也就是说'他'只在黑暗中出现,白天或者灯亮时你都看不到?"

"嗯,白天功课很忙的,就还好,不大想这些。但是到了晚上,特别临近晚自修结束我就开始害怕起来。"

"那你看清楚他了吗? 是否是认识或者熟悉的?"

"不,我不认识他,其实也从来没看清楚过,是个很模糊的身影,脸上带着血迹,感觉是个男孩子,年纪跟我差不多或者比我稍微大点。"

"他出现的时候,你们之间有对话吗?"

"没有,感觉他就那么看着我,我让他走,让他离开,但他不睬,还是待在那里。"

小美跟我澄清了在看到这个"他"的最近一段日子里,没有什么特别的事件发生,无论是家里还是学校,无论是学习还是人际交往都跟往常一样,也没有受一些恐怖书籍或者电影的影响。唯一提供的有点关联的记忆是小学三年级时,奶奶的邻居家曾有小偷入侵过。小偷是白天溜进来躲在阁楼里,晚上出来行窃,但只偷了东西,没有人员伤亡或者流血事件发生。这样的描述与澄清只有让我更困惑,莫不是……无意中瞟到日历,我突然敏感起来,日历的时间是2008年5月20日,是汶川地震后的第8天! 如此巧合,跟小美的症状出现时间那么接近。

"小美,你来找我是因为那个人的出现让你害怕,睡不好觉,而且还影响了其他同学是吧?"(小美点头。)

"你害怕是因为你感觉他要伤害你?"(小美又点头。)

"我相信他是真的存在了,但存在是不是一定代表他就要伤害小美?"

我们对视,能感觉她在思索与困惑。

"所以接下去我们是要探讨他的出现有没有要伤害小美的问题。如果他没有恶意,你就不用那么害怕,是吧?"(小美迟疑了一会儿,然后点头。)

在达成咨询目标后,我们之间的对话就围绕那个出现的他究竟有没有恶意。因为在小美的描述中那么多次他只是看着她,感觉要过来,但既没有对话更无举动。

然后提到地震,果然小美很关注。因为住校,其实也没有看很多相关的新闻,但凡是看到的,她都能仔细描述。我鼓励她说出自己的感受,她说了很多很多……提到学校募捐的时候,她说了一个细节,她捐的钱是他们班中算多的,但捐的时候也有犹豫,因为其他同学只捐了她的一半,不过后来她还是决定要帮助灾区的孩子,所以把一个月的零花钱全都捐出去了。

"那个带血迹的身影可不可能是从灾区而来?"(小美稍迟疑后表示有可能。)

"如果是灾区来的,他是来伤害你吗?"(小美摇头。)

"可是其他人看不见,小美能看见,可能有理由,小美自己能说吗?"

"可能我对他们比较关注,比较同情。"

"而且我想尽我的力量去帮助他们,虽然我帮不上。"

"不,你帮了,关注也是种温暖的传递,而且你捐了身边所有的零花钱,这些都说明你在尽你的力量。"

"是不是他来是想跟你说什么?只是你从来没给过他机会,而只是叫他离开?"(她的眼神又开始带着些许困惑。)

"那我跟他说什么好?你是说我和他需要对话吗?"

"我是想那么建议,可以试试,既然他可能来自灾区,那肯定不会伤害你,说不定是想跟你说些什么。"

"他想跟我说什么呢,老师?"

"你自己想想看,你们算是同龄人?"

"可能是想表达感谢,因为我的关注,为他们流了很多泪,还捐钱表达了我的心意!"(小美迟疑了会儿,抬头注视着我再说。)

"还有我觉得他们死得是匆忙的,没有准备的,所以肯定内心会有很多遗憾的,说不定他是想提醒我,要好好珍惜现在的生活,对生活不要有太多的抱怨……"

由于时间关系,在最后,我只是再一次暗示:既然那个身影出现了,而且不愿意离开,就尝试接受他;那个他可能对小美是没有恶意的,可能只是想跟小美表达什么;在认可与鼓励小美可以像前面那样表达后,我让她做了遍放松训练,建议她在情绪紧张时使用。

小美按照我们的放松训练去做了,情绪上比前面平静了,但是其实内心的心结依然还在,她问:

"老师,那个身影他会一直不走吗?"

"小美,还记得5个月前你的那个梦吗?当时它也曾反复困扰你,但我们找到解释后,后来就再也没来过。"

"嗯。"

"所以,如果那个身影他不走或他走,也是需要一个解释,我们这几天的谈话就围绕它好吗?"

我再仔细询问了她的学习生活以及人际关系……有一件事引起了我的注意。小美最近数学不太好,但主要是因为数学老师说过一句话。有一次晚自修数学老师看见小美做最后一道题做了很久,就说:"这样的题你都困难,回福建去,你的数学怎么办啊?"听了之后,小美很难过,她想到刚来上海时英语跟不上的情景。她刚来上海的时候是小学三年级,她在福建没有学过英语,一来上海完全跟不上。她不想让同学看不起,于是就很努力地学习英语,路上、梳头发的时候都在背英语,晚上 11 点也还在背,背着背着好几次在书桌上睡着了。通过努力,小美的英语终于在四年级的时候保持在了上游。现在,小美非常害怕,怕回去后数学会跟不上,因为福建的数学比上海还要难,她怕又像当初刚来上海的英语一样。她之前不说这些事,是因为觉得这件事跟梦里人影的事没什么关系,觉得没必要提。但其实这是一个重要的信息,因为数学老师对她做这个评价的时间是 5 月 11 日,地震前一天。

心理老师的辅导过程

小美的问题一开始表现为恐惧问题,恐惧黑暗,恐惧黑暗后出现的那个带着血迹的身影,但恐惧背后真正藏的其实是心灵的创伤。而且恐惧发生的时间(5 月 15 日)与数学老师的那句评价,还有 5.12 地震的发生时间之间存在着非常微妙的关系。

数学老师无意间的评价勾起了记忆中那段读外语的艰辛,其实是种创伤,她怕如果回福建,在数学上也就是再来一遍过去那样的创伤。地震让她埋藏在心底一直存在的无助、害怕、没有安全感暴露出来了,其实也是种创伤呈现,更加重了她的害怕。白天由于没有时间让她想这个,可晚上一关灯,潜伏的害怕就来了,而且投射到跟地震相关联的事物,就是那个带血迹的模糊少年身上。小美的怕黑其实是怕曾经的创伤情境再现。

在对小美的恐惧进行了思考、分析和澄清之后,我采用了如下两个干预思路:

1. 对"怕黑"这样具体指向的"恐惧",在咨询策略中往往会考虑到系统脱敏,逐次降低他的恐惧度。但在对小美案例的处理中,我没有用脱敏的方法,而主要运用了认知干预与分析的策略,辅以放松及积极暗示的技术,干预了小美的非理性的信念:是不是身影的出现就是带给她危险?可不可以换种角度去理解那个在黑暗中看到的身影?解释了真正害怕的不是那个身影而是对创伤情境的恐惧,身影不过是创伤情境的投射。事实证明,这样的策略是非常有效的,小美在接受了解释后,黑暗中的身影就没再出现。

2. 小美的问题还与她成长过程中亲情的缺失相关,因为这些缺失使得小美安全感很低,容易出现恐惧心理。因此在辅导过程中还需要与家长建立联系。第四次咨询中我曾经尝试与她爸爸联系,但多次联系都被拒绝了,后来只能挖掘她自身具备的性格优点与同学老师作为她的支持系统,而她最期待的家人始终没能介入。

四、辅导建议

上述是一个女生恐惧心理的辅导案例,怕黑是该女生主要的恐惧对象。处理恐惧心理,一般会用系统脱敏等行为干预的方法,但也要找到恐惧的真正原因。恐惧心理也会由创伤经历引起,上述个案就有一段自己的创伤经历。咨询师将对创伤经历的再认知与女生的恐惧联系在一起处理,帮助女生缓解了恐惧的问题。

除了这个个案中直接处理创伤的方法之外,在一般的对于恐惧心理的干预中,我们常用的方法主要有放松训练、系统脱敏、分级暴露、满贯暴露、行为示范等。分级暴露和行为示范在社交焦虑一节已经介绍过,这里不再赘述。

1. 放松训练

放松训练最常见的是渐进性肌肉放松、腹式呼吸和注意集中训练法等。

(1) 渐进性肌肉放松法

渐进性肌肉放松是指一种逐渐的、有序的、使肌肉先紧张后放松的训练方法。渐进性肌肉放松强调,放松要循序渐进地进行,要求来访者在放松之前先使肌肉收缩,继而进行放松。这样做的目的,是为了进一步要求来访者在肌肉收缩和放松后,通过比较从而细心体验所产生的那种放松感。同时它还要求来访者在放松训练时,自上而下有顺序地进行,放松一部分肌肉之后再放松另外一部分,"渐进"而行。

第一步:找一个安静的场所,让来访者选择舒服的地方和舒服的位置坐好,闭上眼睛。

第二步:先使肌肉紧张,保持5—7秒,注意肌肉紧张时所产生的感觉。紧接着很快地使紧张的肌肉彻底放松,并细心体察放松时肌肉有什么感觉。每部分肌肉一张一弛做两遍,然后对那些感到未彻底放松的肌肉,依照上述方法再行训练。当使一部分肌肉进行一张一弛的训练时,尽量使其他肌肉保持放松。按照下列部位的顺序进行放松:优势侧的手、前臂和肱二头肌,非优势侧的手、前臂和肱二头肌,前额,眼,颈和咽喉部,肩背部,胸,腹,臀部,大腿,小腿,脚。这些部位的紧张方法如下表所示:

肌群	紧张的方法
1. 优势侧的手和手臂	先用力,向肩部屈肘
2. 非优势侧的手和手臂	同优势侧
3. 前额及双眼	睁开双眼并提眉,尽可能使前额有很多抬头纹
4. 上颊及鼻子	皱眉、斜眼、皱鼻子
5. 颚部、下颊、颈部	咬牙、翘起下巴、嘴角降低
6. 肩部、背部、胸部	耸肩,尽可能地往后拉肩峰,好像要碰到另一侧
7. 腹部	轻轻向腰部弯曲,上腹部挺起,尽可能地紧张肌肉,使腹肌坚硬
8. 臀部	收紧臀部,同时向下推压椅子
9. 优势侧大腿	推挤肌肉,使之紧张变硬
10. 优势侧小腿	脚趾向上翘、伸展并使肌肉紧张
11. 优势侧脚	脚趾向外、向下、分开伸足
12. 非优势侧大腿	同优势侧
13. 非优势侧小腿	同优势侧
14. 非优势侧脚	同优势侧

第三步：当来访者可以完全按照顺序进行放松并且不依赖指导语时，可以尝试不通过顺序性地对每组肌肉群进行紧张放松练习过程，而直接进入自我全身放松状态。[2]

(2) 腹式呼吸法

取仰卧或舒适的冥想坐姿，放松全身。观察自然呼吸一段时间。

优势侧手放在腹部肚脐，非优势侧手放在胸部。

吸气时，最大限度地向外扩张腹部，胸部保持不动。

呼气时，最大限度地向内收缩腹部，胸部保持不动。

循环往复，保持每一次呼吸的节奏一致。细心体会腹部的一起一落。

经过一段时间的练习之后，就可以将手拿开，只是用意识关注呼吸过程即可。

呼吸过程不要紧张，也不要刻意勉强，应该注意练习的过程和对身体的影响，吸气时，感觉气息开始经过鼻腔、喉咙充分地集中于肺部，当肺部容积逐渐增大，而保持胸廓不动，就会迫使横膈膜下沉，同时腹略向外鼓起；呼气向内收回腹部，横膈膜向上提升，使大量浊气呼出体外。

把腹部当皮球，用鼻吸气 3—5 秒钟，使腹部隆起，略停一两秒后，经口呼出至腹壁下陷，或者由鼻子呼出 3—5 秒。无论是吸还是呼都要尽量达到"极限"量，即吸到不能再吸，呼到不能再呼为度；同理，腹部也要相应收缩与胀大到极点。

(3) 注意集中训练法

注意集中训练法是通过练习使来访者的注意指向一个中性的或愉快的刺激，而从产生焦虑的注意刺激方面转移离开。常用的注意集中训练法有默想法和指导意向法等。

默想法是通过练习把注意力集中到某个视觉刺激、听觉刺激或运动知觉刺激上。

指导意向法是通过想象练习，使来访者构成轻松愉快的情境或影像。练习时，来访者可以采用舒适的坐位或半卧位姿势，在咨询师的指导下闭上双眼，跟随指导语进入心旷神怡的状态之中。指导语可以有多种配置，如海边、丛林、田野、村落、深山等，既有大自然的声音气息，又有优美的音乐伴和。可根据来访者的年龄、性别、经历、喜好的不同选择不同的伴音素材。[2]

2. 系统脱敏

这种方法主要通过指导，让来访者逐步分级地暴露于伴有焦虑情绪的恐惧情境中，通过放松训练，以放松的状态来对抗这种焦虑情绪，从而达到降低焦虑而克服恐惧的目的。

系统脱敏的实施包括四个步骤：

(1) 确定系统脱敏的具体目标

进行系统脱敏的第一步是来访者和咨询师一起确定需要进行脱敏的目标，目标应该是明确、具体、现实、可以操作的。

(2) 设定恐惧的程度等级

在咨询师的指导下，根据来访者主观度量尺度，以极度恐惧为 100 单位，心情平静为 0 单位，分别划分出中间状态，如轻度恐惧为 25 单位，中度恐惧为 50 单位，高度恐惧为 75 单位等。然后以主观度量尺度从轻到重对恐惧事物的不同恐惧程度的情境设定不同等级单位。

表 3-1 对乘地铁场所恐惧的程度等级表

序列	恐惧情境	单位
1	看地铁车厢内环境的照片	5
2	想象乘坐在地铁车厢内	10
3	站在地铁候车室,看到地铁到达站台	25
4	当地铁停站后,车厢的门打开时,快速走进车厢并即刻退出车厢	50
5	当地铁到站后走进车厢,乘坐一站便在下一站下车	75
6	在地铁到站后走进车厢,乘坐三站路后下车	90
7	乘坐在地铁车厢内,路程超过5站	95
8	毫无恐惧地轻松地乘坐地铁到达任何目的地	100

(3) 进行放松训练

放松训练可以运用腹式呼吸、全身肌肉松弛等练习,使人体全身肌肉进入放松状态。放松训练每天1—2次,每次半小时,一般需要进行6—10次以上练习,以全身能够迅速进入松弛状态为合格标准。

(4) 进行分级脱敏训练

对于每一级恐惧情境的脱敏练习必须经来访者的同意,只有来访者在某一等级中通过放松而完全适应了恐惧的情境,在消除恐惧的效果得到充分巩固后,才能在来访者认同下进入后一级恐惧程度较重的情境的深一步脱敏训练。[2]

参 考 文 献

[1] 吴增强.班主任心理辅导实务(中学版)[M].上海:华东师范大学出版社,2009.
[2] 陈福国.实用认知心理治疗学[M].上海:上海人民出版社,2012.

第四章

学习心理辅导

　　学习心理辅导是学校心理辅导的重要内容,学生表现出来的情绪、行为问题大多与学习有关。例如,因升学压力过重而使学生厌学、逃学;因学业失败而导致学生焦虑、抑郁、自卑等。成功的课堂教学不仅教给学生系统的知识基础,更重要的是培养学生积极的学习心态、科学的思维方式。

第一节　学习倦怠辅导

　　学习倦怠学生对学业和学校生活丧失兴趣和热情,注意力难以集中,记忆力下降,容易疲劳,学习无动力,学习效率低下,厌倦学习和学校生活,甚至逃学,最终走向学业失败,甚至自暴自弃。

一、问题表现

　　不同学段的老师与家长都会遇到这样的情况:学生对学习没兴趣,课堂上眼神游离,注意力不集中,作业拖拉情况严重或者敷衍了事,对学习厌倦,对学校厌倦,讨厌读书,甚至退学或逃学。当前,学生的学习倦怠现象并不稀奇,甚至可以说比较普遍。咨询实践过程中接触过不同程度学习倦怠的学生:

　　徐同学,就是不要学习,教科书怎么看都看不进去,觉得没意思,课堂上听不进去,即使当时听进去了,一眨眼也就忘了,久而久之,听老师讲课如听天书,作业不想做,看见作业就想睡觉,说自己不是好学生……

　　马同学,班主任眼中的"困难学生":不学习、上课睡觉、不交作业。周末找各种理由出去玩以逃避作业与学习,不听父母的管教,与父母对抗……

　　李同学,学习努力了,可是没有收到效果,比如默写老不好,就重复去默、去练习,结果重默也错字连篇,记不住。想到学习就心情不好、沉闷低落,理科每次考完时,都是绝望的感觉。"我真的学不好,我厌倦了,我累了,我放弃了……"

　　张同学,小学、初中、高中一直学习成绩很好,是家人的骄傲,家人也一直拿她来炫耀,说她学习多好多好,进了重点高中,成绩还是很好。可她觉得自己没那么好,承受不了家庭的压力。上课不能专注,脑中空白,周围轻微细小的变化都会引起她的注意和担忧,听课与学习效率很低。现在不想学习,害怕学习,厌倦学习。周一早晨起来头晕,胃不舒服,不想去上课,不想学习,觉得学习越来越没有意义……

每个学生都可能在学习过程中出现学习倦怠现象,但程度不同,原因不同。学习倦怠的学生容易情绪不稳、急躁任性、容易过度焦虑,精神紧张,烦躁易怒,心理承受力低,意志薄弱。他们自信心受挫,低估自己的能力,自我评价与价值感降低。

二、原因探讨

学习倦怠是指学生在学习过程中因课业压力、课业负荷或个人心理因素所导致的对学习没有兴趣或缺乏动力,感到厌倦、挫折,从而产生一系列不适当的逃避学习的行为。学习倦怠不仅极大影响学生的学习效率与学业成绩,也影响着学生的情绪、认知、身心健康、人际关系乃至前途与生活幸福。

造成学生学习倦怠的原因一般情况下主要有:学业和升学的压力过大,学习过分紧张,长期的生理疲劳和心理疲劳,对学业挫折归因不当,缺乏自信心,家庭压力与自我压力等。

1. 过大的学习压力

尤其对于中学生而言,学业压力是他们生活中最大的压力源。学业科目多,教学速度快,教学要求高,学习难度大、学习任务重等学业本身的压力是产生学习倦怠的重要因素。此外,导致学习压力过大的因素还有考试失败、学习负担重、家庭施加学习压力、同学间的竞争等。在现有教育体制和升学考试巨大压力背景下,学生在学业生活中体验到的多是焦虑、担忧、害怕甚至恐惧,学习动力消退,学习行为被动消极,长期的心理压力和心理负担必然会引发学习倦怠。

2. 持久的身心疲劳

在繁重的学习任务下,学校与教师加大学习强度,学生延长学习时间,除了完成学校的学习任务外,还要完成家长另外增加的学习任务。学生放学后要先去社会上的补习提高班上课,回家后再完成学校老师布置的作业。不少学生总是加班加点,休息时间少,严重违背人体生物节律。如果这些安排是家长强制下的行动,学生并没有兴趣或缺乏动力却又迫于家长的压力不得已而为之时,就会愤怒厌烦,不仅学习效率下降,还会感到疲惫不堪,为学习倦怠埋下诱发因素。

学习中的"高原现象"即长期的生理疲劳和心理疲劳所导致的学习倦怠。学生在学习过程中,都会产生程度不同的"高原现象"。处于"高原现象"的学生,看不进书,感到头昏脑胀,思维迟钝,意志消沉,学习效率极低,烦躁易怒,认为自己再怎么使劲成绩也上不去,怀疑自己,甚至动摇或失去信心,对学习会有一种莫名的厌倦情绪。

3. 功利化的考试评价

每个人的优势潜能有所不同,教育的功利性评价过早透支了孩子的心理能量,关注学生的考试成绩高于其学习兴趣和人格发展的教育价值观,加剧着学生学习动力的丧失与学习倦怠的发生。

4. 信心缺乏和意志品质薄弱

遇到学习听不懂或者考试失败的情况,就怀疑自己的能力,不相信自己的能力,自卑,自我评价过低,应对困难的信心不够,害怕考试,担心考试考不好,产生学习焦虑和畏难心态。一个被焦虑和恐惧萦绕控制的大脑必然影响思维能力和学习效果,感觉学习停滞不前和无能为力。

学习信心的缺乏与个体在学习过程中的习得性无能有关,意指在受到多次挫折后产生的应对情境的无能为力感,心理学家又把它叫做"习得性无助感"。习得性无能是学业不良学生的普遍倾向,在学习活动中常表现为在认知上怀疑自己的学习能力,觉得自己难以应付课堂学习任务;情感上心灰意懒,自暴自弃,害怕学业失败并由此产生高焦虑或其他消极情绪;行为上逃避学习。习得性无能是个体在经常的学习失败和挫折中习得的行为方式,其形成过程是个体频繁体验挫折后,由于消极认知和无助感而导致的动机、认知和情绪上的损害。而且,人在一个情境中形成的习得性无助感还会迁移到其他情境中。

学生学业失败,其周围环境(老师、家长)给予不良反馈:家长的简单粗暴、生气指责,老师的失望批评与态度评价的变化;当学生接受这些反馈信息之后,会影响和改变其对自我的认知,觉得自己不行,形成消极的自我概念,并严重损害个人自尊心和自信心;学生为了维护自尊,便会产生消极的防御机制,表现出害怕学习、逃避学习等消极行为,使学习成绩进一步失败而形成恶性循环,学习兴趣和学习动力丧失,产生无助感,诱发学习倦怠。

同样面临挫折,不同人的体验和应对可能不一样。挫折面前,有学生理性分析,正确定位,坚持不懈,知难而进,不屈不挠,表现出一股韧性;也有一些学生悲观失望,沮丧气馁、厌倦绝望,耐心不够,直面挫折的勇气不够,自暴自弃。因此,学习倦怠的学生往往也是意志品质薄弱的学生。

三、案例分析

▶▶案例 成功需要努力[①]

学习作为学生最根本的任务,已经成为他们证明自己的意义与价值的重要途径。在这条道路上,如果一个多次尝试努力的孩子由于方法不当之类的原因屡遭挫败,那么他将习得一条经验:努力是没有用的。如果挫败他的不仅仅是成绩与排名,还包括他生命中的重要他人——比如父母、老师,那么他又将形成一个信念:我是没有用的。

自卑的"王子"

14岁的阿海高大帅气,还有一个绰号叫做"忧郁王子"。篮球场上,他是充满活力的阳光男孩;班级里面,他是随和可亲的人气王。就是这样一个家境优越、父母疼爱、同学喜欢的男生,却总沉浸在自己的世界里发呆。阿海对死党说了句谁也想不到的话:我很自卑。

---

① 本案例由向翔老师撰写,选自《野百合也有春天——学生心理辅导案例精选(第二集)》(吴增强主编),略有删改。

> > > > 怎样做好个别辅导

在同学眼里,阿海所谓的"自卑",不过是为了让自己更具有"忧郁王子"的气质罢了,大家其实都很羡慕他。然而事实却证明,阿海的确有可能为自己的学习状况大感烦闷。班主任米老师曾经说过,从六年级到八年级,阿海的成绩越来越差,上课一点也不专心,考不好还找理由,埋怨老师出的卷子难、怪、偏,超出考纲,才会导致他考试失利。阿海的母亲十分着急,眼看着儿子在学校没人治得了,打算干脆转学换个环境试试。

自卑感,常常来自于多次失败的经历。阿海记住了太多的失败。他分析自己成绩下降的过程,认为初中不同于小学,不努力就学不到知识,但同时有很多环境刺激引诱他分心。而阿海有一套"努力无用论":

努力再多还是会考超纲题,努力无用;

物理学得再努力老师还是按数学成绩评价我,努力无用;

准备攒下来买 mp3 的钱,因为临时的同学聚会支出了一部分,索性花光;

如果和好朋友继续待在一起的代价是努力取得进步,那就放弃朋友好了。

……

漫漫"下坡路"

在咨询室里见到的阿海,乍一看的确是人们所说的"阳光男孩"。而不可否认的是,阿海彬彬有礼的言行举止,并没有掩盖住他眼神中流露出的对学习生活的厌倦。阿海不是那种特别调皮捣蛋的学生,对自己的看法也比较客观。我隐隐感到,阿海对"学习"二字误会已久,消除这种误会需要找到根源所在。

母亲对于阿海的学习,从小就有着严格的要求。而阿海在小学也能保持着班级中上等的水平,很有优越感。没想到中学里的第一个期中考试,阿海在英语上栽了大跟头。分数的不理想已经让他很失落,而在试卷讲评时,阿海发现了许多超纲词汇,这让他忿忿不平。自此之后,阿海对学习似乎失去了兴趣,他更愿意跟同学聊天,到操场上打篮球。在老师看来他并不多话,但是多了解一点,就会觉得他思想比较偏激。

刚上八年级时,阿海遇到了自己的重要转机:物理课。阿海认为自己数学基础还行,学物理大家在同一起跑线上,自己要争取从一开始就不掉队。日子一天天过去,阿海的物理成绩保持得不错,他又有了学习的动力。然而,好景不长,他很快对物理也失去了兴趣。某天早晨,物理老师叫了几个学生去办公室订正作业,其中就有阿海。阿海很快发现,其他几个同学是考试没有及格的人,而老师又无意中谈到阿海数学底子薄,需要加强补差。这无心的话让阿海心如刀剜:原来老师一直把我当差生啊!从此,阿海也放弃了学物理。

就这样,他对学习更加没有信心了,上课睡觉发呆,不是和同学讲话扰乱课堂纪律,就是在与老师沟通时顶撞发生冲突。每天放学前,其他同学在认真地确认回家作业,阿海头也不回地拿起书包走出教室,不记回家作业,因为记了也不会做。学习上的失落令他备感苦闷,常常把"没劲儿""没意思"挂在嘴边,怎么也高兴不起来。第一次咨询下来,我通过建立良好的咨访关系,帮助阿海找到了学习开始下降的起始点(英语考试)和他曾经试图努力改善状况的途径和结果(学习物理)。表面上看,这两个结果将两个"不幸"很偶然地带给阿海;但是在问题背后的归因中,我们可以看到他的消极心理和认知不良,这些是导致他一直走下坡路的重要原因。

失败别再来

在咨询室里,我询问他同意前来咨询的原因:

阿海:"我就是有厌学情绪吧。在学校可以和同学聊天、打篮球。我就是不喜欢上课,作业也不会完成。我现在真的挺郁闷的,还有些自卑。"

师:"郁闷的时候是怎样的状况呢?"

阿海:"就是整天没劲儿,高兴不起来,觉得挺没意思的。"

师:"觉得学习有压力吗?"

阿海:"压力太大了。"

师:"也许学习一些放松的技巧有助于缓解你的压力。"

阿海开始饶有兴趣地学习这些技巧,坐在座位上进入了放松的状态。

师:"感觉怎么样?"

阿海:"我喜欢这种舒适的感觉。"

师:"如果现在是最舒适的阿海,他的身上发生了哪些改变呢?"

阿海想了想,在纸上写下三行字:

1. 有一份工作,有钱,过快乐的生活。
2. 希望受万人瞩目,或者令别人羡慕。
3. 希望永远成功,不经历失败,就可以得到很多。

阿海对理想状态下的现在和将来也有自己的看法:

理想的现状应该是:上课不用听讲就会做作业,考试不用想就做全对。

理想的将来应该是:工作方面要当老板,有自己信任的工作伙伴,事业上一切顺利,不用太操心。家庭方面能互相谅解,不会吵闹,生活富裕,不会有经济困扰。人际关系方面有自己的一两位特好的朋友,能在困难时互相帮助,能陪自己畅谈一切。成就方面能在自己的事业上创出一番天地,让父母感到自豪,让别人刮目相看。

总之一句话,不想付出,不想投入,不想失败,但收获还是希望越多越好。不努力就想取得成绩,这和他的"努力无用论"一样,是需要调整的不良认知。

结成"母子同盟"

为了帮助阿海重新认识母亲对自己的评价,从而在解决厌学的问题上形成母子同盟,我提供了针对家庭原因的辅导策略及方法指导。即在建立良好咨访关系的前提下,通过角色扮演,复现亲子互动的现状。在分析和质疑的基础上,找到问题的突破口。通过指导改善亲子沟通状态,使阿海从中获取支持和信心。

放松训练后,通过角色扮演,我们复现了一次阿海印象中的母子对话:

母:"你没事要多看看书!"

子:"知道了。"

母:"那你还盯着电视看!"

子:"让我看一会儿。"

母:"你不要老是看电视、跑出去玩,最起码你也要考个普通高中吧!要像你舅舅那样,有个好文凭才能找到好工作!"

子:"知道了。"

（儿子继续看着电视,而母亲坐在近旁不再说话。）

阿海认为,母亲的话表达了她这样的想法:儿子太不争气,也许根本不是学习的料。而自己也被母亲提高音量的唠叨搞得愈发烦恼。母亲最后不再说话,阿海认为是由于母亲对儿子表现出的冷淡感到失望所致。

我注意到他说,母亲认为他不是学习的料。我问阿海:"妈妈是那样想的吗?"他说:"也许是的。"说着眼圈就红了。

家长们有时是为了孩子好,却采用了糟糕的表达。创伤由此产生,孩子也往往没有勇气去质疑他们眼中家长的态度。母亲压力的本质,是孩子对母爱的质疑。我认为打消这个疑虑,将母亲争取到与儿子克服困难的同一阵营里,是非常必要的。我知道这对阿海来说有些难以开口,但我还是建议他亲口将自己的疑虑表述给母亲。

一周后,阿海得到了一个满意的答案。

他在一个恰当的时候鼓足勇气问母亲:"您觉得我不是学习的料吗?"

母亲认真地回答:"你其实就是不努力,要是好好学,也可以像别人一样好。"不久后我得知,阿海的家人不再要求他转学了。

成功需要努力

为了帮助阿海形成"成功需要努力,努力有用"的认知,培养成就动机,我提供了针对自我意识的辅导策略。针对"不付出就能成功""努力无用论"等不良认知进行认知调适;针对动力障碍,帮助阿海回忆过去的成功事件、当时的情绪体验,激发他的成就动机。

他非常希望成功不需要努力。他比同样成绩的其他同学更不开心,因为他还在梦想忽然取得好成绩。他分析自己成绩下降的过程,认为初中不同于小学,知识不努力就学不到,同时处在青春期的他又很容易上课分心。

这时,他提到了一个事实:知识不努力就学不到。我们进一步探讨,尽管阿海的生活条件优越,母亲对他的照顾也十分周到,这一切表面上不需要他努力,但实际上却与父母的努力分不开。在现实面前,阿海意识到只有付出才会有收获,自己的那些美梦是不切实际的。

阿海有过一些"努力无用"的经历,比如:努力再多还是会考超纲题,物理学得再努力老师还是拿他当差生等。但是,请他回忆一些努力成功的事件,其实也有一些,比如:多次练习后投篮命中率提高;五年级时花了一个月攒钱买了一辆赛车模型等。在回忆中阿海明确了努力当然是有用的,而且努力得来的收获比不努力就拥有的事物更能带来欣喜与满足。

为了更多地获得成就动机,阿海努力回忆自己在学习上获得成功的事。

我问:"从六年级到现在,你有没有哪怕一次考得出乎意料地好的时候?"

"有的。"他稍微想了想便肯定回答道。

在七年级上学期的一次数学小考中,他的感觉像平常一样,也不觉得多顺,但考试的结果是班级十几名。他非常开心,想把卷子拿回家,给妈妈看,让她高兴高兴。

重新回忆起那场颇有成就感的考试,阿海有一些兴奋。在随后的探讨中,与同学讨论,向老师讨教,向父母求助,描述心中不安,都成为促使他积极行动的力量。

会谈的结果,我们商定从取得最小的进步开始——梳理过去的试卷中因为马虎而出错的题目,尽可能收复失地。"反正不会比现在更糟了,不如尝试改变一下生活,说不定能够成功呢?"

"如果我真的尽心尽力了,就算考砸了也没人会怪我的。我的压力也会小得多。"阿海真诚地说。

亲子沟通的指导得到了一个好的结果,那就是阿海从母亲那里得到了极大的支持,阿海不再认为母亲对自己失望,母亲也知道阿海在学校朋友多,不再要求他转学。对于曾经存在的一些不良认知,阿海形成了新的观点,成绩的提高诚然不是一蹴而就的过程,但他学会了面对现实,并做出决定:继续留在初二读一年,基础巩固扎实了,再去面对中考。一年之后,接触过他的老师都欣慰地发现了他的变化:打招呼时,一样的彬彬有礼,不一样的是眼里含着自信的笑意。

在这个案例中,阿海厌学,体现在如下几个方面:一是智力活动不强,如课堂上无法投入听讲,不断出神、打盹儿、讲话。二是情绪郁闷,常常把"没劲儿""没意思"挂在嘴边,怎么也高兴不起来。三是存在消极心理和认知不良,认为在母亲心中,他不是学习的料,外语考试失利,他认为题目超纲;最好是不经历失败,永远成功;另一方面他有着根深蒂固的"努力无用"论。四是言语上有一定破坏性,比如常说一些偏激的话跟外语、物理老师对着干。据此可以认定,阿海存在严重的厌学情绪。同时排除学业不良、多动、学校恐惧的可能性。

厌学情绪的成因可能来自于社会、家庭、自我意识和心理品质方面。对于阿海这例个案,我着重分析了他的家庭原因和自我意识上的原因。阿海常说学习压力很大,而压力主要来自于母亲没完没了的数落。母亲对他是恨铁不成钢。自我意识方面,阿海一方面存在着明显的焦虑,由自卑进而出风头,另一方面却希望不付出就成功,认为努力了也没有用。可以认定存在着不良认知和动力障碍。针对以上原因,我主要采取家庭治疗和认知辅导来进行个案干预。在建立良好咨访关系的前提下,通过角色扮演,复现亲子互动的现状。在分析和质疑的基础上,找到问题的突破口。通过指导改善亲子沟通状态,使当事人从中获取支持和信心。再针对不付出就能成功、"努力无用"论等不良认知进行认知调适;针对动力障碍,帮助当事人回忆过去的成功事件、当时的情绪体验,激发他的成就动机,建立自信。

四、辅导建议

上述案例是学校心理辅导老师针对当事人的情况所做的辅导干预,下面的一些辅导建议和干预措施供参考。

1. 更多发现来访者的"闪光点"

学习倦怠的学生由于频繁体验学业成绩的失败而否定自己的学习能力,他们不自信,自我价值感低。每个人的智能是多元的,并有自己独特的智能组合。加德纳的多元智能理论提出人类的九种智能:语言智能、数理逻辑智能、空间智能、身体运动智能、音乐智能、人际智能、内省智能、自然探索智能、存在智能。咨询师要充分挖掘来访者的优点,肯定来访者的优点,让来访者切实认识和感受到自身的优点,提升来访者的自我认同程度。

2. 建立支持系统

在个案辅导过程中常常会发现:学习倦怠问题的产生与家庭教育、家庭环境、教师的语言行为紧密关联。因此,咨询师要充分发挥支持系统对当事人的积极影响和支持作用。通过了解影响当事人学习倦怠的环境因素,分析当事人家庭因素、学校因素对其学习倦怠的影响,协助当事人建立自己的支持系统,包括家庭支持系统和学校支持系统。在遵循心理咨询伦理的前提下,请学校老师和家长积极配合咨询工作,并给予老师和家长相应的指导,如改变优化家长的教育思想,进行有效的亲子沟通指导,切实相信孩子、鼓励孩子;提醒教师注意自己的语言行为,肯定学生的优势,理解、激励、欣赏学生,避免师源性伤害,激发学生的学习动力。

3. 认知行为调整

认知行为治疗的理论认为认知、行为和情绪是构成心理问题的主要成分,这三个主要成分并非单独存在,它们之间呈现相互影响的循环模式。在认知辅导中,当事人的想法、行为、感受,三者之中有一个发生改变,当事人的整体状态就会发生变化。人的认知具有非理性,有心理障碍的人,其对于自我、他人、环境及未来等有关信息的理解、加工和运用有较多的曲解和非理性的想法,导致当事人的行为功能失调与不适应。常见的认知扭曲类型有非黑即白、忽视积极面、过分扩大或缩小、个人化、过度推测、直接得出结论、情绪性推理、贴标签等思维模式。

认知行为治疗,在了解当事人目前情况、问题由来和期望所解决问题的基础上,重点是当事人当下的功能失调性自动想法的搜集指导,在当事人明了的情况下,在咨询师的指导协助下,当事人自己验证想法和实践行为。通过想法替代,进而改变其情绪和行为反应。如在上述案例中,咨询师在咨询过程中充分让来访者自己求证,提供了来访者主动修正认知偏差的机会。咨询师在咨询过程中敏锐地发现来访者对妈妈的话有误解,来访者认为妈妈觉得他"不争气,也许根本不是学习的料",咨询师没有自己去纠正这个错误认知,而是让来访者主动去和妈妈求证,这样来访者得到的是妈妈情绪化背后内在的真实思考:"你其实就是不努力,要是好好学,也可以像别人一样好。"这个过程,是来访者主动地学会求证以消除误解的过程,其本质就是在授来访者以"渔",这个方法的习得对来访者问题解决会有很大帮助。

4. 积极的归因训练

在学习当中,学生总是有意或无意地为自己现有的学习成绩寻找原因,即归因。能力、努力、任务难度和运气是学生在解释成功或失败时的四种主要原因,其中能力和努力是内部因素且是稳定的因素;任务难度和运气是外部因素且是不稳定的因素。如何归因影响着学生的学习动机和心理状态。如果将成功归因于内部因素,如自己的能力和努力,就会感到自己挺行的,有种自豪感,那么,学习动力也会提高;如果将考试成功归因于外部因素,则会产生侥幸心理;如果将失败归因于内部因素,则会产生羞愧的感觉;如果将失败归因于外部因素,如题目难或者自己的运气不好,可能会生气。且失败的信息通过归因的中介影响个体的自我概念,产生消极的情绪和认知,认为自己不行,影响学生的学习动机和自我价值感。因此引导学生对学习成绩进行合理的归因,并进行相应的归因训练是非常重要的环节,有利于建立自信心和激发学习动机。

心理辅导老师就归因训练以表格形式列出了积极和消极归因两种模式,为咨询师对来访者进行积极归因训练提供了参考。[1]

归因模式	事件	归因	情绪	期望	行为倾向
积极	成功	能力高、努力的结果	自豪、自尊	增加对成功的期望	愿意进行有成就的学习
	失败	缺乏努力	内疚	对成功的高期望	愿意进行有成就的学习
消极	成功	运气好	无所谓	很少增加对成功的期望	缺乏进行有成就的学习
	失败	能力低	羞愧、无能、沮丧	降低对成功的期望	避免进行有成就的学习

5. 持续的自我激励

学习倦怠对学习者来说，是对其意志力的考验，时时需要当事人激励自己要坚持，为自己充电加油。积极的自我暗示是自我激励的一种好方法，能够给自己以力量和信心。多用积极的言语自我激励，如"振作起来，就有希望""有付出，才会有成长""尽全力，不留遗憾""要从失败中挖掘进步的养分"等激励性的语言，舒缓压力，调节心情，振奋精神。其实一个人的自信心也源于积极的自我暗示。每天都用积极的暗示激励自己，"我微笑、乐观；我轻松、积极；我健康、豁达"，让自己对实现目标充满希望和信心。

6. 注意劳逸结合

对于中高考的学生而言，还有一种原因会导致他们的学习倦怠，即长期的身心疲劳和力不从心，会使大脑自觉地产生一种保护性抑制，从而降低大脑活动的机能。"吃饭""复习""睡觉"，成为初三高三学生每天生活的"三部曲"，一些学生在课余时间不参加任何体育运动，课间也不休息，中午吃饭只是"凑合"，恨不得"将每一分钟时间和每一点精力都留给复习"。其实这样的做法并不科学，不利于压力的及时释放，非但难以促进学习，反而可能因成绩的没有进步或下降而产生对学习的厌烦和倦怠。

这种情况，需要关照当事人学习要注意劳逸结合，充分利用"课间10分钟""傍晚放学时间""饭后时间"给大脑适当休息。在学习中的间隙时间可伸伸腰、踢踢腿、做做深呼吸等小活动，或进行适度运动，减轻紧张度，提高大脑的"工作效率"。必要时，可指导学生进行一些放松训练，如深呼吸放松训练、肌肉放松训练、想象放松训练、音乐放松训练，让学生学会一些放松方法，学会自我放松。

第二节　拒学行为辅导

一、问题表现

小羽是个高大的初二男生，没什么朋友，热爱运动，特别爱打篮球。成绩虽然不太好，可是在班级里也不是最差的。平时经常由于不能及时完成作业被老师批评。老师为了加强教育，常常和他家长联系，家长也很配合，随叫随到，但是教育的效果似乎并不好。国庆长假结束以后，小羽突然不肯进学校上学，整天窝在家里，也不出门。只要一提到上学，小羽就大发雷霆，家长想尽办法,学校老师也上门家访,可是无论怎么做工作,小羽就是一言不发,坚决不肯上学。

像小羽的这种行为,我们称之为"拒学"。所谓拒学是指有若干的心理性或情绪性原因,而不能正常上学的状态。它比较接近学生的行为适应问题,基于拒绝上学这一现象,故将之称为"拒学"。

关于拒学的定义,有广义和狭义两种。广义的拒学是指学生具有特殊的心理问题不想上学,包括学生长期、短期的旷课,和学生带着极大的困难在部分时间或全天上学。狭义的拒学定义为学生因为心理压抑而产生的旷课现象。这种因心理问题导致的拒学与非心理因素导致的逃学现象,虽然都表现出不喜欢上学的旷课状态,但是也具有五个方面的差异:一是拒学现象的孩子在学校中具有严重的情感压抑,包括焦虑、脾气暴躁、忧郁或某些身体征兆,逃学的学生对于上学则没有过度的心理压力或恐惧;二是拒学的孩子经常说服父母允许自己留在家里,而逃学的学生则经常向父母掩盖自己的逃学现象;三是拒学学生没有明显的行为不良或反社会行为,逃学学生则具有明显的反社会行为,包括行为不良和偷窃、欺骗等破坏性行为,同时还具有反社会的同伴群体;四是在上学的时间段,拒学学生经常待在家里,并认为这是安全和有保障的环境;逃学的孩子并不在家中,而是在学校外的社会里;五是拒学的学生具有在家里做作业并完成作业的意愿,逃学的学生则缺乏做作业、遵守学业与行为期望的兴趣。从以上可以看出,广义的拒学既包括旷课的狭义拒学现象,也包括上学但依然存在心理困难的现象,但是两种定义,都一致地强调了学生的心理问题。[2]

所以有"拒学"行为的青少年虽然可能会出现各种各样躯体症状、心理症状,但是对因身体疾病、精神疾病、家庭经济困难等原因而不能上学者以及不良少年不去上学者,一般不称为"拒学"。事实上拒学以前曾经称为拒学症,但后来发现很多学生并非恐惧学校本身,后来才统称为拒绝上学,上学中途返家或不知去向的学生为"拒学症"。

孩子拒绝到学校上课,对学校有恐惧与抗拒,表现出来的反应大致分为三种:

生理反应:头晕、头痛、肌肉紧张、呕吐、冒冷汗、肠胃不适等。

心理症状:一提到上学,便表现出相当的焦虑与恐惧。

抗拒行为:对上学有严重的反抗,会有哭诉或闹脾气等行为。

这些拒学的孩子拒绝上学以后,大多是待在家里或附近的地方。他们中的很多人对自己不能去学校上学是感到焦虑的,但是因为某种原因他们又无法上学,因此他们的情绪常常处于一种很不稳定的状态。

拒学的发生可能是突然的,也有的同学是逐渐表达自己不想上学的意思,每周上学的时间越来越减少。值得注意的是,拒学的发生常常会有一个诱发因子,比如:被老师批评、与同伴发生争执、一次考试没考好,甚至有时只是作业特别多等,突然激发某种负面情绪,不愿意来上学。

从时间上来看,不论是初发或复发,拒学常发生在一段时间没上学以后,如假日或生病在家休养一段时间以后。尤其临床统计发现,每次长假结束,拒学的孩子都比平常多。

二、原因探讨

拒学行为在各年龄段均可发生,特别是在刚进入幼儿园、小学或青春期的青少年,拒学的状况较常见。拒学是由多种心理因素和外在因素相互作用而形成的一种行为反应模式。

研究发现,容易产生拒学的孩子,其人格特点、心理特征有一定的共同之处。这样的孩子大多先天气质较为内向、退缩,对自己缺乏自信或欠缺安全感。有的孩子本身患有精神疾病,如焦虑症、忧郁症与泛自闭症等,他们缺乏应对压力的技巧,挫折忍受度低。所以他们在学习过程中,如果遇到困难,比如学习压力大,学习负担重等,相比其他孩子就更容易产生心理问题,更容易通过拒学来逃避。而且他们大多人际互动技巧不足,与同伴关系不佳。这使得他们不能融入集体,尤其对于青春期的孩子来说,人际交往能力不佳使得他们产生渐渐退出集体的念头。

虽然有拒学现象的孩子具有一定的人格特点,但是具有这些特点的孩子却不一定会产生拒学的行为,拒学行为的形成还来自于社会环境的影响。这些影响主要集中于学校与家庭两个方面:

在学校方面,有学习本身的压力:繁重的课业负担、考试情境压力、竞争压力等。有来自人际关系的压力:师生关系与同学关系的恶化等。孩子在学校曾受到挫折或常受到欺负是产生拒学的重要原因。

在家庭方面,有对于家庭成员的过分依赖、与家庭成员分离后的微弱互动、与家庭外社会环境的隔离、较强的家庭冲突、家庭沟通问题(尤其是单亲家庭)等。这些因素会形成孩子的心理问题,在行为上表现出拒学。

有些家庭在孩子的管理方面缺少方法,尤其是孩子由于想要回避学习的艰苦而产生拒学想法的时候,没有有效的措施来应对,导致拒学行为的形成。比如,在小学生中就算产生拒学的想法,真正将拒学付诸实施的不多,就是因为小学生的家长在管理孩子的过程中更容易通过权威性来阻止拒学行为的实施。可是到了青春期,孩子处于逆反期,比较难以管理,所以,青春期的孩子更容易将拒学付诸实施。

有的时候,家长过分的严格要求也会容易导致孩子拒学。他们由于长期无法达到家长的高要求,于是通过拒学来回避焦虑。

三、案例分析

▶▶**案例　无法呼吸的鱼**[①]

小鱼怎么了

小鱼是初一某班的班长,她文静内向,不苟言笑,组织能力很强,工作积极主动,考虑事情也非常周到仔细,平时协助老师管理班级,干得非常出色,虽然学习成绩不是特别出色,但仍是老师眼里的好学生。

小鱼的身体不太好,有的时候会因为身体原因不来上学。进入初一下学期以后,她的身体似乎更加不好了,三天两头请假。期中考试前两个星期左右,小鱼连续三天没有来上学,老师很着急,打电话问家长,小鱼到底得了什么病,家长总是支支吾吾,这让老师非常困惑。第四天小鱼还是没有来学校,她的父母来了。老师这才知道,小鱼总是说自己不舒服,家长

---

① 本案例由沈俊佳老师撰写。

带她去医院并没有检查出有什么问题。以前,在家休息一天半天的,也就好了,可以继续上学。可是这一次,小鱼一直坚称自己身体不舒服,无法上学。这几天,小鱼就待在家里,不出去玩,也不和老师同学联系。家长一说让她上学,她就大哭大闹,说自己不舒服。家长不知道该怎么办,班主任老师也很困惑:这是一个好孩子啊,成绩也不差,这是怎么了呢?

班主任老师上门家访,见到了小鱼,准备好好做做她的思想工作,让她尽快回到学校上学。小鱼一见老师就说:"老师,我会回学校上学的,我也知道这样不好,可是我真的不舒服,老师,你看我在家自己看书、做作业,等我好了,我就回学校。"班主任老师一下不知道该说什么好了。

我觉得无法呼吸

回到学校以后,班主任老师将自己的困惑告诉了心理老师。心理老师建议班主任征求小鱼以及小鱼家长的意见,需不需要心理老师的帮助。小鱼和她的父母都同意了。

她的父母先来到了心理咨询室。他们告诉心理老师,小鱼是个很懂事的孩子,很能干,一直是班干部,老师们都挺喜欢她,关于这一点家长觉得很欣慰,他们唯一遗憾的是,小鱼的学习成绩不太出色,所以他们在学习上对小鱼要求很严,希望小鱼的成绩能和她的工作能力一样棒。

心理老师约了小鱼第二天8点在心理咨询室见面。小鱼迟到了,她向老师解释:"老师,其实我早来了,因为同学们还没上课,我怕被他们看见,所以就躲起来,等到大家进教室了,我才过来的。""你很在意别人怎么看你?"心理老师问。小鱼点点头。心理老师接着问:"你希望大家怎么看你?""我希望大家觉得我是一个优秀的班长。""什么才是优秀的班长呢?""工作能力强,成绩好,各方面都能成为大家的榜样。""你是吗?"小鱼一下沉默了,过了一会,低声说:"我不是。""这让你很难受?"心理老师试探着问。小鱼点点头:"我爸爸说,我的成绩这么差,根本不配做班长。我一直担心同学们会觉得我不配做他们的班长!我觉得我一直生活在重压下,无法呼吸……"

让小鱼自由地游弋

经过仔细了解,心理老师发现小鱼的自我评价比较低,她认为自己是个不称职的班长,觉得自己学习成绩很差,配不上班长这个称号。虽然在学习上已经很努力,但是似乎没什么起色,她一直很焦虑。马上要期中考试了,小鱼担心这次考试又不理想,达不到自己的目标,所以她的心理压力很大。在这种情况下,小鱼出现了躯体化现象,她感觉不舒服,因此可以名正言顺地请假不去上学,不参加考试,这样就可以避开压力。

对小鱼的情况进行评估以后,心理老师和小鱼的家长以及小鱼一起商量,决定小鱼可以暂时不进教室上课,但是每天都得到学校,就待在心理咨询室里自习。同时,每周二接受心理老师的心理辅导。

在心理辅导的过程中,心理老师采取了以下措施:

1. **建立良好的支持系统**:请家长不要再强迫小鱼进课堂上课,也避免用"成绩不好不配当班长"之类的语言刺激小鱼。在家庭教育中,尽量多鼓励小鱼发现自己的优势,不要将学习成绩的好坏作为评价孩子是否优秀的唯一标准。同时请小鱼的老师对于小鱼不上课的行为予以理解,并给予尽量多的帮助。

2. **改变认知(核心信念)**:在辅导过程中发现,小鱼有着这样的中间信念:成绩好的学生才是优秀的学生,因为我成绩不好,所以我不优秀,我不配做班长。使用认知疗法,改变小鱼的中间信念,最终改变小鱼的核心信念。

3. 行为治疗:让小鱼产生焦虑的,归根结底还是学习成绩不够理想,达不到自己的目标。因此帮助小鱼提高学习成绩是非常必要的。跟小鱼的任课老师联系以后得知,小鱼学习很努力,智力也是可以的,成绩不理想可能跟她自身的焦虑情绪以及学习方法有关。因为小鱼不用进教室学习,目前也不参加考试,小鱼的焦虑情绪有所好转。在老师的指导下,小鱼也改善了自己的学习方法。小鱼在自习的这段时间内,经常主动去请教老师,认真完成老师的作业,老师们也在课余时间帮助小鱼补习。

经过一段时间的修整以后,小鱼终于重新走进了教室,和同学们一起正常上课,她还是那个工作积极主动的班长,但是面部表情不再那么严肃,和同学之间的交流也多了,感觉整个人轻松了很多。就像一条重新获得活力的小鱼,在水里自由自在地遨游……

四、辅导建议

对于一个有拒学行为的孩子来说,最能体现心理辅导效果的,就是能让这个孩子重新回到学校上学。在以上的案例中显然做到了这一点。我们都知道,拒学只是一种行为表现,在其背后各有真正的原因。我们仔细阅读案例就会发现,辅导者并没有关注于孩子不进学校本身,而是进行评估,寻找孩子拒学背后的真正原因。针对孩子的心理特点展开针对性的辅导,帮助孩子建立很好的支持系统,终于帮助孩子重新走进校门,并且保持住了辅导的效果。

拒学的孩子在家里待的时间越长,其回到学校的困难越大,因此基本的矫正就是把孩子尽早送到学校,尽量避免为学生增加待在学校外的借口,矫正者必须弄清孩子的心理问题、家庭状况和其他原因。对于拒学行为的辅导干预有以下几点建议:

1. 建立干预团队

拒学行为看似是行为问题,事实上行为问题是外显表现,其背后是孩子的心理因素和社会因素交互作用的结果,与家庭教育和学校环境有密不可分的关系。因此我们在对有拒学行为的学生进行干预之初,就要意识到这一点,建立一个由干预者、家长、学校老师(班主任及任课老师)组成的干预团队,并各司其职。干预者主要评估来访者心理问题形成的原因,并进行干预,开展行为矫正。同时还要指导家长和学校老师如何在家庭和学校为来访者提供良好的环境,建立支持系统。家长和老师作为团队的成员,要为干预者提供来访者真实的信息,及时反馈来访者的问题,可以提出建议帮助干预者完善干预计划。一旦计划开始,要认真按照干预者的要求去做。

2. 弄清问题根源

到底什么原因产生拒学行为,每个孩子都不一样。干预者要通过与来访者交谈,做一些量表,来评估来访者的心理状态、情绪特征等;与家长、学校老师甚至来访者的同伴沟通,了解到底什么原因使得孩子会产生拒学。内容包括以下一些方面:学业压力,身体状况,人际关系(师生、生生),家庭环境(家庭成员关系、经济状况、教养方式等),在充分评估的基础上对拒学行为进行概念化。

3. 形成干预方案

在干预方案中,父母的配合和学校的参与是非常有效的、必不可少的组成部分。对于年龄小的学生,如果只是出现轻微的恐惧、焦虑和压抑等拒学症状,那么矫正者应直接告诉父母和学校老师进行调整,而不必进行介入性的干预矫正。对于那些长期不上学、社交技能匮乏和心理诊断明确的孩子,则需要干预者与学校、家庭充分合作,共同矫正。

(1) 家庭配合

父母的家庭调整方面,主要是建立促使学生上学的积极强迫性措施和使用降低孩子待在家里的积极强迫性方法,不直接强迫孩子上学,而是改善家庭教育环境。

建立家庭中有效的奖惩规则,约束孩子的行为(比如不能让孩子待在家里想干嘛就干嘛,建立合理的作息制度)。重新恢复家庭内的生活规律;欢迎同学来家游戏;改善教育的方式,根据孩子的实际情况制定合理的目标和期望。多和孩子交流,鼓励孩子表达并倾听孩子的心声。不要一直强调自己(家长)的焦虑,这样会加重孩子的焦虑情绪,使得孩子更容易回避,不愿意交谈。要告诉孩子现在大家正在帮助他(她)改善目前的状态。有条件的话,陪同孩子走出家门,进行一些体育锻炼。

有些家庭由于孩子长久不上学,会为孩子提供家教,其实这并不妥当,这样反而会为孩子创造不去学校的理由,让孩子整天待在家中,无法解决拒学问题。若无法马上上学,则可以考虑补习教育单位。让他与其他孩子一起念书,也是一种不错的中途解决方式。

(2) 学校调整

学校的调整主要指为学生的返校提供积极的强迫性措施,进行学习、情感、生活方面的适当调整。比如根据学生的情况,降低课业要求,在班级中建立良好的人际交往氛围、改善师生关系等。为他们复学建立一个过渡的平台,且承认他们的出勤及学业状况。学生康复后就会慢慢恢复到拒学前的状态,完成自己的学业。

(3) 认知干预

在拒学现象的矫正方案中,认知性行为治疗是主要的方法;认知性行为治疗主要包括行为的暴露矫正与相应的心理认知矫正,前者主要是逐渐增加学生在学校情境中的暴露,后者主要是鼓励学生面对恐惧的情境,并教会孩子如何调整自己的负面想象。暴露矫正(exposure-based treatment),是将学生暴露于其所恐惧的对象或情境之中,这些面对恐惧对象和情境的暴露可以有效地降低恐惧感和增加继续暴露的尝试,这一矫正方法还包括家庭或者学校为学生上学提供的一些积极措施。行为矫正主要集中于孩子的行为,而非在家庭或学校情境中对孩子的心理冲突或忧郁进行治疗,包括系统性的去过敏化(如逐渐地暴露于学校之中)、放松训练、情感想象、偶然性事件管理、社会技能训练、呼吸训练、应对同伴拒绝的技巧训练与认知重建等。国外已有的经验和研究表明,暴露矫正疗法具有非常明显的效果。认知矫正是在暴露矫正的过程中,针对学生的具体行为,帮助学生建立正确、积极的认知状态,从而克服恐惧、焦虑与压抑等负面心理状态。[2]

值得注意的是,对于拒学行为来说,孩子的年纪越小,处理的时间越早,则成功的机会越大。即使回到学校,孩子的学业压力、情绪症状及关系问题仍常会持续,拒学仍有可能复发,我们要加以关注,并不断给予孩子支持,必要的时候主动加以干预。

第三节　学习困难辅导

一、问题表现

学习困难的学生一般无智力缺陷,智商(IQ)在70分以上。虽智力正常,但临界智力状态者占有相当比例。学习困难的学生一般表现为,语言理解和语言表达不良,有的家长说孩子常表现为"听而不闻",不理睬别人的讲话,易被视为不懂礼貌。还有的会表现为不合时宜地使用一些语词或文章,喋喋不休或多嘴多舌,有时也会有类似节律混乱、语调缺乏抑扬、说话伴身体摇晃、形体语言偏多等。

在阅读时表现为,读字遗漏或增字、出现"语塞"或太急、字节顺序混乱、漏行、阅读和书写时视觉倒翻、不能逐字阅读、默读不专心,易用手指指行阅读;文章理解能力低。

有视空间障碍、顺序和左右认知障碍、计算和书写障碍、方位确认障碍。因此易出现空间方位判断不良,判断远近、长短、大小、高低、方向、轻重以及图形等的困难。缺乏主动书写,手技巧笨拙(如不会使用筷子、穿衣系扣子笨拙、握持笔困难、绘画不良),写字丢偏旁部首或张冠李戴,写字潦草难看,涂抹过多,错别字多。多伴有多动、冲动、注意集中困难。继发性情绪问题,如不良"自我意识",学习动机不足,焦虑或强迫行为动作(啃咬指甲多见),课堂上骚扰他人,攻击或恶作剧,社会适应和人际关系不良,品行问题等。

二、原因探讨

1. 生理因素

儿童在胎儿期、出生时、出生后由于某种伤病而造成轻度脑损伤或轻度脑功能障碍。有些学习技能障碍具有遗传性,如儿童的父亲、爷爷或其他亲属可见到类似情况。身心发展落后于同龄儿童的发展水平。还有的是因为身体疾病,孩子若体弱多病,经常缺课,会使得所学的功课连续性间断,学习的内容联系不起来,自然会导致学习困难。

2. 环境因素

由于父母长期在外工作或家庭成员关系紧张等原因,儿童从小就未得到大人充分的爱抚,特别是缺乏爱。儿童在幼年时未得到良好教养,在儿童早年生长发育的关键期,没有提供丰富的环境刺激和教育。不适当的学习内容和教育方法使儿童产生厌学情绪。有些父母望子成龙心切,他们拔苗助长,不按儿童的身心特点进行教育,常在教育的内容、方式、方法上违反教育规律。如学前儿童小学化、小学儿童初中化等。

3. 心理因素

儿童学习困难与心理因素密切相关。过去已有认识,大量研究得以进一步证实,儿童学习困难存在普遍的心理和行为问题。普遍观察得到的结果是学习困难儿童学习动机水平低,学习兴趣差,情绪易波动,意志障碍,认知障碍,自我意识水平低等。

4. 营养与代谢

儿童学习困难与营养代谢相关,某些微量元素不足或膳食不合理、营养不平衡可影响智力发育。过去认为碘摄入不足影响儿童智力,锂元素影响儿童的性格特征,进而影响学习。有研究表明学习困难儿童中微量元素锌、铜的含量显着低于正常儿童。

三、案例分析

▶▶案例 "神奇之门"自己打开[①]

一声叹息

坐在我面前的这个男孩,特别像动画片里的"大头儿子",白白胖胖,眼睛挺大。在现实生活中,他也的确是一个使老师、家长感到有点"头大"的孩子。只见他一身运动校服明显太小,袖管与裤脚管短短的,当他看到我在打量他的衣着时,头不由自主地晃了起来。据老师反应,他每次上课总是很忙碌,讲任何话题,他都会在下面和前后左右的同学说话,可是当请他站起来和大家分享的时候,他马上一脸紧张,把嘴巴弄成一个小小的"O"形,眨着大大的眼睛一脸无措地看着你,显然他根本没有把刚才的内容听进去。每一次要求大家读课文的时候,他的眼睛总是飘忽于书本之外,在任何时候叫他起来接下去读,他都接不下去,然后低着头不停地抓耳挠腮。即便是语文最简单的默写词语,对的也是寥寥无几。最让人伤脑筋的是,无论多少作业,无论哪门学科,无论课内课外,他一概不做,所有的作业几乎都是由老师"连哄带骗"完成的,当然所用的时间是其他同学的几倍,所以他一直卷在逃避作业、恶补作业的漩涡中。

眼下他正拿着语文阶段测验的试卷,低着脑袋看着自己的脚尖,时不时地用脚尖蹭蹭地板。

"小扬,刚上学三周哎,你看看,给自己一份什么礼物?"没等我说话,把他带到咨询室的语文老师急着"开炮"了。

他抬起头来依旧把嘴巴缩成一个小小的"O"形,无声地看着我,好像生怕说错什么似的,还用两个手指下意识地按住嘴唇。

"你不说,就不存在嘛?"看着他这副样子,语文老师不由得追问,希望他能自己发现一些问题。

他拿起试卷,上面赫然写着"38.5",看了两眼他依旧不说话。我看着"伤痕累累"的试卷,长长地叹了口气,我得想个办法,或者换一套思路来"对付"他。

小扬,男,小学四年级学生,属于一个较为典型的学业低成就学生,学业成绩水平低于其学习能力,所表现出来的是粗心、健忘、不按时完成作业、对学科没有兴趣、缺乏学习热情和高自我期望,学习没有目标,可能在老师、家长嘴里经常听到对他的评价是——懒惰。

[①] 本案例由蔡素文老师撰写。

一扇"神奇之门"

根据我的判断,我决定换一套思路来与小扬一起面对他的学业低成就的问题。我开始试着换一个角度协助小扬,于是我和小扬一起设计了一份"成长日记",我提议说要他自己先画一张封面,要求图文并茂。我想小孩子应该很喜欢画画的,没想到小扬还是给了我一个苦瓜脸。"怎么?不想画吗?"我疑惑地问他。

"嗯?嗯!"他含糊地摇摇头,拿着成长日记抓耳挠腮。

第二天,我要看看他画的封面,他摇摇头说还没有画好。在我反复催促下的两个礼拜之后,他给了我他的成长日记。只见封面是黑白的,用很粗的线条画了一个极其简单的机器猫,在机器猫的背后有一扇门,门的上面有一个箭号写着"神奇之门",我赶紧要他说说画这幅画时的想法,他鼓起腮帮,好半天说:"机器猫走进神奇之门,什么事情都可以做。"

"具体是些什么事情呢?"我好奇地问道。

"嗯,可多了。"他看了我一眼说道。

"举个例子呢?"

"什么都可以,写作业啊,考试啊……"他说的声音很轻,最后几句话几乎听不到。

"噢!原来你这样想。你也想拥有一个机器猫?"

他也不否认,翻着眼睛看着我,不由自主地又用两个手指下意识地按住嘴唇。

孩子学业低成就的原因很多,归纳起来有几点有关因素:自我期望、目标抱负、学生学习态度、师生关系、父母态度、过去失败的教训等。从小扬画的封面看来,他对自己的能力评价较低,他更愿意借助他人的力量来改变,没有直面自己的问题,而是想凭运气、靠侥幸心理来得到或者应付所面临的问题。

"Hi-Hl"学习计划

"Hi-Hl"学习计划其实是四个英文单词首字母的缩写,他们分别代表 happy(快乐)、interest(兴趣)、heart(用心)、list(条理)。我将我的辅导理念融入这四个字母,同时几个字母组合起来是非常琅琅上口的口号,有很强的鼓动性,是我特地为小扬量身定做的。

一个下午,我请他来到我的办公室聊聊"Hi-Hl"学习计划:"小扬,老师有一个神奇的计划想请你参加,参加了这个计划,就好像给自己打开了一扇神奇之门。"

"嗯?什么?"小扬愣愣地看着我。

"'Hi-Hl'学习计划。"我故意神秘地说。

"'Hi-Hl'学习计划?"这招还真灵,小扬果真感兴趣了,眨眨眼睛看着我,想听下文。

"'Hi-Hl'学习计划,是帮助我们成功学习的一个计划,想知道它的口令吗?"我继续带着神秘的口吻用孩子们的术语说道。

"还有口令?什么啊?"

"就是'Hi-Hl'的中文意思:快乐、兴趣、用心、条理。"

"按口令执行了,会有什么结果?"

"据说可以大大提高成绩,老师看到你很有潜质,提高成绩的余地很大,所以经过筛选决定请你参加。"我一直把一种积极的暗示给予小扬。

"好吧,那我参加。"小扬在我的鼓动下答应了,虽然有点勉强,但是还是做出了决定。

"不过,小扬,参加一个计划,我们要立个契约。计划才算生效。"说着我拿出之前的成长日记,打开第二页,把计划契约书,递给小扬。

```
            "Hi-Hl"计划契约书
   我的目标:_____
           _____
   立约人:_____
   监督人:_____       ┌─────────────────┐
   日 期:_____        │ 执行结果:        │
                                │                 │
                                │                 │
                                │                 │
                                │                 │
                                └─────────────────┘
                  行动口令:快乐、兴趣、用心、条理。
```

我递给小扬的时候是郑重其事的,然后一本正经地说:"要想改变现状吗?"

也许他被我的郑重其事感染,他也很认真地说:"想!"

"那好,要改变得有想法,有行动!你先回去把这张契约上的内容填好,目标不要写得太大,一点一点来哦。"

"噢!"小扬使劲地点点头。

学生如果对学习没有积极的正向的态度与正确的认识,那么我们要期待他能进行有效的学习,概率是相当小的。在有效的学习辅导之前,教师必须先帮助学生建立对学习的正向态度和正确认识,同时给予学生一条前往目标的通道,有方向、有轨道,可以改变、可以前进。作为教师,我应该从何处入手?

小小的叉叉大大的钩

回到教室,我先对小扬教室位置的周边环境进行审视,发现小扬的确属于一个"颠沛流离"的角色。三门主课老师发现他一有状况,或者为了帮助他寻找合适的"小管理者",就帮他不间断调换位置,不过不是最前面就是最后面,甚至有时候还将他的课桌摆在讲台一旁,似乎他是游离于整个团体之外的。于是我赶紧和其他主科老师商量,将他的位置放到学生中间去。现在他的位置是班级第三排,旁边的女生也非常优秀,愿意做他的学习好伙伴。

但是最令人头疼的问题——他不做作业——还是依旧存在,怎么办呢?正在我苦思冥想时,在小扬的作业本上我发现了一个契机。

小扬每一次做的作业都会偷工减料,于是每次老师都会在他的本子上用红笔写一些话,诸如:怎么又漏做了?请补上!希望你把回家作业记全等。我发现小扬把老师用红笔写的话全部都用修正液涂掉了,这说明什么?他很在意老师的评价?他不希望看到老师对他有这样较为直白的评价?那么说,他还是在意别人对他的评价?我思索着,像刑侦队员发现线索一样兴奋。于是我把他请来:"小扬,老师现在有一项批改举措想听听你的意见,好吗?"

"什么?"

"老师想,以后批改作业的时候,错的叉叉打得小一些,而对的钩钩打得大一些,喏!就是这样!"说着我把他的回家作业本子拿过来给他看,只见回家默写本上,虽然对的寥寥无几,但是几个大大的钩,非常自豪地显现在作业本上,而一大串小小的叉叉,不再像以前的本子那样让人触目惊心。

小扬看着本子,想说什么,没有说,只是看了我一眼就低下头去。也许这一次他有点感动,也许他真的感觉到老师在用心和他一起面对成长中的点点滴滴。

"你看,这个叉叉变小了,但还是存在,一起努力让叉叉变没有好吗?"

"嗯!"他认真地点点头。

小小的叉叉大大的钩不是没有看到问题,也不是逃避问题,而重要的是看到了问题,更看到了潜力。因为积极的评价与反馈会给予受评者正面的暗示与协助,这样培养兴趣、激发自尊,从而演化成一种内驱力,使之努力达到其应有的能力水准,从而能够快乐学习。就这样,试着改变教师的教育行为让学生走出了改变的第一步,让学生感受到希望,也就是我计划中的快乐学习。

重画一条起跑线

老师改变评价形式让小扬感到有了希望,可是毕竟"冰冻三尺非一日之寒",小扬的学业低成就也不是一天两天形成的,就靠小小的改变还是不会立竿见影。尽管接下来的几天,小扬似乎很努力了,但是进步不大,慢慢地他又要泄气了。我想小扬已迈出了第一步,开始正视自己的问题,不可以让他退回原地。既然他的问题形成不是一朝一夕,那么要改变也不是一两天的事,也不可能一下子让他和别的同学一样。

于是,我觉得我和他的老师应该一起给小扬重新画一条起跑线。我想起了"分层递进"的策略,约了小扬一起设计一份成长日记的点数方案。

方案一

学习目标/目标行为	兑换点数	获取点数
1. 每天能完成作业。	2点	
2. 听到上课铃响,马上进教室坐好。	1点	
3. 能将考试卷上的题目写完。	3点	
4. 上课发言要举手,并等待老师同意。	2点	
( )周总点数		点

经过四周的努力,小扬的点数由波动到攀升,我开始用螺旋上升的方案给与第二套方案。

方案二

学习目标/目标行为	兑换点数	获取点数
1. 每天能完成作业,正确率在70%左右。	2点	
2. 上课时能专心听课,受老师表扬。	2点	
3. 把考试卷上的题目写完,目标60分。	3点	
4. 上课发言要举手,并有一定正确率。	2点	
( )周总点数		点

> > > 怎样做好个别辅导

两个方案在三个月时间里进行(当然如果需要,我可以给他设计第三、第四套方案)。上课情况每天随机抽取两节课,作业考试根据实际情况,由老师和小扬的学习好伙伴共同完成。同时在同小扬的交谈中知道他比较喜欢的事情,于是我告诉他可以用点数来兑换他所想要的(兑换增强物与活动随时随地都可以,只要够点数就行)。

兑换增强物/活动	兑换点数
1. 可以看半小时电视	2点
2. 使用家里电脑一小时	4点
3. 语文早读课领读	8点
4. 周末去吃炸鸡翅	10点
5. 得到老师或家长一份礼物	20点

小扬本来是一个擅长打"游击战"的孩子,不好好做作业,一有空就溜号,被"抓"回来就趴在桌上"磨",就这样和老师和家长"耗"着。因为在他看来,作业对于他是不可能做得很好、很快,即使做了也就这样。当老师根据他的情况降低了要求后,他体验到成功,慢慢对学习产生兴趣,要知道兴趣是最好的老师。

用心就好

在整个点数方案实施的过程中,根据小扬的低谷和高峰,我都要与他沟通。那天小扬沮丧地告诉我,老师要他读一节相对简短的小节,可是没有想到,读两句话的一小节,他都会有七处错误。

于是,我请他拿好语文书到较为安静的咨询室。我说:"小扬,刚才读课文,就两句你读错了几处?"

他挠头的动作又出现了,翻着眼睛看着我含糊地说:"7处。"想了想他又说:"我读书一直不好,这是所有的语文老师对我的评价。"

"是吗?有没有兴趣我们再来试一遍,让你一遍通过,没有错字?"我认真地说。

"这怎么可能?我知道我自己的……"

"遇事不要先给自己下一个失败的结论,不试怎么知道?来,你把书本拿好,但是你要根据我说的用心去做,那么你就会让奇迹在你手中诞生!"

"……"疑惑地看着我。

"准备拿起书本!"

"在开始读之前,你想想,你的确准备好了吗?"

他点点头。

"确实准备好了吗?"我加重语气。

他更加认真地点点头。

"好!振作精神,看清书上每一个字噢!"

"注意力集中!准备好了吗?"

当他再次点头时我才说:"好!如果你觉得真的准备好了,来,预备读——"

在我的指引下,小扬一口气把课上读过的那段话读了一遍,没有一个错字,他自己也吃了一惊。

"你看！你也可以创造奇迹！知道你为什么能创造奇迹？"

"不知道。"小扬摇摇头。

"因为你用心了,用心就好！用心就有成功！不信你再试试别的小节？但是读之前也要学着老师的样子问自己几遍。"

小扬看着我,在我的鼓励下,经过酝酿又酝酿,又读了一节。真的奇怪了,一共三句话,他一口气通过,他眨着眼睛不可思议地看着我。

"小扬,现在你知道用心的魔力了吧。"我笑眯眯地说。

古罗马哲学家爱比克泰德说:人们的困扰不是来自事情的本身,而是人们对事情的看法。在我反复的正向语言的刺激下,小扬自己有了适度的紧张,对完成事件有了足够的重视。刺激起到积极作用,同时又使他有方法可循,如此可以较高效率完成任务。之后,我给予他一系列正向的自我语言:把握每一段时间,我也可以！做完后要检查哦！记住！放松！我有能力解决这些问题……相信会对小扬有帮助。

列个清单

整个实验过程中,我一直在观察小扬,发现小扬的效率低下,很大一部分原因是因为他做事开无轨电车,没有一个规划性,喜欢"和稀泥"。当然除了他对事件安排的统筹能力欠缺之外,也可能因为他内心有逃避心理的潜台词。根据干预过程中我尝到给予方法的甜头,于是我决定要与小扬列一个工作清单。

一天下午大休息时间,各位课任老师习惯在这个时间段进教室检查、订正当天的作业情况。这一下小扬可忙坏了。

只听见:"小扬,上来订正应用题。""小扬,快交英语抄写本。""小扬,要背古诗噢！""小扬……"

我看到焦头烂额的小扬,一会摸摸英语,一会抓抓数学。

我悄悄地走过去递给他一张纸条,上面写着:"你需要一个操作清单！"

他疑惑地看着我。

"小扬,你现在这样英语抓抓,数学摸摸,到放学还是债台高筑。你应该规划一下,一个山头一个山头地攻。"

小扬想了想,看看我,好像觉得有道理,说:"那我从哪里开始？"

"你把你最容易解决的本子先完成,做好一项作业再做下一项。"看他很忙,我觉得也不是沟通的好时机,要他有时间一起商量。

在以后的日子里,我和小扬一起制定了一个生活作息表,其中尤为重要的是,给他固定了每一天学习、作业的时间,并有了序列,这样他会知道什么时候该做什么。

学习要有目标也要有轨道,清单化为小扬的学习作业提供了一条轨道,让他可以遵循预设通道走向目标,这样生活、学习不会有太大的随意性,慢慢地形成习惯,从而提高了课业效率。

坦然面对结果

期末考试结束,小扬的老师过来说,小扬着实给了他一个大大的惊喜,期末考试语文成绩"73.5"。当然这与试卷的难易度、复习的角度等很多客观因素有关,但是不可否认我们都认识到:努力得到了收获！

通过辅导，我觉得小扬和我都在慢慢成长，知道了每一个人的成长过程，是一幅曲线图，会遭遇低谷，遭遇高峰。现在我们都能用坦然的心态接受，因为我们看到了潜力，看到了希望。不过我们会接着找到原因，再试着通过努力去改变！更加可喜的是小扬和我一样有了这样的信念：神奇之门自己打开！

四、辅导建议

从上述案例中可以看到，对于学生的学习困难，辅导老师抓住了几个关键词：快乐、兴趣、用心、条理，整个干预过程就是要让学生感受到学习的快乐并且拥有学习的内驱力，用心对待学习，然后有条理地完成。学习困难学生的辅导除了要有学习策略的辅导、学习习惯的辅导之外，应侧重训练。

1. 感统训练

首先，需要大肌肉的训练。学习困难的学生往往陷入一个怪圈中，一天到晚没完没了地写作业，可就是拖拖拉拉写不完，没有时间休息，更没有时间运动。对学习困难的学生来说，他们大肌肉的协调训练很重要，跑步、打球都是很好的训练方式。在他们运动的同时，将一些能量发挥出来，有助于学习的专注。

其次，精细运动能力的训练配套跟进，比如说一些手指操作能力的训练和眼动的训练。

再次，就是感觉统合的训练了，协调能力的训练、视动协调的训练、听动协调的训练、前庭感觉的训练等。

以下列举一些训练项目：

头顶轻物：将一本书或者一个一次性杯子等物品放在儿童头顶上，训练时间逐步延长，并作记录，与儿童分析成败原因。

脚踩细绳：辅导者手持长绳上下摆动或者左右摆动，让儿童在绳子另一端双脚踩着往前，根据训练时间可以逐步加大摆动幅度，并作记录，与儿童分析成败原因。

我说你转：辅导者喊口令：向左转、向后转、蹲下、向前两步走等，让儿童依照口令作出相应反应，根据训练时间可以逐步加快口令速度，并作记录，与儿童分析成败原因。

2. 认知能力训练

认知能力的训练包含很多，这里介绍与学习困难辅导关联较为密切的训练：注意力训练、记忆力训练。

注意力的训练：针对儿童专注力的训练，为孩子创造一个舒适、安静、良好的学习生活环境。以下列举一些训练方法。

（1）**分豆子**：将绿豆、黄豆、黑豆混在一起，让儿童分拣出来，可以记时，根据儿童的表现予以评价，逐渐增加难度。此项训练可以在家庭中进行。

（2）**找单词**：在一些看似没有规律的字母里找出单词。对过程与结果予以评价，逐渐增加难度。

（3）**圈数字**：在一些没有规律的数字里找出数字，并且圈出来。对过程与结果予以评价，逐渐增加难度。

记忆力的训练:针对儿童记忆力力的训练,以下列举一些训练方法。

(1) 卡片记忆训练:找出一些图片,先把图形用纸片遮住,然后按从上到下的次序一个个显露来让儿童识记,看3遍后,把图遮上,然后每暴露一个,让儿童说出下面一个是什么。

(2) 数字练习法:这种练习法的意图是,经过让儿童回忆很多数字,达到锻炼回忆才能的意图。前面谈到过数字是最难回忆的资料,因此也是一种最棒的练习回忆才能的资料。

(3) 声音记忆训练:事先录好一些诸如动物的声音、成语、短句,放若干遍给儿童听,然后让其回忆依次顺序。

3. 自我管理训练

自我控制力训练:训练的主要任务是通过一些简单、固定的口令让儿童学会自我控制不合时宜的行为。口令需要简单明了,停—看—听—行等,这一方法还可以用来控制一些冲动性行为。在进行自我控制训练时要注意训练顺序,任务内容应由简到繁,任务完成时间应由短到长,自我命令也应由少到多。教师和家长在平时要让儿童加以训练,养成习惯后便无需指令。

时间管理能力训练:训练学生学会对于时间的管理,最好的管理方式就是形成制度,引导学生制定长周期和短周期的行动目标和时间规划。对于学习困难学生来说短周期会更加重要,比如说对一天时间的合理安排,家长和教师可以共同参与一天作息的制定,那么学习困难学生的一天不会是无轨电车,而是有轨道可循。制定作息计划的时候要与学生的能力相匹配,逐渐提高要求。

无论是何种训练,都要持之以恒,在训练过程中,不断创新调整。除此之外,还可以有一些情绪适应训练,因为学习困难学生,有时候自我的情绪管理也会影响其完成学业的质量。故此还可以通过情景再现、角色扮演等方式,让学业困难学生试着换位思考,掌握一些调整情绪的方法,从而拥有一份好心情面对学习。

参 考 文 献

[1] 吴增强.野百合也有春天——学生心理辅导案例精选[M].上海:上海教育出版社,2011.

[2] 刘录护.西方青少年拒学现象研究述评[J].青年探索.2012,(1).

第五章

青春期心理辅导

青春期少男少女的性意识、性心理发展是青少年成长的一个重要议题,它不仅是父母和老师关心的问题,也是青少年人生发展的大课题。成年人对这个问题常常是消极看法多于积极看法,防范多于引导。例如,我们看到男孩女孩的"早恋",总担心会影响他们学习,却很少思考如何引导他们学会爱。爱是一种情感,也是一种能力。健全的爱的能力是青少年今后的婚恋、家庭生活幸福的心理基础,是青少年成长的重要任务。

随着青春期的到来,生理上的性成熟同时伴随着青少年在心理上也产生微妙的变化,少男少女之间开始有了对异性的神秘感和对性的好奇心。有的还会对自己身体、生理上的变化感到心理准备不足,产生羞怯、紧张、焦虑等情绪。所有这些都是青少年性心理的表现,性心理是指人对自己性生理变化、性别特征和异性交往等方面的认知与内心体验。了解青少年的性心理,是了解青少年内心世界的一个重要部分。

第一节 青春期体像烦恼辅导

一、问题表现

亲爱的老师:

　　都说青春期是花季,是人的一生中最美的季节!可是我一点也感觉不到青春的美。自从初二以来,我越长越胖了,脸上也长了痘痘。同学们给我起了个外号,叫我"胖豆",我真的不喜欢这个外号,可是又不能阻止他们这么叫我,我想如果我能变瘦就好了,所以我决定减肥。可是试了很多办法都没有什么效果,看着镜子里的自己,我自己都觉得难看。老师,我该怎样才能变瘦呢?您帮帮我吧!

这是一封来自一个初二女生的求助信。信中的女孩正为自己的长相感到烦恼。这样一种心理体验我们称之为"青春期体像烦恼"。

"青春期体像烦恼"是指青春期的孩子由于对自我体像失望引起的烦恼。体像烦恼具体表现为形体烦恼、性别烦恼、性器官烦恼和容貌烦恼等。

青少年的各类体像烦恼存在着性别差异。在形体烦恼方面,女性的形体烦恼比男性明显、普遍。无论是采用过减肥措施的人数比率,还是实际的形体烦恼,发生率均为女性高于男性。在形体烦恼中,女孩子关注的大多是肥胖问题,而男生则更担忧自己的身高,认为个子矮的男生缺乏男子气概,会受人欺负。

另外,在容貌烦恼和性别烦恼方面,也是女性较男性明显。在性器官烦恼方面,男性的发生率高于女性。比如一些男孩会担心自己的性器官发育较小等。

有体像烦恼的孩子对自己的形体、外貌等"吹毛求疵",感觉自己的外形不能达到自己的理想,会产生很多焦虑和烦恼,感觉周围的人都在关注并嘲笑自己体像上的不完美,也因此常常会有自卑感。如果青少年学生存在的体像烦恼问题不能得到及时矫正,可能进一步发展为体像障碍,从而对青少年学生的生理、心理的正常发展造成极大的危害,进而影响其健康心理的形成。

比如有些青少年只看到自己身体发育方面的一些不足之处,或是把一时的现象当做不可改变的问题,再加上自己又缺乏有关的科学知识,就可能出现一些不良心理和行为。如有人因对自己的长相不满意或对自己的身材不满意,整天照镜子;又如有人认为自己个子太矮、太胖或是五官哪个部位不漂亮,而不愿见人,害怕参加集体活动,逐渐脱离群体,造成自我封闭的性格,产生心理障碍,影响学习和正常生活。还有些同学,因为对自己的体型不满意,而盲目地节食,造成营养缺乏,身体免疫力下降,这便极易诱发各种疾病,如贫血、肺结核和其他感染性疾病;还有的得了神经性厌食症,甚至导致休学或退学。

二、原因探讨

研究表明,青春期的孩子有体像烦恼的并不在少数。他们过度地关注自己的体像,并强调自己体像方面令人不满意的地方,并由此产生自卑感,降低自尊,甚至在集体中产生退缩行为。那么,为什么青春期的孩子容易产生体像烦恼呢?原因有以下两个方面:

1. 青春期的心理特点

进入青春期以后,孩子们的自我意识不断增强,他们开始关注自我。在这期间,他们的身体开始发生很大的变化,这种变化自然引起了他们的关注。身体的形象在自我意识中占据重要位置,青春期的孩子希望得到赞赏和认同,他们渴望自己拥有健美的身材和漂亮的脸庞,渴望被别人注视和赞美。他们认为身体形象决定着自己在同龄人中的威信和声望,因此希望自己的形象能够足够完美。然而现实和期望往往是不合拍的,任何人都不是完美无缺的,都有自己的优点和缺点。由于对自己体像的过高的自我期望,当现实生活中自己的形象达不到理想的标准时,就会出现自我丑陋或者过分夸大自我缺陷的情况,忽略了自己的优点和长处,也经常感到别人在关注着自己的缺点。久而久之,在他们的心理上最终产生烦恼和焦虑。

2. 社会因素的影响

青少年学生由于本身认知发展水平的限制,对事物的判断能力相对比较薄弱,容易受外部因素的误导。社会上的某些时尚倾向也对青少年产生了很大的影响,他们容易对自己的体像产生认识上的偏差,难以接纳自己的体像,进而诱发体像烦恼。

比如,很多影视剧里的男主人公都是高大威猛的,青少年就会觉得,男孩子只有高大威猛才会受欢迎;现在社会上流行女性身材消瘦苗条,结果许多体型较胖的女生开始担心自己的体重是否超标,体型是否苗条,一旦发现自己略微发胖,就庸人自扰,杞人忧天,采取节食、吃减肥药等方式,既影响了身体的成长,也造成了心理压力。

值得注意的是,有些家长在教育方法上存在欠缺也会导致孩子的体像烦恼。青少年在第二性征发育时特别需要家长耐心的解释和适当的鼓励来度过这个变化时期,如果此时家长采取避讳或不屑的方式,往往会使处于发育期的青少年感到自卑,如果不及时纠正,甚至可能影响其一生的成长。比如,有一个女孩这样表述:有一次她的母亲看到她对着镜子梳头,就不屑地说:"照什么照,长得像猪八戒一样!"女孩深受打击,觉得连自己的母亲也这么说,那自己一定是很丑的,很不受欢迎的。

三、案例分析

▶▶ **案例 你能成长**①

寻 找 病 因

小王是个矮个子的男生。在他身上有两个问题一直让老师很头疼。第一就是小王基本放弃学习,不花一点功夫在学习上,导致成绩很差,他的考分常常为个位数,甚至交白卷。还有就是小王脾气暴躁,经常和同学发生争执,打架。

我作为他的新班主任接班才两个月,就遇到了一件棘手的事情。小王和同学发生争执,将人家的眼镜踩碎了。我没有一味责怪小王,而是认为一个巴掌拍不响,两位同学发生争执,另一个肯定也有不当之处。这件事情以后,小王对我的态度有了改观,渐渐愿意和我接触,也愿意对我说一些心里话。

在和小王接触的过程中,我做个有心人,不断注意观察,收集信息,渐渐对小王有了一些了解。我发现他放弃学习以及常和同学打斗的背后,隐藏着对自我的错误认知。主要有以下两个:①我的个子矮小,没什么能力,所以学习很差,干脆放弃算了。②我的个子很小,别人都看不起我,取笑我,我是被欺负的对象。在小王的这些错误认知中,矮个子问题似乎是关键。

开"药 方"

找到小王的心理症结所在以后,我设定了辅导目标:

1. 使小王领悟到他目前的烦恼:个子矮,厌恶学习,和同学相处不好,总是被人欺负的自卑来源于自己不合理的信念和错误的认知。

2. 改变认知结构,建立正确的观念以产生良好的情绪与适应性的行为,最终达到人格的自我完善。

3. 肯定自己的价值,重新建立积极的自我形象,恢复健康、积极的学习、生活方式,把精力投入到学习中去。

良 药 苦 口

一次特殊的谈话改变了我的工作艺术与理念,也为改变小王奠定了基础。

师:"你在意自己的个子吗?"

---

① 案例选自《有这么一群胖孩子》(房玉兰编),略有删改。

生:"是的。"

师:"能不能具体点。"

生:"我在班中一直属于个子矮的,别人都笑我长不高了,给我取了很多绰号,很多人因为我矮就欺负我,打我,拿我当出气筒。"

师:"你有没有想过自己目前个子矮的原因?你认为自己将来还会长高吗?"

生:"没有,不知道。"

师:"我们先来分析一下你的个子。据老师观察,你的父亲、奶奶都是身高正常的,你的父亲还称得上高大。从生物遗传学的角度分析,你的个子遗传你的家庭因子,可能不会太矮。老师还看了你的出生年月,你在班级里年龄偏小,你还没进入青春期生长高峰。"

生:"可能吧。"

(我向小王介绍了简单的骨骼和肌肉发育的知识,建议他到图书馆查找具体的科学方法锻炼身体。)

师:"如果将来你的个子仍然比别人矮,怎么办?"

生:"不知道,可能会被别人看不起吧。"

师:"个子矮就注定一辈子被人看不起吗?"

生:……

师:"听说你喜欢成龙?他的身高也不是很高,但仍旧有那么多人崇拜他。要不要老师再举一些小个子大出息的实例给你听?"

……

师:"你刚才提到在班中因为个子矮而被欺负,你是否注意到班级中除了你,还有一个矮个子男生小顾,为什么你总是被欺负,而他没有?你能不能回忆一下一些细节?"

生:"小顾读书好,而我……可能我有时要惹他们,去骂他们。"

……

通过以上谈话,我让小王明白了目前个子矮不等于将来一定矮,没出息。而被同学欺负也不一定就是因为个子矮,其他因素也很多。谈话后,我给小王布置了家庭作业:

1. 了解家中长辈的身高,让小王知道,自己可能会随着年龄的增长而长高,要加强锻炼。

2. 列出每次被同学欺负的细节,找出除了个子矮以外的其他原因。其中有几次是同学故意欺负他,有几次是他主动惹别人引起的。目的是要找出被同学欺负的真正原因,把以点盖面的想法转化为实事求是的想法。

3. 列出如果被同学欺负了该怎么办,目的是让小王寻找出可行的与同学交往、处理摩擦和冲突的方法。

日 常 保 健

1. 寻求家长的支持,要求家长多关心儿子的心理变化,多关心鼓励儿子,少一些打骂和责罚。

2. 有针对性地找几个经常欺负小王的同学谈话,予以教育,要求在班级里友爱同学,相互帮助。

3. 在日常的学习中,多鼓励小王,发现他的优点,有一点进步就表扬。

反思:对本案例进行反思,有如下体会:

1. 不能忽视青春期青少年将外表当做他们进行自我评价的重要方面的现象。

青春期是人认识自我并急于肯定自我的人生阶段，而自己的外部形象更是他们进行自我评价的重要方面。这一点常常被人忽视。他们觉得自己的外貌几乎就是自我的全部象征，直接关系着自己在同龄人中的地位和尊严，因此容不得半点差错。于是他们开始吹毛求疵地研究自己的外貌。令男生不安的是他们的身材不够高大、脸上长痘等。他们把身材高大与男子汉的形象结合在一起，所以身材矮小的男孩常常会有强烈的自卑感。

2. 对小王的辅导除了直接指导可以获得成功外，改变他的家庭、班级环境可能会事半功倍。

小王的个性中有敏感、自我否定、自卑的倾向。他总是注意自己的缺点和弱点，同时忽视自己的长处和优点。通常他把失败归因于自己的矮小，能力不够。他表面上要争强好胜而内心输不起。作为班主任，应积极从正面帮助其树立正确的认知，建立健康心理。自卑心理的产生对个体而言是有差异的，要因人而异。分析学生的个性特点，帮助他们去掉消极情绪的干扰，冷静下来，应用理智对客观进行正确判断，对行为进行有效控制，自卑、否定心理完全可以克服。

另外，在辅导过程中，教师也可以巧妙地处理好家校关系、生生关系，利用家庭的力量、他人的力量将工作顺利地进行下去。对于小王而言，自卑、自我否定不仅仅来自他的个子、学习成绩，有时周围人的评价对他的影响也很大，因此在班级管理中如何创建一个相互关爱、互帮互助的心理环境又是一个值得研究、探讨的话题。

四、辅导建议

从以上案例中，我们看到一个孩子由于对自我的不正确认识，在学业、人际关系方面都遇到了问题。而这个孩子之所以对自我产生不正确的认识，很大程度上是由于他的体像烦恼。他个子矮小，感觉自己没有能力，被人欺负，进而整体否定自己的价值，产生自卑。在这个案例中，辅导老师很敏锐地发现了问题的根源，并运用认知治疗的一些方法，改变认知（个子还会长高，个子矮的人不一定能力差，也不一定会被人欺负），并进行行为治疗（改善人际关系，学会同伴交往的一些方法），同时还通过建立支持系统，以巩固辅导效果。应该说，这样的辅导策略是有效的，孩子对于自己的体像烦恼有了新的认识，并提高了对自我的评价。

青少年学生的自我体像是其对自我身体的认知评价，是个体的自我系统中最早发展起来的部分，是整体自我概念中一个基础而重要的部分。对自我总体评价是个体自尊的基础。如果青少年对自己的身体不满意，就会影响他对自我的整体评价。也就是说，有体像烦恼的青少年往往是低自尊的。尤其是初中生，对自己身体的满意程度对其整体自我价值感影响较大。对于青少年体像烦恼的辅导，有以下一些建议：

1. 主动开展体像教育

根据研究，有体像烦恼的青春期少年其实为数不少。（骆伯巍等在2005年的调查发现，从总体上讲有22.3%青少年学生存在体像烦恼，目前，这一数据还有所上升。）根据数据我们发现，青春期的体像烦恼是一个较为普遍的问题，可能目前，有一些孩子对于体像的烦恼并没有让我们觉察，也没有表现出严重的后果，但是在青春期这一特殊阶段，对体像的不满意常常会导致错误的自我评价,这样的一种自我认知会影响今后的发展。

所以我们在青春期教育中要关注这一现象,主动开展关于体像的教育,预防青少年由于体像烦恼出现心理问题。在体像教育中我们要注意:

(1) 不过多关注体像。让青少年明白关注自己的体像是一种青春期正常的心理现象,是自我意识增强的表现,但是,自我的发展不仅仅体现在体像上,还有其他各个方面也正在快速发展,引导他们将精力分散到关注心智的成熟、能力的发展等其他方面,不过多关注体像。

(2) 建立正确的审美观。从正确关注的角度讲,青少年往往对自己的体像有一个构想,希望能够达到自己设想出来的标准,如果没有达到,就会觉得有缺憾,不完美。我们在进行体像教育的时候,要注意建立正确健康的审美,知道青春期的美应该是健康的积极向上的。

(3) 注意性别差异。青春期的体像烦恼其实是有性别差异的,比如:女生比较在乎自己的肥胖问题、容貌问题;而男生在乎个子高矮的较多。同时,男生还比较关注性器官的发育问题。我们在进行体像教育的时候,要注意有针对性,才能够更好地体现教育的效果。

2. 有效开展个别辅导

体像烦恼如果不能够进行很好的自我调节和自我疏导,给青少年带来的心理危害是很大的。我们在开展个别辅导的时候,发现有体像烦恼的同学不仅仅表现为对体像的不满和焦虑,往往这种不满和焦虑已经影响了青少年的其他方面(就如以上案例中表述的那样)。因此,我们在进行个别辅导的时候,可能不仅仅解决体像烦恼的问题,还要解决其他问题。个别辅导可以从改变认知和行为治疗两个方面入手:

一是改变对体像的认知。

(1) 认识我的身体。青春期的青少年身体变化很快速,而目前的学校也好,大多数家庭也好,并没有对此有详细的教育,很多青少年关注身体的变化,又不知道为什么会发生这样的变化,容易产生困惑。因此我们在进行个别辅导的时候,可以从认识青春期身体变化发展这个角度入手。比如我们在面对一个为自己肥胖问题烦恼的女孩时,我们就可以这样开展辅导:

我的变化我知道:布置家庭作业,要求来访者自己查询资料,了解青春期女孩身体的变化规律。知道青春期对于女孩来说,有一个脂肪堆积的过程。

我是胖子吗?

知道体重计算的公式:女性:身高(cm)-100=标准体重(kg)

评价指标如下:标准体重的60%以下,严重营养不良。标准体重的60%—80%,中度营养不良。标准体重的80%—90%,轻度营养不良。标准体重的90%—110%,正常范围。标准体重的120%及以上,肥胖。

说明:我们在咨询中发现,一些女孩明明不算太胖,却始终认为自己体重超标。这个步骤是为了让女孩子们知道什么是真正的肥胖,而不是将社会上一些不健康的标准作为衡量自己胖瘦的标准。

(2) 在你心中我最美。青春期的孩子有体像烦恼的原因之一,就是由于自我意识的发展,他们希望自身的形象更能得到大家的关注和赞赏,当感觉自己的形象不够完美的时候,他们往往认为,别人会因此嘲笑自己,在这个环节中,要求有体像烦恼的来访者去询问自己的父母、好朋友等,了解在他们心目中,自己的形象是怎样的。他们会发现,有的时候,是他们自己过度关注了体像的缺陷,别人并不在乎。

(3) 我胖(矮)我可以。青春期的孩子往往过度关注了体像,他们觉得自己的外貌几乎就是自我的全部象征,直接关系着自己在同龄人中的地位和尊严,因此容不得半点差错。其实除了体像以外,还有很多方面的发展值得关注。因此在这个环节中,引导来访者关注自己的其他优点,比如个性方面、能力方面等,让他们看到,这些方面的优势完全可以弥补体像的不足。

她(他)和我一样:要求来访者收集一些和自己有相同体像特征的名人成功的事例——优秀与体像无关。

我胖(矮)我可以:整理自己成功经历,总结自己的优势,并列出以后发扬自己优势的计划。

二是进行认知行为干预。

前面我们提到,有体像烦恼的同学不仅仅表现为对体像的不满和焦虑,他们的自我评价偏低往往因为其他方面的问题。这些问题又反过来证明"我确实是不行的",产生恶性循环。所以我们在改变来访者对体像认知的基础上,还要帮助他们处理一些实际问题,在解决这些问题的时候,他们自然会改变对自我的评价。

比如,一个有体像烦恼的学生伴有人际交往问题,那么我们可以教给他一些人际交往的方法和技巧,帮助他改善人际关系,使得他感到自己并没有因为体像问题而被同伴排斥。

第二节 青春期异性交往辅导

一、问题表现

小小的年纪还不懂什么是爱
却被你甜甜的笑给打败
你眨着大大的眼睛噢那么可爱
说话的手往哪儿摆
……
我只想给你给你宠爱
这算不算不算爱
我还还还搞不明白
快乐的事想跟你分享
难过想给你肩膀
第一次为一个人紧张
我好想对你对你宠爱
才短短几个礼拜
心情坏因为你不在
有一道光暖暖地洒下来
忍不住的小期待　因为爱

这是 TFBOYS 的歌《宠爱》中的几句歌词。它反映出青春期的少男少女之间朦胧的情感,这种情感带给他们喜悦,却又有些忐忑,不知该如何去面对。这样一种状态,很多青春期的孩子会碰到。

进入青春期以后,孩子们随着生理和心理的发展,会产生对两性情感的心理需求,这样的一种需求需要在青春期异性交往中得到满足。因此青春期异性交往本身并不是问题,而是青少年成长过程中必须要学会的,我们不是要阻止青春期异性交往的产生,而是要对这种交往进行指导,希望这种交往能够得到更好地实现。使孩子们在青春期这个特殊的阶段,学习并提高爱的能力。

那么青春期的孩子在异性交往中常会遇到哪些问题呢?有两类问题是比较常见的:

1. 不知该如何和异性交往

青少年进入青春期以后开始对异性感兴趣,希望能和异性进行交往。但是,他们不知该如何和异性交往,不知道该如何成为受异性欢迎的人。这对青春期的青少年来说是比较容易困惑的。

有的青少年接近异性就会出现紧张、恐惧等情绪,害怕会被拒绝,害怕会在异性面前出丑,于是,虽然他在心理上很想和异性交往,在行为的表现上却是回避。还有一些同学不知该如何在异性面前表现自己。有的同学为了和异性交往,希望能吸引异性的关注,就刻意在异性面前表现自己,但是这样的表现往往把握不好尺度,反而引起异性的反感。

2. 不知如何处理青春期的两性情感

正如《少年维特的烦恼》中说的那样:哪个少女不怀春,哪个少年不钟情。进入青春期以后,一些少男少女在异性交往中对异性产生好感,喜欢某一位异性是很正常的。但是,如何处理这样的情感却是非常困难的。他们不会把握情感的尺度,不知道如何恰当地表达情感,他们不知道怎样面对拒绝,怎样拒绝别人。很多家长和老师看到学生有两性情感问题马上如临大敌,完全是可以理解的。因为很多深陷两性情感问题的学生会耽误学业;行为失控,造成心理和身体的伤害;争风吃醋,打架斗殴,造成刑事案件的也不在少数;甚至有两性情感处理不好、放弃生命的极端案例。

二、原因探讨

进入青春期以后,青少年的生理、心理会发生快速的变化。他们产生了异性交往的需要,开始对异性间的情感产生渴望。可以说,这样的一种情感是本能产生的,对每个正常的孩子来说,都是不可避免的,只不过时间早晚而已。为什么青春期的异性交往会出现问题呢?有以下一些原因:

1. 青少年的身心不成熟

虽然进入青春期以后,青少年的身心发育逐渐成熟,但是他们毕竟不是成年人,他们情绪不稳定,缺乏自控能力。异性间的交往和以往同伴间的交往是有区别的,他们无法借鉴到以往获得的经验。缺乏异性交往的经验和交往的方法,这让他们在交往出现问题的时候,常常一筹莫展。

2. 得不到有效的帮助和指导

在传统的认识中,青春期的异性交往常常会遭受到来自家长和老师的反对。一旦发现青少年开始有异性交往的倾向,家长和老师一般会采取种种措施,让这种交往停止,以免异性间的情感影响孩子的学业。所以,青少年产生异性交往的需要,并开始进行异性交往的时候,往往瞒着家长和老师。当他们的异性交往出现问题时,就不能像其他问题一样,可以得到更有经验和方法的成年人的指导,他们只能自己面对。他们有的时候也会求助于自己的好朋友,可是好朋友的阅历与经验也是有限的,因此不能起到多大的作用。

3. 社会的不良影响

如今的信息传播途径比较发达,青少年可以通过各种方式得到各种信息。青少年缺乏判断能力,而且他们的模仿能力又比较强,一些不良信息会对青少年的异性交往产生影响。有一项调查表明,青少年处理异性间情感的模式会受到一些所谓的情感剧、偶像剧的影响。也曾经遇到过这样的来访者,沉迷于某一部电视中的某一个角色,希望自己在生活中也能遇到这样的异性并与之交往。

三、案例分析

▶▶案例　化爱能为动能[①]

进入初三,可能是不久就要和相处四年的同学分别了,我们这个16人的小集体变得异常温馨,男女同学、老师学生就好像一家人,共同学习,共同面对中考的压力。可是……

有一天下课,我去教室通知一件事儿,经过教室窗户,不经意间瞥到J同学正在温柔地捋S同学的小辫子,S同学并无反抗之意。J同学估计也看到了我,以迅雷不及掩耳之势抽回手并"弹"回到了自己座位上。我进教室讲完通知,并没有对刚才我看到的一幕做出反应,但我发现J同学涨红着脸回避我的眼神。

之后,我有意无意地关注着他俩的举动,J同学也感觉到了我的关注,有所收敛。我没有再采取进一步的行动。因为我认同他们这个年龄出现的"异性相吸",只要不超越同学间的行为举止,不影响学习,我尊重这份青涩的朦胧的情感。

但没想到这份早来的"爱",却成了一场冲突的导火索。基础考J同学和S同学均没考好,原因不问自明。他俩也早有心理准备,等候着我的"召见"。我借此机会告诫他们:将心放回学习上,不要在关键的时刻,因为一些不确定的事儿,影响到人生重要的选择,不要耽误了自己,更耽误了对方。我点到即止,他们心领神会,谈话在平静且严肃的氛围中结束了。过了我这关,他们开始担心如何跟家长交代了。不过,我感觉到他们自己也发现了问题的严重性,我相信他们能够自己处理好这份懵懂的感情和学习的关系。

正在办公室备课的我,突然听到原本安静的走廊被激烈的争吵打破,细听正是J同学和英语老师的声音。我赶忙走到教室,只见英语老师和J同学正僵持着。J同学扭着头、涨红着脸、喘着粗气、攥着拳头,英语老师一见我进去就喊道:"这个人现在不对啦!叫他家长来!

[①] 案例选自《爱情讲义》(宋晓芳),略有删改。

考试考得那么差,上课走神,我批评错啦!就这成绩还春心荡漾咧!哪个小姑娘看上你倒一辈子霉了!"J同学此时已失去理智,回道:"叫就叫,我怕啊!"我见状忙把他推出教室,对英语老师说:"你别为了一个人生气,同学们还等着你上课。你消消气,我把J同学带去办公室处理。"英语老师也调整了一下情绪开始准备上课,我带着J同学回到办公室。

"你发什么脾气啊?"

"谁让她说话那么难听?"J同学的情绪明显还没平复。

我没继续说,等他冷静了些,我问道:"你上课有开小差吗?"

他没响。我鼓励他:"你老实跟我说。"他点点头,倔强地回了句:"有。"

"你是不是在担心这次考试成绩无法跟家长交代?"

他终于没有忍住眼泪,哭着说:"我知道错了,要是让我们家长知道我们考砸的原因,就……"他一边抽泣一边说着,"Z老师,你相信我们,我们会管好自己的,我们知道现在很关键,下次我们不会再考砸了。你不要跟我们家长说好吗?"

我看他还是信任我的,便批评他:"你说你知错了,但我没有看到你的行动。"虽然他还是没有向英语老师认错的意思,但已经不像之前情绪上那么剑拔弩张了。

"你是不是觉得英语老师批评你,不给你留面子,让你在同学特别是S同学面前难堪了?你现在觉得自己很man吗?为自己争回面子了吗?"我的语气不断加重,声音上扬。

J同学完全听出了我的"话里有话",刚才倔强的头慢慢地低下了。

"英语老师说的话可能不太恰当,但你认真想一想,如果你一无是处,连自己的未来都不能把握,你怎么去对喜欢的女孩承诺一个未来?如果你喜欢一个人,不是下课给人家买水递毛巾,不是短信发来发去,也不是周末一起出来唱歌看电影,而是做一个出色的人。以后的以后,可能还有别的人爱TA,你要做的,是把别人都比下去。你要变得优秀,要比其他人都优秀。"我顺势利导,帮助J同学从积极的方面看待英语老师的批评,缓解他与英语老师因刚才的冲突产生的矛盾。

后来,不知是因为他真想通了,还是看在我的面子上,J同学向英语老师认了错。一切又恢复了平静,大家又投入到了紧张而充实的复习迎考的冲刺中,包括J同学和S同学。在填报志愿的时候,J同学和S同学填了同一个学校,他们决定要一起为未来努力。

这件事情使我对如何帮助学生处理青春期情感有如下体会:

1. 转变观念,尊重善待青春情感

现今社会是一个开放的环境,现今的孩子比起以前有更多的途径接收到各式各样的信息,加之生理上的普遍早熟,所以进入青春期后,开始关注异性同学,喜欢在异性同学面前表现自己,以引起异性的注意,甚至对个别异性产生眷恋,形成一对一交往的"专情"行动。当然,绝大多数孩子所怀有的这种青春萌动都是控制在精神层面交往上,是纯洁的情感。这是青春期情感变化的正常过程,教师是无法控制其产生的,我们要学会尊重善待这份青春懵懂的情感,不要轻易否定,而要合理引导。

2. 了解学生,正确把持青春情感

青春期"异性相吸"情感的产生我们教师无法控制,但它的发展是我们教师可以也必须把握的。在处理J同学和S同学的情感上,我扮演的是一个监控员。当我发现J同学和S同学有超越同学友情的举动后,我观察着他们的反应,并没有一下子"棒打鸳鸯"。以他们俩以往的为人,我相信他们能把握好交往的分寸。事实上,我和他们之间是有那么一些"心有灵犀"的,他们也很清楚我的处事方式,互相的尊重,互相的信任,帮助他们自觉地调整了不当的行为方式。

3. 引正能量,把好胜心用于学习

处在青春期的孩子,喜欢在异性同学面前表现自己,以引起异性的注意,尤其男生会表现得争强好胜。J同学因为当着全班同学,特别是S同学的面被英语老师劈头盖脸地批评,他自然面子上挂不住,这时的争强好胜变为一种冲动的负能量,导致他与英语老师的冲突。如果我们能将这种争强好胜转化为正能量,将这种正能量用在学习等活动中,那是多么宝贵的成长财富啊!

四、辅导建议

在以上案例中,处于青春期的孩子由于异性交往的问题影响了学业,还出现了情绪问题,导致师生关系紧张。这些情况在青少年的异性交往中常常会发生。老师面对这些情况并没有一味指责批评学生,也没有想尽办法切断两人的联系,而是耐心地指导学生"如何去喜欢一个人"。她的这种处理方式起到了较好的效果。

我们要看到青春期孩子们产生异性交往的需要,是他们生理、心理发展的必然,也是一个很好的学会两性交往的契机,这对于他们的成长是有帮助的。因此,我们在辅导青春期异性交往问题的时候,有以下几点要注意:

1. 建立良好的咨访关系

青春期的孩子心理有闭锁性,他们希望得到帮助,又往往关闭自己的心扉,尤其是两性情感问题,他们往往不太愿意和成年人坦诚地交流。所以建立良好的咨访关系在青春期孩子的心理辅导中非常重要。

无论从心理咨询的伦理角度(价值中立),还是从顺利开展咨询工作的角度,我们在开展青春期异性交往辅导的时候,都得保持正确的立场,我们不支持也不反对青春期的异性交往。当一个孩子没有青春期异性交往需要的时候,我们不鼓励他去尝试。当一个孩子有青春期异性交往需要的时候我们也不阻止,而是像辅导其他的人际交往的问题一样,教给孩子一些方法和技巧,让他的交往更加顺利。这样的一种立场我们可以在辅导开始之初就让来访者知道,这可以让我们更容易建立起咨访关系,获得来访者的信任。

2. 清晰对青春期异性交往的认知

虽然来访者已经产生了异性交往的需要,但是大多数青春期的孩子对这种需要以及两性情感不太了解。我们在展开具体辅导之前,要先让来访者弄清楚异性交往的特点、不同阶段异性交往的目的、青春期两性情感的特点等。这对于来访者了解自己,控制自己的情感是有帮助的。

(1) 青春期的异性交往需要是正常的

进入青春期以后,身体快速发育,性意识和自我意识不断增强,对异性产生倾慕是非常正常的。青春期的异性交往是一种生理心理的需要,但是每个人进入这个阶段的年龄不是一定的,有早有晚,而且每个孩子都会经历这样一个过程。

（2）青春期两性间的情感是不稳定的

初中生对异性的倾慕之情，与成年人的恋爱有较大的区别。它从严格意义上讲，不能算恋爱，我们可以认为它是正式恋爱的前奏或基础。它是不稳定的，可能今天喜欢这个，明天又欣赏那个，甚至同时喜欢几个。

（3）青春期的两性情感容易炙热

在青春期异性交往中，如果不注意控制分寸，常常会掉落情感的漩涡。在中学生恋爱的过程中，发生亲密肢体接触的现象屡见不鲜。

亲密接触的原因有两个，一是表达感情的需要，中学生也有性的冲动，而且他们自我控制能力较弱；另一个重要原因是同学们认为"外面谈恋爱都是这样的"。可见这种性的冲动除了是感情发展的延伸以外，可能更多的是受到了社会（包括媒体、网络电视剧等）的影响。一旦产生性的问题，会给孩子们带来身心两方面的伤害。

3. 提出具体而有操作性的方法

在异性交往辅导中，孩子们需要的是具体的方法。要像帮助他们做数学题一样，针对他们的具体问题，用心地指导他们如何进行异性交往。比如：一个男孩的困惑是他为什么不受异性欢迎，那么我们要做的可能就是要了解他不受欢迎的原因，然后提出有效的建议，帮助他成为受异性欢迎的人。如果一个孩子是因为喜欢一个异性，导致学习成绩下降而产生焦虑，那么我们要做的就是帮助他学会控制自己的情感，并放松焦虑情绪等。值得注意的是，可能会因为异性交往不当而产生性的问题，我们在辅导的时候要加以关注。

当然，辅导绝不是一味地满足孩子们的需要。异性交往和一般的人际交往是不一样的。虽然我们要求价值中立，但是从社会主流的价值观以及孩子身心发展特点来看，青春期孩子的异性交往还是需要一定的引导。通过我们的辅导能够让青春期孩子的异性交往变得更加顺利，更加恰当，能够让孩子们在异性交往中获得发展，这样的辅导才是合适的。

第三节 性别角色辅导

一、问题表现

阳是家中独女。父母离异以后，她和妈妈一起生活。妈妈一直希望她是个男孩，不知不觉中把阳当男孩来抚养，玩具、衣服都是按照男孩的标准来选择。上学后，阳总是剪着男生的头发，喜欢和男生一起玩闹。一眼看上去，简直难分男女。进入青春期以后，阳的身体开始发生变化，女性的第二性征出现了。最近半年来，阳总是穿着厚厚的秋季校服，抗拒妈妈给她准备的女生用品，对于女生月经初潮的来临，也非常厌恶。

这种现象我们称之为青春期的性别角色混乱。所谓性别角色混乱，是指两性在社会文化规定的相应社会位置和行为规范、模式上的混乱，即通常所说的男生像女生、女生像男生的现象。

埃里克森的人格发展理论揭示：在青春期，青少年面临的主要危机是自我同一性和角色混乱的冲突。这种同一性是生理自我与心理自我的契合,是一种不断增强的自信心。而对于阳来说,显然没有形成自我的同一性。在她的内心深处,一直都将自己当成一个男孩,青春期的脚步让她深切地感受到:她是个女孩。阳显然不能接受这个现实,因此产生焦虑、逃避,甚至厌恶心理。

在我们的身边不乏这样的孩子:明明是男孩子,穿着打扮言行举止却过分的女性化;明明是女孩子,却粗豪不羁,言行举止过于男性化。他们不知道符合自己性别特征的言行表现应该是怎样的,甚至有些孩子从心理上不接受、不认同自己的性别。他们往往被同伴称为"娘娘腔"和"假小子",一方面受到来自外界的嘲笑(主要是同伴);另一方面他们由于对性别角色的不接受、不认同而受到自我内心的煎熬。他们的自我认同感低,往往自卑,甚至会出现同性恋的倾向。

二、原因探讨

要分析性别角色混乱的原因,我们先要知道人的性别角色是如何形成的。性别角色是个体在社会化过程中通过模仿学习获得的一套与自己性别相适应的行为模式。也就是说,我们的性别是生物的,可是这样的性别应该有怎样的行为模式却是在社会中学来的。所以,性别角色的形成主要是社会,特别是家庭的教养方式的影响。那么,产生性别角色混乱的问题,我们也可以从这两方面寻找原因:

1. 不当的家庭教养方式

正常情况下,很多孩子在出生前,父母对不同性别子女的态度,便已显露出来。怀孕期间,父母常常推测胎儿的性别,对不同性别的孩子,赋予不同的期望。婴儿出生以后,父母通过衣着、环境布置、取名等活动,把男女婴儿区分开来。两三岁的幼儿,观察父母不同的服装和行为,对男性和女性的外表和性别角色开始有所认识。心理研究指出,人在3岁左右就有性别意识了,3岁后孩子逐渐意识到"男女有别"并开始以男女自居。随着一点点长大,孩子对男和女的着装、行为举止、性格特征会逐渐形成全面认识,也就逐渐形成了心理性别。这时,父母给不同性别的子女购买不同的服装和玩具,对男孩的某些顽皮和淘气采取容忍的态度,而对女孩的某些安静文雅则予以称赞。父母的这些行为,其实正是在潜移默化中告诉自己的孩子,男孩和女孩的性别角色是怎样的。如果这种教养方式符合孩子的性别特点,那么孩子就能形成正确的性别意识。可是有一些家庭往往会出于某种原因,没有给孩子进行正确的性别角色教育,甚至有时会故意误导孩子,让他(她)形成与自己的性别不匹配的角色意识。

比如:有些家庭由于重男轻女思想,非常想要一个男孩,却得到了一个女孩,为了满足家长自己的需要,他们就故意将这女孩当成男孩来教养,服饰、发型、行为要求等都是男孩的标准。这样孩子长大以后,自然没有办法认同自己原来的性别,从而产生性别角色混乱的问题。

2. 社会环境的影响

人们的观念随着社会在变化,传统观念中的男性和女性的形象正在不断发生改变。一些男性蓄长发、着鲜艳服装,女性留短发、着男性服装、吸烟饮酒等,使性别角色的行为规范有了急剧改变。这种改变又进一步融入当代社会,为人们所接受,成为当代社会文化的一部分。比如有很多男影星长得柔美,打扮也很女性化,有时根本分不清性别,这样的男生被称为"花样美男",还有一些女生比较中性化。这些形象通过媒体得到宣传,称为一种时尚的代表。作为青春期的孩子来说,他们的自我认识还未完全形成,正处于喜欢模仿的阶段,在这种情况下,他们的性别角色受到了影响。

三、案例分析

▶▶案例　夹在书中的字条[①]

她 是 女 生

一天中午,小樱神色异样地来到我办公室,一言不发地递给我一本书。我问:"怎么了?""老师,你看了就知道了!"她好像有什么事情很难说出口的样子。我接过书,随手一翻,一张字条出现在我的眼前。字条上稚嫩的字迹表达着热烈的情感。我淡定地合上书,心想:"哎,又是一个青春期异性交往的故事!"我微笑着说:"没什么大不了的,你们处于青春期,能理解!这是哪个班的男生啊?"小樱的脸一下红了:"老师,她是个女生!"我目瞪口呆!女生?这是什么情况?我觉得我已经够开明的了,我知道青春期孩子们产生的两性情感是正常的,我也较好地处理过这方面的问题,可是,一个女孩向另一个女孩表达爱慕之情,这该怎么办?

我 不 是 女 生

我压住自己翻腾的心潮,假装淡定地对小樱说:"谢谢你信任我,你希望从我这里得到什么帮助呢?"小姑娘说:"老师,我觉得她怎么这么奇怪的,我也不知道该怎么办。"我安慰她:"你先别急,这件事情到底怎么回事还没搞清楚,为了你好,也为了她好,你让老师先去调查清楚,在此期间,你要保密,好吗?"小樱点点头。

小樱走后,我找到了那个她——小王。极短的头发,大大的眼睛,薄薄的嘴唇,个子不高,瘦瘦的。如果不说话,一眼看上去,像极了一个长相清秀的小男孩!我请她坐下,用很平静的语气跟她说:"小樱刚来找过我了。你知道是什么事吗?"她点点头。我接着说:"你别生气,她只是不知道该怎么办,所以来问问我的意见。说实话,我也不太理解那张纸条。"她咬着嘴唇,低下头。"你很喜欢小樱?"我接着问。她点点头。"你给她那张纸条是想和她做好朋友?"她又点点头。"哦,"我一副恍然大悟的样子,"原来是这样,你们平时不一直挺好的吗?为什么还要写那张纸条呢?"她突然抬起头看着我说:"老师,我喜欢她,我要她做我的女朋友!"我一阵头晕,可是还得强装镇定:"我以为女朋友这个词好像用在男生女生之间的,你们之间不合适吧!"她顿了顿,然后坚定地说:"我不是女生!"

为什么不是女生?

我详细地了解了小王的成长经历才知道,小王从小父母就离异了,她一直跟着父亲生活。父亲为了进出方便,一直把她当男孩养。剪短头发,穿男孩衣服。小时候父亲最喜欢跟她说,你没有妈妈,一切要靠你自己,所以要做个坚强的男子汉。平时和父亲相处也像个男

[①] 本案例由沈俊佳老师撰写。

孩,从不像人家女孩子那样撒娇。据她自己说,在上小学之前都没有意识自己是个女孩。后来,知道自己是女孩儿,觉得很别扭,觉得不能接受。在学校里她的朋友都是男孩,她不喜欢女孩子成群结队的叽叽喳喳,喜欢和男孩一起打球,心底里感觉自己就是个男孩。

这是一个由于家庭的原因,性别角色发生混乱的女孩。

试着做女生

面对这样一个特殊的孩子,我知道要转变是非常困难的。因为她的性别角色形成不是一朝一夕的事情,要想把她纠正过来,一定要花很多的时间和精力。但是作为一名老师,我觉得我应该尽力一试,因为这关系到一个孩子一生的发展。

1. 理解尊重

了解了来龙去脉以后,我并没有表现出大惊小怪,而是表现出了充分的理解和尊重。我对她说,每个人的性别是天生的,可是对性别角色的理解却是后天形成的。这么多年来你一直觉得你是男孩,一定有你自己的理由。这是你个人的事情,在这方面,你并没有做错什么。

2. 利用契机

由于我的态度,小王建立了对我的信任。在此基础上,我对她说,虽然从你的角度来看,性别角色是你自己的事情,可是你要小樱接受做你的女朋友,可能暂时有些困难。小王表示理解。我建议小王,可以试着先和小樱做朋友。小王也答应了。然后,我又找到小樱。我对她说,小王很喜欢你,想和你做朋友,可是她平时男孩子气多了一点,不太会表达,才写了那样一张字条,你别害怕。你看,小王平时在班级里也没什么朋友,你能不能带上你的好朋友,多和她说说话,下课一起玩呢?小樱点点头。

后来我发现,小樱经常和几个小姑娘一起找小王聊天,下课一起在操场散步。刚开始小王好像还有些不适应,慢慢也就习惯了。然后,我又悄悄跟小樱说,能不能在合适的时候,教教小王改变一下她的外表,小姑娘笑着答应了。

3. 家庭参与

我知道,小王的性别角色混乱是由于不当的家庭教育造成的,而要改变就必须得到家庭的支持。我将小王的父亲请到学校,将小王的情况告知了他。他非常后悔。他说,女儿一直很男孩子气,他没有觉得有什么问题,甚至觉得女儿像男孩子好,不会被欺负。可是他忘记了他的孩子到底是个女孩,他不当的教育方法给女儿造成了不良的后果。他愿意在今后的家庭教育中注意慢慢培养孩子的女孩特质。

渐渐的,小王在一点一点改变:外貌,衣着,说话的腔调等,都在慢慢向女孩靠拢,她正在试着做一个女生。现在的她看上去就是一个有男孩气质的女孩,而不像以前完全是个男孩。让我高兴的是,她再也没有提出要小樱做女朋友的事情。我会继续关注她的发展,陪着她慢慢地走下去。

四、辅导建议

人之初,成年人往往仅根据外生殖器来判断一个人的性别,但是这样并不完全合理,"内外不一致""表里不如一"的性别疑案比比皆是。以上案例中,我们可以得出结论,性别角色是在社会中形成,如果一个人对于自身性别认同发生偏差,就有可能造成一些心理问题及社会问题。青少年出现性别取向上的错乱,是可以通过教育和自我调整改变的。青春期的孩子生理和心理都尚未定型,他们往往处于对性别认同比较模糊的阶段,这时候对青少年进行性别角色教育正当其时。

那么我们该如何对青少年进行性别角色辅导呢?有以下几点建议:

1. 尊重与理解的态度

尊重与理解的态度是建立良好咨访关系的基础,这对每一个来访者都适用。但是,在性别角色辅导的时候尤其要强调这一点。这是因为性别角色有问题的孩子本身对自我就充满了否定与焦虑,他们会认为是自己犯了某种错误。他们在同伴当中大多情况下是被嘲笑和排斥的。咨询师能尊重他们对自我性别的感受,理解他们内心的焦虑和纠结,会让他有一种安全感和被接纳的感觉,更容易开展辅导。

2. 明确辅导目标

性别角色认同是自我认同的重要部分,一个性别角色困惑的青少年,其自我认同感是不高的,往往会处于自我迷茫之中。所以我们在进行性别角色辅导的时候,要很清楚目标,那就是要让来访者接受自己的性别,知道自己这种性别角色应该是怎样的,了解自己的性别优势,最终能够接受自己、悦纳自己。

3. 利用家庭资源

青春期孩子的性别角色问题大多是不当的家庭教育形成的。因此我们在进行辅导的时候一定要充分发挥家庭的作用,为孩子建立支持系统,创设一个良好的家庭环境。值得注意的是,很多家长对于自己孩子在性别角色方面出现问题并不十分重视。比如发现自己的儿子过于娘娘腔,他们并不认为这是什么大问题,总认为这无伤大雅,长大就好了。因此,我们在与家长沟通的时候,首先要给家长充分说明孩子性别角色混乱可能带来的问题,以及可能会对孩子今后的发展带来怎样的负面影响。其次要给家长具体的指导。因为很多家长缺乏这方面的知识,即使他想要纠正孩子的性别角色,也缺乏有效的措施。在这种情况下,咨询师就要给家长一些可操作性的建议。比如:改变对孩子说话的语气,提出更符合孩子性别特征的要求,对孩子表现出的性别优势表示赞赏,改变孩子房间的布置,让它更符合孩子的性别特点,让孩子和同性的家长多接触,多沟通等。

4. 从解决目前的困境入手

性别角色混乱的问题都不是一朝一夕形成的,我们在辅导的时候也要有足够的耐心,循序渐进。对于中学生来说,很少会直接意识到性别角色问题来寻求帮助,他们一般会因为性别角色混乱而引起的其他问题来进行咨询,较常见的是人际关系问题,比如在同伴当中会因为不符合性别角色的行为表现被欺负、被嘲笑等。我们不妨就从这些问题入手,在改善他的困境的同时,让他意识到自己的问题。我们还是以娘娘腔的男孩为例,我们可以这样要求:如果你要改变人家叫你娘娘腔、欺负你的情况,你可能要改变一下你的行为模式。当他的行为模式发生改变,他实际上就是在纠正他的性别角色。

要注意的是,我们强调青春期的男孩女孩有正确的性别意识,具有符合性别角色的特点,不是讲男性特质和女性特质是处于一个对立面,不能共存。即也要防止性别刻板印象,其实男性特质和女性特质是相对独立的特质,社会适应最好的人是同时具备男性特质和女性特质的人,我们称之为双性化。

第六章

人际关系辅导

学会与人和谐相处是一种生命智慧和伦理规范,良好的人际关系是一个人"安身立命之本"。在青少年社会化的过程中,学会与人相处是一个核心的发展任务,青少年只有通过人际交往,才能体验到归属感、自尊感、自我效能感与存在感,才能学会爱、关心、宽容和理解。另外,从青少年心理健康的角度看,青少年的抑郁和焦虑往往源于人际关系紧张。人际关系压力是仅次于学习压力的第二大压力源。

第一节 亲子冲突辅导

一、问题表现

亲子冲突指亲子双方的不一致,这种不一致既体现了双方目标的不一致,同时双方也感觉到了这种不一致,并且以言语或非言语的方式表现出来。

1. 家庭成员边界不清,多纠缠

家庭成员边界不清的现象主要表现为孩子作为父亲或母亲的替代品,与另一方母亲或父亲关系过于紧密。与孩子关系过于紧密的家长往往把更多的关注倾注于孩子身上,孩子深深地感到窒息或不自由,有一种想逃离的行为或想法。而此时家长感受到的是孩子的叛离,就会通过指责与埋怨来控制孩子。如此纠缠不清,就会爆发亲子冲突。

2. 养育过程情感缺失,多隔离

年轻的父母或是出于工作原因,或是对子女的亲子教育不够重视,常常将孩子交由爷爷奶奶或是外公外婆代养。和孩子住在一起的父母,与孩子还有一定时间的接触。最可惜的是,有些父母让祖辈将孩子带回老家抚养,错过了与孩子建立亲密关系的关键期。哪怕孩子上幼儿园后再接回来一起生活,孩子在心理上与父母还是有隔离的。就像有的家长说,孩子就是有点躲,好像不是自己的孩子。

3. 迫于生计互动过少,多陌生

在现代社会中,工作压力大是一个普遍问题。有的父母迫于生活压力,将绝大部分的精力用于工作上,不注意回家后与孩子互动;有的父母自身工作压力无处缓解,回家只想放松自己,根本不想关注孩子的事情。种种原因造成亲子间缺乏良性互动,或是亲子间互动的频率较低。这样,久而久之,孩子遭遇困惑与烦恼时,就不会向父母倾诉、寻求帮助,亲子间也越来越陌生。

4. 家长作风依然严重,多说教

传统的家庭教育方式使得父母"高高在上",他们往往多采用干涉、控制、惩罚、说教等手段,家长作风严重。这种教育方式使孩子自尊受损,觉得无人能真正理解自己。有时,父母口无遮拦的责骂、抱怨,会造成孩子的心理伤害;有时,反复的唠叨更会激起孩子的逆反心理,使其爱与父母唱反调。

二、原因探讨

1. 青少年身心发展迅速

随着孩子身心的不断成长,他们有了自我独立的意愿,但父母过度管束往往让孩子觉得缺乏自由的空间,从而产生亲子间的冲突。随着同伴交往的发展,孩子更愿意与同龄人交流,他们与同伴在一起的时间多过与父母待在一起的时间,更愿意获得伙伴的认可。而父母对孩子的逐渐远离行为不甚理解并提出各类要求去束缚孩子,则会让孩子越来越明显地感到父母不理解他们。另外,随着孩子心理能力的逐渐成熟,他们对父母的认识也会重新构建,原先对父母像神一样的崇拜,现在却不断发现父母的不完美,并逐步提出他们的自主权力。如果父母不适应孩子的这种成长需求,那么亲子间的冲突就会不断升级。

2. 家长教育方式滞后

家长在孩子的成长过程中,要不断地加强自身教育方式的学习。教育孩子的过程无法倒退、重来,若在某个点上卡住或发生冲突,父母要及时敏锐地发现或许是自己的教育方式要改进了。父母沿用上一代的教育方式来教育孩子,显然与孩子的发展是不符合的。"我没有榜样可学,我的爸爸没参与过我的教育。"一位深受教育问题困扰的爸爸如是说。在他的成长过程中,因当时的社会原因,他的爸爸远离家庭。现在的他,为孩子的未来忧虑,觉得该给孩子最好的教育,而这种控制式、强硬的教育方式让孩子深感压力,甚至影响了孩子正常的学习与生活,更伤害了孩子的心灵。

3. 社会信息渠道多元

在信息大爆炸的社会背景下,孩子的眼界比父母更超前、更开阔,他们的思想意识更开放;相比之下,父母因自身成长经历,更偏向于传统与保守。这样的不一致,会加剧亲子间的种种冲突。另外,现在的孩子从小就能熟练操作电子产品,他们从网络上或同伴间获取的信息比父母传授的多之又多,甚至不愿与有落后观念的父母理论。他们在网上交流的渠道与时间越来越多,有时可以把父母当作"隐形人"。在父母处无法得到的理解与接纳,他们都能在网络上获得;在父母处无法言语的某些"隐私",他们都能在网络上述说。这样,孩子就会选择没有责骂、惩罚与唠叨的交流方式,与父母的距离也会越来越远。

三、案例分析

▶▶**案例　母女情仇**[①]

仇视母亲的女孩

在我的疏导下,母亲激动的情绪慢慢平静下来。从她断断续续的讲述中,我大概了解到,夫妻俩由于在上海做小生意,刚开始生活不稳定,便让女儿小雨自幼生活在老家,主要由奶奶照顾,后来又生了儿子,因此一直无法把女儿接到身边。一年前,夫妻俩考虑到孩子上学问题,将其从老家带至身边就读幼儿园。小雨妈妈的叙述让我脑中呈现出对小雨的印象:圆圆的小脸,黝黑的肤色,忽闪的大眼睛,在心理活动课上能参与活动,只是不大主动发言。有时当我的目光与她相视时,我能明显感受到她的躲闪。我一直以为是她太内向了,现在看来这躲闪的背后还隐藏着许多。"什么事让你觉得小雨与你们之间的相处有问题?"一提起这个问题,小雨妈妈连声叹气:"老师,实话实说,我们也怕小雨觉得我们宠爱弟弟,所以每次买东西、出去玩时,我们尽量平等对待。可是,她自己从来不提要求买什么或者想干什么,明明是她自己的想法,每次都由她弟弟提出。弟弟也学会利用姐姐向我们提要求了,小小年纪的他也知道只要说姐姐想要的,一般我们都会答应的。有时,我甚至感到他们俩联合起来在耍我们。"我想这主要是因为小雨从小与父母两地生活,缺少长期的亲子关系的培养,在心理上与父母有明显的距离。弟弟一直与父母生活在一起,情感较融洽。相比之下,小雨自我感觉父母喜欢弟弟而不喜欢她。另外,我还了解到他们一家居住在大厂房里,邻居均为外省市人员,在无意间传递给小雨"女孩不如男孩""男孩是家里的命根"等信息,更让小雨感觉到父母更疼弟弟。"要让两个孩子都觉得父母对待他们是一模一样的,是件不容易的事。不过,我觉得你们已经很注意了。那么,是什么让你们觉得有必要寻求我的帮助呢?"性急的小雨妈妈又抢着说:"小雨刚到上海,上了一学期幼儿园,很多事情明显不如其他同学。我知道她像我一样比较好强,虽然她不声不响,却付出了比别人更多的努力。我每天陪着她学习,一旦发现有所落后(母亲自认为的标准)就会增加学习时间,我不能让别人认为我们不重视她。最近,小雨非得让弟弟每天陪着才肯做作业,我不管怎么说她或者责骂她,她总是不语、躲避,有时只冷冷地看我一眼。老师,你不知道她的眼神真的像把刀刺疼我的心。我真不知道接下去怎么办!"一旁的小雨爸爸也苦着脸连连点头。

女孩眼中的妈妈像大鲸鱼

第二天,小雨如约来到心理咨询室,我能明显感觉到她的紧张。为了缓解气氛,更为了建立良好的互动关系,我带她参观了心理辅导中心,与她一起体验了几项活动。渐渐地,我发现小雨放松了,便和她聊起了家常。

怕小雨人小说不清家庭成员间的关系,我就用画"家庭水族箱"的投射方法来了解情况。向小雨讲清画画的要求后,让她独自完成。半小时后,小雨完成作品。

[①] 本案例由金婉娟老师撰写。

通过绘画,小雨真实地表达了她的想法。在她的潜意识里,母亲的形象像鲸鱼一样庞大凶猛,她的害怕与冷漠来自于母亲的强势。在小雨无法解决如何与母亲相处的状况下,她选择了逃避,用不语与冷眼来表达自己的意愿。逃避不是解决问题的办法,唯有让小雨感受到父母对她的真心付出,才能改变她的非理性想法,才有可能改善亲子关系。

破解不如弟弟的谬论

在小雨叙述的她与母亲的故事中,我感受到她也曾为母亲不远千里回家探望她而激动,也曾为母亲寄回的漂亮衣服而沾沾自喜,也曾为母亲的问候电话开心不已。然而,另一种感受也从她的话语中真真实实地传递出来:我不如弟弟,妈妈喜欢弟弟而不喜欢我。长期分居两地、缺乏亲情的交流、弟弟的得宠使小雨形成了如此的非理性思维,加之较晚上幼儿园就读,她明显地感到弟弟和其他小朋友比她懂得多、会得多,因此有自我挫败、自我否定的倾向。所以,小雨非要弟弟陪着才肯做作业、冷眼相对母亲、不愿与同伴玩都只是一种表象,真正的问题是小雨因年龄幼小,无法辨别事情的真相,无法理解父母的苦衷,她只是从他人的言语中(居住同乡的落后意识)、从母亲有时袒护弟弟的一些事件中,感觉自己不如别人,进而压抑自己的情感。几次的谈话使我获得了小雨的信任,她能比较轻松地表达自己的感受,同时她也较聪慧,能理解我想要说的话意,所以我们的互动也较为顺畅。

小雨已意识到做作业非要弟弟陪的不当之处,知道碰到事情时不能太急躁,想到自己的时候也要想想别人,只有改变自己的不切当想法,才能使自己不那么难受。在与小雨交谈后,我迅速和她母亲联系,把小雨的真实想法与家长进行了沟通。同时指出,孩子问题的根源在家长身上,处理姐弟俩关系的关键在于事事体现公正,不要让小雨存在自己不如弟弟的想法。几天后,小雨母亲打电话反映,小雨已能自己一个人做作业,不再要求弟弟陪着了。

寻找真情的储汇单

在解决了做作业这个表象问题后,我并没有松了一口气,因为要真正地帮助小雨,关键是调和她们母女俩之间的亲子关系。只有在良好和谐的亲子关系中,小雨才能理解妈妈、认可妈妈,否则她的非理性想法会自动跳出,从而一再地否定自己。考虑到小雨是一年级学生,我无法与她深入地探讨问题,想到"让事实说话"的有力性,我给小雨布置了"寻找真情"的家庭作业。为了激起小雨的兴趣,我告诉她:这就像是银行里的存款单,你发现得越多、记得越多,就像是钱越存越多。在我的解释下,小雨很快明白了作业要求,并表现出极高的兴趣。第一周的真情储汇单只设计了两项内容,具体如下:

日期	妈妈为我做的事	我的感受

小小一张储汇单让小雨把关注点从妈妈宠弟弟转向了妈妈也很关心自己上来,母女俩的情感有了转机。在此基础上,我觉得有必要引导小雨要学会付出,不能一味地索取。真情储汇单改动如下:

日期	妈妈为我做的事	我的感受	我为妈妈做的事	妈妈的反应

从一周后的反馈来看，母女俩的关系互动有了很大改观，小雨也能主动向妈妈示好了。几周后，我利用心理活动课后的课间休息时间询问小雨："最近和妈妈相处得怎样？"她朝我笑笑："还行，妈妈也经常夸我越来越懂事了。"听到这样的回答，我感到让小雨走进妈妈的生活，细心观察妈妈为他们的付出，让生活去感动小雨，比我用简单、枯燥的说教更有效。

表达爱意的节日贺卡

对小雨的辅导持续到学期结束时已有两个多月了，小雨通过自己的努力取得了不错的成绩，荣获学校三等奖。各科老师都反映小雨后半学期进步明显，人也开朗了许多，在课堂上也能积极参与讨论活动了。心理老师说，小雨妈妈对小雨的教育方式改变了不少，经常向老师请教辅导经验。更可喜的是，小雨妈妈告诉我，他们准备回老家过春节，一来让儿子到老家去体验生活，二来让小雨与奶奶好好聚聚。在我看来，小雨妈妈已经懂得如何去经营亲情了。

新学期开学的一天早上，我在校门口值班。"金老师，新年好！"随着一声清脆的叫声，小雨欢快地往教室奔去。小雨妈妈正笑盈盈地朝我招手，我忙走上前去："有什么事吗？"她神秘地从包里拿出一张贺卡大小的铅画纸递给我。我打开一看，是一张自制的新年贺卡，上面画了一家四口人手牵着手在看花灯，一行幼稚的字跃然纸上："妈妈，谢谢您！您是爱我的，我也很爱您！"不用千言万语，只这简简单单的一句话便道出了小雨的真切感受。"小雨妈妈，你没有白付出呀！""还是要谢谢你的帮助，也要谢谢小雨班级的老师对她的关心。"看到小雨回归到正常的成长轨道上，我心自然欣喜。

在本案例中，我从母亲的求助中，了解了小雨的家庭情况、对母亲敌对的原因，同时也敏锐地发现了小雨的内心诉求，于是把咨询的重点落在小雨的身上——通过画"家庭水族箱"的投射方法来了解具体情况，并用ABC理论来改变小雨的非理性想法，采用"寻找真情的储汇单"活动来学习换位思考。另外，我还感受到了小雨想改善母女关系的内在需求，于是利用小雨的内心积极力量，最终帮助她跨越了母女间的情感鸿沟。

四、辅导建议

上述案例是一位心理咨询师针对亲子冲突比较成功的辅导，下面介绍一些有关亲子冲突的心理辅导建议和干预措施，以供参考。

1. 转变内心的非理性想法

非理性想法是造成问题的内在深层次的根，不拔掉这个根，就无法调节亲子冲突，许多辅导只能治标不治本。在本案例中，小雨因原先不与父母生活在一起、感情比较疏远，弟弟一直与父母生活在一起、感情比较亲密的原因，再加上老乡们的闲话，让小雨渐渐觉得自己不如弟弟、不如别人,从而压抑自己的情感,与父母越来越冷漠。据此,咨询师采用认知行为疗法中的技巧挑战她的非理性想法。

师:"小雨,哪些事让你觉得不如弟弟或别人?"

生:"弟弟会背很多古诗、会算数,他们(居住一起的小伙伴)笑我说的普通话难听。"

师:"那是因为他们从小生活在上海,如果你和他们一起学的话,你会不如他们吗?"

生:"不会。在我们几个读一年级的学生中,我得到的小贴纸(老师发的奖品)最多。"

师:"你还有什么比他们能干?"

生:"我在老家时就自己洗澡了,他们现在还要爸爸妈妈帮忙;放学我能自己回家,他们怕累要大人接;我能教弟弟读拼音,他们还要爸爸妈妈教……"

师:"看,我们小雨多能干,现在你还觉得自己不如他们吗?"

生:……(忽闪着大眼睛朝我摇头。)

师:"对呀,到底行不行,自己最清楚。"

生:"嗯。"(爽快地点头。)

2. 亲子双方学习换位思考

人在看待问题时,往往是从自己的角度去评判的,这样往往越想越觉得自己是受伤方、吃亏者。在小雨的案例中,小雨觉得自己不受父母喜爱、不如他人能干,小雨妈妈觉得自己对孩子一视同仁却仍被小雨仇视,双方各自站在自己的角度,亲子矛盾越积越深。所以,咨询师在辅导时通过"寻找真情储汇单",既设计了"妈妈为我做的事、我的感受",也设计了"我为妈妈做的事、妈妈的反应",这样便于小雨学会换位思考,缓解了亲子间的冲突。当然,就小雨在"寻找真情储汇单"上记录的事情,咨询师也同她妈妈进行了讨论,让妈妈也能站在小雨的角度去理解孩子的想法与感受。

3. 调动家庭全体成员参与

亲子间的某个问题的显露,往往会带出整个家庭系统的问题。有的孩子到青春期会叛逆,甚至夜不归宿,可能是与父母某一方关系紧张。进一步就他们关系紧张深入探究,会牵扯出父母之间关系的紧张或疏离,孩子只是先跳出来,以"牺牲自己"的方式来拯救家庭。所以,要有效改善亲子间的矛盾,咨询师需调动家庭全体成员来参与辅导过程。例如,在一例因父子关系紧张导致孩子学习成绩下滑的案例中,咨询师发现母亲以旁观者的姿态远离父子"战争"时,就把母亲圈了进来。

师:"爸爸刚才讲了很多自己是怎么辅导孩子学习的,妈妈你怎么看待爸爸的辅导呢?"

母:"他对孩子的学习是很费心辅导,但我觉得辅导的方式不是孩子喜欢的。"

父:"孩子成绩越来越差,你不辅导,当然没压力。"

母:"我不辅导?是你觉得我没你辅导得好。"

师:"爸爸,不急,你有没有听到妈妈的话,她说你没给她辅导机会,是你认为她辅导不好,所以她不帮你的忙。"

母:"他一直自以为是,我说也没用。"

师:"今天是个好机会,爸爸你觉得哪些辅导可以让妈妈来?"

一周后的反馈,妈妈参与了辅导功课,爸爸也觉得轻松一点了。

4. 采用方法更需随机应变

亲子冲突在孩子成长的各个阶段,以不同形式、不同问题呈现,所以在不同阶段要采用不同方式处理。低年龄段的孩子重在行为指导,青春期的孩子需要情绪调整。当然,即使是同一个案例,也要视状况采用不同辅导方法。如上述小雨案例中,在开始时采用绘画法了解了家庭成员间的关系,发现了隐藏的问题;随后用认知疗法中的有关技巧挑战小雨的非理性思维,改变了她的认知,达到了不要弟弟陪读的目的;后来利用孩子的游戏喜好,采用记录储汇单的方式让小雨感受妈妈对她的真情与关爱。种种方法的选用,都离不开对案主的适用,要及时加以调整。

第二节　同伴交往问题辅导

一、问题表现

交往是人的一种基本需要,个体从出生起就有与人互动的倾向,通过人际交往发展社交技能、学习社会规则,逐步实现社会化。大量研究也表明,人际关系与心理健康高度相关。和谐的人际交往过程既能使人获得他人的接纳和赞许,体验到自己存在的价值,又能获得合作、互助的积极体验,增添生活乐趣,并发展更具适应性的合群特质。人际支持系统能缓冲各类生活事件对个体产生的应激反应,有效降低罹患各类心理疾病的可能性。

当然,并非所有的青少年都能交到理想的朋友。在固定的人群与团队中,一些一直不受欢迎的青少年容易出现一些负性的情绪。因为不受同伴或朋友欢迎,青少年容易消沉,出现行为问题、学业问题、焦虑甚至抑郁。他们因此容易与家长、老师或同伴、朋友发生冲突,更容易出现辍学。由同伴关系不良而引发的低自尊、焦虑和消沉情绪等心理问题,会对身心健康产生极大的影响。

二、原因探讨

1. 同辈群体的压力

进入青春期以后,一系列成长问题让初中生有了许多心理上的不安和焦躁。他们需要有一个能倾吐烦恼、交流思想并能保守秘密的地方,因此他们交友的范围逐渐缩小了,初中生最要好的朋友一般是一至两个。他们选择朋友的标准如:有共同的志趣和追求、有共同的苦闷和烦恼、性格相近、在许多方面能相互理解等。初中生好友之间一般为同性,这一阶段的朋友关系十分密切,所建立起的友谊相对稳定和持久。

心理学家罗伯特·魏斯在研究各种人际关系后指出,同辈群体能够满足个体的某些心理需求,主要包括六方面:一是依恋。个体在童年时代对父母的依恋,在长大以后通过朋友得到亲密体验。二是社会整合。青少年在社会化的过程中渴望得到群体的接纳、认可。三是价值的保证。青少年渴望发挥才智,在团队中得到价值认可。四是可靠的同盟感。在交往过程中,青少年可以感受到合作与拥有忠实伙伴的快乐体验。五是获得指导。在交往中,青少年可以学习到团队中的规范,获得知识与信息,得到成长。六是助人机会。青少年在团队中助人的品质让其更受欢迎,受重视。[1]

2. 环境的变迁

青春期学生将感情的重心逐渐偏向于关系密切的朋友。在一项调查中,初中生关于"你平时将自己内心想的事经常对谁讲?"的问题回答排序是:朋友、兄弟姐妹、父母。由此不难看出,朋友关系在初中生的心目中变得日益重要。因为此时的他们认为:朋友之间应该能够同甘苦、共患难,能够从对方得到支持和帮助。这种交流对初中生的心理发展是有积极意义的,能够使他们通过别人更好地认识到自己内心世界所发生的一切,更好地了解自己。如果因为环境变迁等原因,青少年失去了原有的朋友或者交往圈,而且不能很快融入新的环境,他就会有孤独感,产生不安全感,很难保持情绪的平静和稳定,这种孤独和压抑将进而影响其学习、生活,影响心理健康。

3. 家长指导的缺位

由于生活节奏的加快,生活压力的增大,家长和孩子相处的时间越来越少,与孩子间的沟通也随之减少,所以青少年更多的时间是和同伴或好友一起度过的,这时朋友就成了他们的避难所和感情的支持者。因为朋友既能与他们分享快乐,又能替他们分担忧愁。但是青少年的交友有时也存在盲目性,一方面表现在交友的方式上,另一方面表现在交往的对象上。尽管此时的青少年与父母之间的关系从依赖到摆脱,但是父母依旧具有监督引导的价值与意义。亲子间的沟通不仅可以帮助青少年很好地处理同伴关系,结交有利于其自我发展的朋友,使其了解交友的原则以及朋友对自己发展的影响,而且可以在青少年处理交往危机时给予支持、分享与引导。

三、案例分析

▶▶**案例　融入需要过程**①

为了请客而旷课

王老师气呼呼地带着一个男生来到咨询室,讲述了班里中午发生的一件事情:

中午,同学们都领好饭在教室里用午餐,她习惯性地来到教室,想和孩子们聊聊天,看看他们狼吞虎咽的样子。咦? 今天怎么回事? 还有好多份饭没有动过,难道是被第四节课的老师"请"去了? 一问不对呀,最后一节课是在教室里上的,而且同学们也没看到有谁被老师叫去。那上哪儿去了? 这饭都凉了,她站在阳台上翘首以盼……

时间很快过去了,眼看下午第一节课要过半了,一群孩子歪歪扭扭,好似"酒足饭饱"的样子回来了。经过她的一番盘问,孩子们总算"供出"是赵民(化名)提出今天要请大家撮一顿的……没等他们讲完,她的火气一下子冲了上来,小小年纪就成群结队地下馆子,还利用

---

① 本案例由蔡素文老师撰写。

中午时间,根本无视校纪校规。看到老师生气的样子,学生们为了开脱自己,一个个七嘴八舌地说开了:

"我们也不想去的,赵民硬叫我们去。"

"赵民最近还买了好多东西送给我们。"

"对!他还说他们家很有钱的。"

"其实他家没有钱。"

"对,这钱是他从老爸老妈那偷来的,偷了几千块呢!"

"……"

王老师越说越生气,到后来简直是愤怒,她对我说:"谢谢您!这孩子麻烦您和他聊聊,心里到底怎么想,我要赶去上课呢!"看着王老师的背影渐渐远去,我回过头来看看赵民,当我的眼神停在他身上时,他原本低着的头更低了。我让他坐下,他拘谨地坐着,两只手用力地绞在一起,好像在等着"暴风雨"的降临。看着他的样子,心中的怜惜之情油然而生,我知道他此时需要的不是"暴风骤雨",而是适时理解和应对策略。

我让自己尽量站在他的立场去思考问题,终于发现了从他的角度来看待问题、解决问题的做法。于是我顺着他的思路说:"也许老师能理解你这样做的道理,你想交朋友,对吗?"

赵民使劲点头,抬头看着我,好像找到救命稻草一般。

为了让赵民发现问题所在,我又说:"但这样是交不到真朋友的,刚才你们王老师跟我复述过其他同学对你的评价。"

赵民又使劲地点头。

我接着说:"事情已经发生,我们还是想办法弥补吧!刚才虽然听了王老师的转述,不过老师还是想和你面对面地聊聊事情的原委,好吗?"

赵民又是使劲地点点头。

我说:"今天你请大家出学校吃午饭?"

赵民轻轻地回答:"是。"

我说:"他们还说你一直给大家送礼物?"

赵民点点头。

我说:"那么这钱从哪里来?"

赵民似乎被点了穴一般不动了。

我说:"咱们不是想解决问题吗?你若相信老师,就应该把真相和你的难处告诉我,我们才能一起想办法解决,你说对吗?"

赵民还是有些犹豫,我也不强求。过了一会儿,他终于鼓起勇气语无伦次地说:"妈妈给的,呃,不是,是到妈妈钱包里……拿的……"

看到他如此艰难地告诉我真相,我拍拍他的肩膀说:"这是个问题,但是办法总是比问题多,对吗?"

见赵民的表情轻松了一些,我说:"你别急,今天先回去想想你的解决办法,我也想想,明天咱俩再一起想办法。放心,老师、家长那边我会沟通。"

有时候要给孩子一个台阶下,这样既给了他们一点回旋的余地和重新思考审视问题的时间,也给了他们弥补的机会。

一位平凡的插班生

赵民是一个初中预备班的孩子,父母均是外来务工人员。他有两个姐姐,其中一个姐姐有先天性心脏病。赵民的健康出生让父母欣慰万分,加上有重男轻女的观念,父母对他更是疼爱有加。然而姐姐的病加上父母没有固定工作,致使一家人的生活非常拮据。

赵民原本在老家跟爷爷奶奶一起生活,但是父母舍不得让他待在老家,于是通过几个老乡费了好大的劲,才在预备班的下半学期让赵民转进这个班。其貌不扬、成绩平平的赵民渴望认可、渴望朋友,最终决定"铤而走险",所以出现了以上事件。

如何拥有真朋友

第二天,在心理咨询室,我和赵民再一次坐下来,这一次是在了解了事件的前因后果和他的背景之后,我们在一起面对问题想对策。

我:"来我们学校习惯吗?"

赵民:"不习惯。"

我:"不习惯在哪些地方?"

赵民:"最主要的是同学们都不理我。"

我:"你很在意,是吧?"

赵民:"嗯!"

我:"于是你就想请大家吃饭拉近关系,是吗?"

赵民:"嗯!我真不知道还有其他什么办法。"

我:"今天你很勇敢,说出了你的真实困扰,我们一起来看看,如何拥有真朋友。一位心理学家曾经说过,人们交朋友时一般会考虑相邻性,就是喜欢那些离得较近的人;还有相似性,就是喜欢有着相似的性格、价值观和信念的人;还有互补性,就是能够提供相互帮助的人;还有就是高能力,就是大家会更喜欢那些有能力的人。你看看,你可以从哪些方面努力?"

赵民:"啊?交朋友还有这么多讲究?太好了!老师!"

一直老老实实的赵民一下子活跃起来。没等我说话,他就说:"我和大家差别太大了,所以我交不到朋友。不过我可以去帮助别人呀,成为大家需要的人。"

我:"那你可以做些什么呢?"

赵民:"扫地、擦窗什么的都行啊!"

看着实诚的孩子,我都有点心疼。

我:"还有没有其他考虑呢?"

赵民:"嗯……我是不是要努力学习?"

我:"说说你的想法。"

赵民:"最后一条不是说大家喜欢有能力的人吗?"

我:"太棒了!老师祝贺你找到了拥有朋友的正确途径。接下来,你是不是想根据自己的想法去试试?"

赵民:"嗯!"

我:"你既然可以梳理清楚接下来要做的事情,那是不是也可以梳理一下昨天发生的事情,然后说说解决方案。"

赵民:"我先给老师道个歉,然后……还钱给爸爸妈妈……"

我:"怎么还?你又没有钱。"

赵民:"不要零花钱。"

我:"嗯!老师真的很高兴,你可以梳理清楚自己面对的问题,并且想办法解决,很棒!祝你成功!"

赵民:"谢谢老师!"

事件尾声

一星期之后,赵民和妈妈一起来到了咨询室。赵民妈妈说:"一开始知道是自己孩子偷的钱,真是落掉牙齿往肚里咽,真恨孩子不争气!现在好了,班级的同学把能还回来的钱都还回来了,孩子这几天也懂事多了。"

我笑眯眯地看着赵民:"大家把钱还回来了,你会觉得没面子吗?"

赵民挠着头半天冒出一句:"老师,谢谢您!其实我没想要把钱追回来,只是努力做好自己的事,没想到同学们主动把钱还给我了……其实,之前那样交朋友才会没面子呢!谢谢您!"

我看着比我还高出半个头的赵民,拍拍他的肩膀,真诚地说:"面对现实,做好自己比什么都好,那样你一定会有朋友的。"

赵民又挠挠头憨憨地笑了……

四、辅导建议

1. 了解是前提

我们常说:"物以类聚,人以群分。""近朱者赤,近墨者黑。"足见社会对青少年的影响远高于同辈或朋友的影响。哈利·斯塔克·沙利文认为,朋友对青少年有积极的作用。他认为,青春期亲密的友谊可以帮助青少年发展认知,他们会比较自己与朋友的观点。托马斯·伯尔迪特明确了青春期朋友可以提供的四种支持:

(1)信息支持。青少年在解决个人问题时,朋友会给予建议与指导,包括朋友、父母、恋人或学校方面的问题。由于青少年年龄相似,所以他们经常有相似的经历,亲密的友谊给青少年提供了支持源,因为他们可以和那些他们相信会接受和理解自己的人说出内心最深处的想法。

(2)工具性支持。青春期的青少年以相互帮忙完成家庭作业、相互考试作弊、相互借钱、共同蒙骗家长和老师等而达成"同盟",然后再达到各自的目的。

(3)同伴支持。青少年在社会活动中可以让同伴相互信任。青春期的青少年经常一起学习、一起探讨问题、一起打篮球、骑车旅行或参加其他集体活动等,青春期的朋友在这些事情上作为可靠的同伴相互支持,当然也包括那些每天的琐事,比如一起吃饭、一起逛街购物、一起回家等。每当某位朋友因犯错误而被老师叫到办公室批评时,其他朋友会向老师求情,帮助其减轻惩戒的力度,这也充分显示了同伴的支持作用。

（4）内心支持。青春期的朋友还表现在提升他们的尊严上。即在成功时得到朋友的祝贺,在失败时朋友会鼓励或安慰他们。不管事情是好还是坏,朋友都"陪在身边",成为他们强大的支持源。

这些支持对于青少年的心理健康有积极作用,并有助于减少消沉和心理困扰。纵向研究发现:支持性的友谊可以导致较高的自尊和较低的抑郁,可以促进学校表现。教师和家长要了解青春期青少年的交友状况及动态,关注他们的情绪变化和思想变化,及时地、适时地给予支持与引导。

2. 认识是基础

在了解朋辈关系对于青少年的意义时,需要让青少年知道,影响朋辈关系的特质有:

(1) 相邻性:人们喜欢那些离他们较近的人。
(2) 相似性:人们更喜欢那些与他们有着相似的性格、价值观和信念的人。
(3) 互补性:人们更喜欢那些能满足他们需要的人。
(4) 高能力:人们更喜欢那些有能力的人。
(5) 魅力度:人们更喜欢外表迷人或其他方面很讨人喜欢的人。
(6) 相互性:人们更喜欢那些喜欢他们的人。

3. 策略是关键

很多人在小时候或青春期有过那么一段不受欢迎的时期,他们因转到新的班级或学校而被拒绝或被忽视。如果够幸运,他们可以走出阴霾,锻炼自己的社会交往能力,或者发展新的兴趣爱好和能力,从而结交新的有共同爱好的朋友。但是很多时候没有那么幸运,很多青少年就是遇到了交往上的障碍和困扰。此时的教师和家长应该通过心理干预来改变他们的社会认知并提高他们的社交技能,使他们学会如何控制自己的情绪,遵循彼此之间的互相支持与重视原则。以下是一位心理辅导教师对一位初中生进行情绪辅导的过程。

生:"老师,大家说我脾气不好,像火药桶,一点就炸!"

师:"每当自己要发脾气时,先深呼吸,努力使自己平静下来,想一想你刚才做了什么。你可以举具体的例子。"

生:"今天上午,我和同学发生肢体冲突,原因是那同学把脚伸到过道,想绊我摔跤。"

师:"说一说或写一写你当时的内心感受。"

生:"气愤,极其气愤,我和他无冤无仇,他要让我出洋相。"

师:"他要让你出洋相,是当时你对事件的评判。如果现在让你重新对事件进行评估,请为这件事情的结果设定一个积极的目标。"

生:"积极就是往好处想,对吗?好吧,那他不是故意的。"

师:"既然你这样想了,就再找出可能达到这个目标的解决办法吧。"

生:"我走过去问他是不是故意的,他肯定说不是,然后让我过去了。"

师:"试着预期这个可能的方法会达到什么样的结果。"

生:"化干戈为玉帛啦!"

师:"想想还有没有其他可能解决的方法,选择最佳的解决办法,然后去做。"

生:"哦!不生气说简单也简单,说不简单也不简单。这样一点点来似乎有点管用。"

上述案例中的青少年来访者说的"一点点来",其实就是问题改善的步骤。如果青少年在面对事件的时候能够遵循上述案例的过程:觉察(当下感知)——停止(言语行为)——澄清(事实真相)——链接(积极言行),那么他们就可以增强自我面对问题时提出建设性解决措施的能力,社会关系也会有一定的改善,从而巩固同伴间的友谊,发展出良好的同伴关系和朋友关系,提高自尊心,以愉悦的心情投入学习和生活。

第三节　学校适应问题辅导

一、问题表现

适应和发展是人生每个阶段都可能面临的任务,是青少年成长过程中的一项重要能力。目前,学校适应不良在中小学生中具有一定的普遍性。据统计,约有7%—12%的学生有严重的适应不良。主要表现在学生适应学校环境的能力弱,不能通过积极调整自己的行为方式和心理,使其符合学校规范,没有良好的师生关系、同伴关系,不能愉快地参与学校生活,无法取得良好的学业成绩。研究认为,学校适应不良不仅会影响学生个体潜能的发挥,影响个体的课业成绩和人际关系,还会对个体的身心健康产生危害,甚至会影响和妨碍他们形成正确的价值观和良好的品格,影响今后的社会适应。

二、原因探讨

学校适应的影响因素归纳起来主要有人际关系因素、家庭因素和个体自身因素。

1. 人际关系因素

在人际关系方面,师生关系、同伴关系在影响学生学校适应上起到比较重要的作用。师生关系与学生早期的学校适应研究表明:师生关系与学生的早期学校适应显著相关。亲密的师生关系与学生积极的适应结果(如学校喜好、班级参与、学业能力)有关;冲突的师生关系与学生的消极适应结果有关。在学习成绩方面,研究表明,教师对学生更多的关心、指导、帮助和支持可以提高学生的学习兴趣和学习动机,与学生的学业成绩呈正相关。

同伴关系是衡量学生人际交往的主要指标,主要包括同伴接纳和友谊两个方面。同伴接纳反映的是个体与群体间的单向关系,指的是群体对个体的喜欢或者排斥的态度以及个体在群体中的角色和地位;友谊反映的是个体和个体之间的相互或者双向关系。研究表明,在学校有过欺负经历和被欺负经历的学生更容易产生对学校的消极、厌烦和逃避情绪,也更容易出现情感上的问题。如经常被欺负的青少年,常伴随着厌学、逃学、课业成绩下降、上课注意力不集中等问题。

2. 家庭因素

当巴奇等人的研究发现,父母的教养方式与青少年的课业成绩呈显著的关联。专制型和放任型的教养方式与学生的课业成绩呈负相关,权威型教养方式与成绩呈正相关,且教养方式与成绩的这种相关不受性别、年龄、父母教育水平的影响。拉本等人的调查研究发现,权威型教养方式的青少年在心理社会发展方面的得分最高,在心理与行为适应不良方面的得分最低。

3. 个体自身因素

个体自身因素,如学习方法的差异、学习能力水平的高低、自尊、自我概念、社会支持、个体身心发展特点、个性以及性格特点都会影响到青少年的学校适应。

三、案例分析

▶▶案例 "木桩子"的转变[①]

小高,男,高一新生,借读。人如其名,身高 1.92 米,身材魁梧,站在那里就像是一座大山。开学两周,小高的表现就像他的身材一样给各位任课老师留下了深刻的印象。因为班级人数是单数,所以小高独自坐在教室最后一排的角落里。上课时,他眼睛始终盯着前方,面无表情。如果有老师向他提问,他会很木然地回答:"我不知道。"即使是下课时间,小高除了上厕所,其余时间也是呆坐在自己的座位上,不怎么与其他同学交流。别人主动与他搭讪,他也只是茫然地听着,不去接话。师生们对他的评价都是:"像个木桩子"。最让老师们头痛的就是他从不交作业,问他为什么,他还是一贯的言简意赅:"不会做"。老师们继续追问:"不会做为什么不问呀?"被逼急了,他就回上一句:"我不想学!"

小高唯一的爱好就是看漫画。据他妈妈反应,最近他在看的一部漫画的主角死了,他心情低落。我想这是个好机会,于是中午约了小高单独见面。

我问:"小高,听你妈妈说你最近看的漫画结果让你很伤心,是吗?"小高一如既往的沉默,不置可否。

我接着说:"老师以前也遇到过这样的事情。我以前看过一部连续剧,最后我最喜欢的人物死了,电视剧也结束了。我心情很沮丧,无法接受这个结局,每天都在想,总觉得那个人物还应该做点什么。最后,我决定自己重编剧情,我按照自己的想法重新安排了我喜爱人物的命运。想着我自己编的故事,就像是真的发生了一样,心情就渐渐好起来了。"

小高抬了抬眼皮,想说什么,但是最终还是什么也没有说。我很失望,觉得这次出击又失败了。

但是接下来的一个月里,同学们反应,只要一下课,小高就埋头写东西。老师们也说,上课时小高的眼神不再是空洞的,他好像在想什么事,但还是和课堂上的内容没什么关系。我猜他是在照我说的编故事了。终于有一天,小高拿着本子来找我,我仔细读了他写的故事,吃惊不小。故事讲的是死去的主角被仙人所救,起死回生,经过自己的卧薪尝胆,终于重新站了起来,在朋友们的帮助下最终打败了更强大的对手。叙事的思路清晰,文笔流畅,情感

[①] 本案例由吴俊琳老师撰写。

描写丰富,故事结构完整且跌宕起伏。有那么一小会儿,我甚至怀疑那不是他写出来的。我把我的想法如实告诉了他,我第一次看到这个大男孩脸上流露出羞涩和欣喜的表情,我也第一次感到我们终于可以有交流的内容了。我请小高推荐几部好的漫画,小高欣然答应,开始如数家珍地介绍起来。他还向我介绍了他最喜欢的漫画人物,从他的描述中我注意到,小高喜欢的人物都是漫画的主角,都是男性,都是最强大、最智慧和最成功的。这会不会预示着什么?

我提出了我的疑问,小高愣了好一会儿,然后表示之前他并没有觉得,现在想想应该是的,这些人物的特质恰恰是他对自己的期望。

我:"小高,你觉得自己什么时候能具备这样的特质?"

小高:"不会吧!"

我:"你有尝试过吗?"

小高:"有。小学时我很努力地学习,那时我的学习成绩还是不错的。只是……只是……从我记事开始,我的爸爸和妈妈就是分居的。我爸爸在另一个区有自己的房子,一般不回来。偶尔回来,我妈妈都会向他夸奖我,但是爸爸每次都说我只长个不长脑。我不知道爸爸为什么会这样,我妈妈说那是因为爸爸希望我能做得更好。所以,每次我都对自己说,下次我一定做得更好。但是爸爸还是一次次地贬低我。渐渐地,我因为爸爸的话开始痛恨自己长这么高,我越来越觉得自己是个四肢发达、头脑简单的家伙。到了初中,我的学习越来越差。我妈妈是个女强人,她做什么都很成功。唯独我这个儿子不争气,中考一塌糊涂。妈妈托了很多关系才让我借读到这个学校,她说换个新环境,有个新开始。但是我知道自己很笨、学不好,特别是在这样一所重点学校,所以我干脆不学习。因为我上课不听讲、作业不做,所以大家会觉得我学不好是当然的。但如果我学了,结果还是学不好,那大家就知道我是个傻子了。"

我:"学习不好的人就是傻子吗?"

小高:"是的。"

我:"在我们班上有这样的学生吗?能列举几个你看到的例子吗?"

小高:"一时之间还找不到。"

我:"开学至今,我们已进行过两次月考了,成绩靠后的都有哪些同学?"

小高:"我没怎么注意,好像两个体训生的成绩跟我一样差。"

我:"那有听同学们说他们是傻子吗?"

小高:"没有。"

我:"他们的学习态度和你比,怎么样?"

小高:"我属于自我放弃的,他们肯定比我好。"

我:"那他们成绩和你一样,为什么没有人说他们是傻子?"

小高:"因为他们篮球打得好,男生们常找他们切磋球技;女生们也爱看他们打球,所以他们人缘挺不错的,没人会这么说他们。"

我:"这么看来,学科学习能力不是评价一个人傻不傻的标准?"

小高:"应该吧。"

我:"那你觉得到底什么样的人会被别人认为是傻的?"

小高:"我也说不准。不过,看看那两位,我想有一技之长的人不会被别人说成是傻子。"

我:"那你没有什么特长吗?"

小高:"其实我在班级里不太理睬其他同学,那两个体训生之所以引起我的注意,是因为他们篮球打得确实不错。我初中的时候代表班级参加过校篮球比赛,我的球技也很不错的。我们班最后夺得了冠军。"

我:"原来如此。而且你还有别人没有的身高优势,不好好利用就可惜了。下次在体育活动的时候你也露一手吧?"

小高的表情明显缓和下来,听到我的提议,他犹豫了一会,回答:"好的。"

我:"小高,虽然你说选择放弃,但我相信你心里还是希望自己能有所作为、能得到大家的认可,否则你不会为漫画中的那个主角的命运伤心,也不会花那么多时间续写故事让他重新站起来,不是吗?"

小高:"……"

小高沉默了许久,我想他是在经历思想斗争吧。最后,他终于说了声:"谢谢老师!我会努力的。"

这次谈话之后,拦在小高与老师和同学之间的冰山渐渐融化了。同学们惊讶地发现班级里还藏着这样一个"秘密武器",他们因此更期盼校级篮球赛的开始,憧憬着班级篮球队在学校里大放光彩。

或许是那次谈话的作用,也可能是因为得到了同学们的认可,小高不再自暴自弃了。上课时他的眼睛开始追随老师了,作业也开始尝试着做了。当然,因为之前基础太差,他在学习上还是很吃力的。所以,我们根据他的实际情况,一起制订了高一学期的总体目标(将语文、数学和英语总分成绩由原来的名次向前提升五十名)和近期目标(月考时,争取将原先基础较好的语文考到平均成绩;数学和英语,则争取把现在教的内容消化学会),最后细化到每天的学习(每天的语文作业必须完成,视情况完成英语和数学作业,每天背一页词汇书上的英文单词)。虽然计划在实施过程中发生了诸多变化,小高的状态也有起伏,但是总体来看,小高比刚进学校的时候状态好多了,不再"自闭",对自己有了一定的自信心,人际关系大大改进,学习主动性增强了,学习成绩也在小步地上升。

小高是一个比较典型的厌学的学生,可能是长期的习得性无助导致了他破罐子破摔,刀枪不入。任凭老师们如何软硬兼施,他就是毫无反应。所以,这个案例给我最大的启示就是:首先要发现学生的"闪光点"。每个孩子的内心都蕴藏着积极的资源,辅导的目的就在于开发这些内在资源,让学生建立积极的自我信念,同时还要运用认知行为疗法进行矫正,如果方法得当,就会有效果。

当然在这个个案中,小高父母也是一个很关键的因素。我在做辅导的时候没有充分争取小高家长的支持和配合,是一个遗憾。如果能把学校环境和家庭环境组合起来进行改善,相信辅导效果会更好。

四、辅导建议

1. 营造和谐的班级环境

班级是学生在校学习和生活的主要场所,如果学生在一个充满活力、互相帮助的班级氛围中,则有助于其更好地融入学校的学习生活。为此,首先应建立良好的师生关系,其次是建立融洽的同伴关系,以使学生尽可能找到集体归属感。

2. 指导学生正确认识自我

指导学生多途径、多层级、多方面地认识自己、接纳自己,发现自己的优点和缺点,有意识地培养自己积极的自我概念。对自己存在的问题进行合理、正确的归因,对自己有一个合理的认识和定位,引导学生对自己在校的学习和生活表现进行纵向的自我比较。

3. 制订适当的学习目标

根据学生的兴趣、特长,从其长处入手,制订适当的学习目标,分小步子、小阶段地完成学习目标,逐步摆脱受挫的心理阴影和感受。

4. 家校合作

家校合作可以优化学生的学习和受教育环境,使学校和家庭在教育问题上形成一致认识,通过家庭和学校之间的相互协调、沟通与合作,使学生的成长处在一个协调一致的教育过程中。

5. 加强学生社交技能的指导

对学生进行必要的人际交往技能的指导,包括如何与人相处的技巧、沟通的技巧、与人相处的态度、如何参加团体活动、如何理清自己的角色、如何领导别人和接受别人的领导、在什么情况下妥协、在什么情况下合作等。这样既有助于学生获得同伴的接纳和认可,也有助于学生对自我的肯定以及学习方面的成功。

参 考 文 献

[1] 崔丽娟,才源源.社会心理学[M].上海:华东师范大学出版社,2008.

第七章

行为问题辅导

由于儿童心理发展的差异,在班级里总会有些行为问题儿童,如注意缺陷多动障碍儿童、对立违抗性障碍儿童等。这些儿童的行为问题不仅影响自己的健康成长,而且也成了家长和班主任的困扰。

第一节 注意缺陷多动障碍辅导

一、问题表现

注意缺陷多动障碍(Attention-Deficit/Hyperactivity Disorder,缩写为"ADHD"),该行为问题在儿童中多见。这类儿童智能正常,但表现出与年龄不相称的注意力分散、不分场合的过度活动和情绪冲动等。具体表现如下:

注意缺陷:主动注意保持时间达不到儿童年龄和智商相应的水平。

活动过多:在需要相对安静的环境中,活动量和活动内容比预期的明显增多。

冲动性:在信息不充分的情况下引发的快速、不精确的行为反应。

学习困难:表现为学习成绩低下。

神经系统异常:可见神经系统软体征、精细运动不灵活、生理反射活跃或不对称、共济活动不协调,一定数量的儿童存在脑电图异常。

据国内外调查表明,ADHD 儿童的发病率约在 3%—5%,以男孩为主,往往是女孩人数的 4—9 倍。大多数 ADHD 儿童在学龄期就表现出一些行为问题。

ADHD 儿童往往会给自己、家长和老师带来无尽的苦恼。由于多动、注意力不集中,使得他们学习困难,粗心大意,在朗读等口头表达方面存在问题。他们的智商虽在正常范围,但考试成绩常常不理想。翻开他们的作业本,会发现:字迹潦草、字体大小错落无序、常抄错题目。即使他们已经作出努力,但因为难以自我控制行为,做事缺乏思考且不顾后果,所以总是把事情搞砸,久而久之就会变得害怕挫折、自信心不足、自尊心低下、自我形象不佳。此外,由于他们的攻击行为使其和小伙伴难以和平相处,有的甚至冲动伤人或自伤。

二、原因探讨

儿童的注意缺陷多动行为是其内心紧张的一种宣泄,是对父母、老师不适当的教育方式的消极应对,是对环境不适应的表现。其成因有生理因素和环境因素,其中家庭环境因素占很重要的比重。以下列举了一些不利于儿童成长的教养方式:

(1) 放任型:父母对子女缺乏教育、放任自流,致使其行为偏离得不到及时纠正。

(2) 专制型:父母教育方法不当,在家中经常指责打骂,使子女心理压力增加、精神紧张,由此导致多动行为。

(3) 溺爱型:父母过于娇纵溺爱,养成任性习惯,使子女难以适应环境和形成个人行为自我约束。

(4) 相关型:父母自身行为不恭,举止不稳,子女耳濡目染,潜移默化,诱使多动行为。

除此之外,喂养方式不当、营养失衡、环境污染、滥用药物等亦是导因。

三、案例分析

▶ 案例　行动靶"微"调整得进步[①]

一团乱麻

兵兵从小就备受宠爱,到了四年级还不会系鞋带、整理书包,课桌也乱得一塌糊涂,交作业时总要找上半天,还不一定找得到。兵兵是一个做事极没有条理的孩子,也不太爱凑热闹,常常沉浸在自己的世界中。上课玩玩口水、吹个口水泡泡、想想心事,乐此不疲,可是一交作业就很无奈了,他经常坚持不了连续写两道数学题,作业稍微多一点,就听之任之,趴在那里继续想心事、吹泡泡。面对老师的询问,他无所谓地耸耸肩说:"没有写好!"上课时老师让他回答问题,他常常不知所云,或者答非所问。情绪常常无法控制,爱哭爱笑,易激动。

一次自习课,老师在兵兵前排的课桌前给同学们面批作文,可走来走去的同学们却丝毫影响不到兵兵。只见他的课桌上胡乱堆放着各科课本和作业本,更让人哑然的是中午用过的饭盒口袋竟赫然摆在桌面最显眼的位置,而他却丝毫不觉得碍手碍脚。此时的兵兵正在进行两个手指的"战争",只听见他嘴巴里不时发出"噼——噼——"的声音,口水乱喷,对于老师的驻足观望丝毫没有感觉,直到老师喊停,他才了无生趣地看了一眼作业,唉声叹气地趴在桌子上不动了,不管我们如何叫他,他都没有回应……

制订计划,循序渐进

针对兵兵的情况,我们制订了以下辅导计划:

1. 核心目标:调整主要行为目标——上课走神
2. 主要方法:行动靶"微"调整、注意力训练、情绪适应
3. 辅导团队:心理辅导蔡老师、班主任郑老师、兵兵妈妈

---

① 本案例由蔡素文老师撰写。

目标行为观察记录表

(第1周)姓名:兵兵　　目标行为:改善上课走神(一节语文课)

项目	周一	周二	周三	周四	周五	平均数
目标行为数	9	9	9	9	9	9
实际行为数	16	12	10	8	9	11
本周总体评价	本周上课走神的行为抑制和目标行为存在很大距离,行为起伏较大。周四起用了"代币制"的方法,似乎有点效果。周四周五的情况有所稳定。					

(第2周)姓名:兵兵　　目标行为:改善上课走神(一节语文课)

项目	周一	周二	周三	周四	周五	平均数
目标行为数	9	9	9	9	9	9
实际行为数	9	10	11	9	8	9.4
本周总体评价	本周保持了上周周四以后的态势,但是周二周三的语文课都在上午第三第四节课,注意力又开始不集中,这个问题在这两周都有呈现,看来周二周三的课要采取一些措施。周五与兵兵开了一个小小的座谈会,让他总结一下本周的情况,并且分析一下表现很好的原因。					

(第3周)姓名:兵兵　　目标行为:改善上课走神(一节语文课)

项目	周一	周二	周三	周四	周五	平均数
目标行为数	8	8	8	8	8	8
实际行为数	9	10	9	9	8	9
本周总体评价	周二的情况未有改观。周二与兵兵再一次聊起了计划,对于"用心"二字谈了老师的方法,周三似乎有改观。看来方法与策略和老师的鼓励在干预中很重要。					

(第4周)姓名:兵兵　　目标行为:改善上课走神(一节语文课)

项目	周一	周二	周三	周四	周五	平均数
目标行为数	8	8	8	8	8	8
实际行为数	8	9	8	6	6	7.4
本周总体评价	本周表现是干预以来表现最好的一周,特别是周四周五的表现有突破,看来改变需要时间。					

(第5周)姓名:兵兵　　目标行为:改善上课走神(一节语文课)

项目	周一	周二	周三	周四	周五	平均数
目标行为数	7	7	7	7	7	7
实际行为数	7	9	10	9	9	8.8
本周总体评价	本周情况有点反弹。是不是到了倦怠期,孩子对于我们的干预方法已经厌倦?看来要重新调整。					

(第6周)姓名:兵兵　目标行为:改善上课走神(一节语文课)

项目	周一	周二	周三	周四	周五	平均数
目标行为数	7	7	7	7	7	7
实际行为数	7	9	9	8	5	7.6
本周总体评价	上周出现反弹可能是受小长假的干扰,本周还是保持上周的目标行为。再次与其制定契约,表现有进步。					

(第7周)姓名:兵兵　目标行为:改善上课走神(一节语文课)

项目	周一	周二	周三	周四	周五	平均数
目标行为数	6	6	6	6	6	6
实际行为数	7	8	8	6	5	6.8
本周总体评价	继续保持较好的下降态势,周五让其总结,鼓励他好好保持。					

(第8周)姓名:兵兵　目标行为:改善上课走神(一节语文课)

项目	周一	周二	周三	周四	周五	平均数
目标行为数	5	5	5	5	5	5
实际行为数	4	7	7	5	4	5.4
本周总体评价	可能是希望在招手,最后一周表现有突破。					

配合训练,及时干预

像兵兵这样整天懒洋洋的ADHD儿童需要操场和训练场,他们需要大肌肉训练、精细运动能力训练和感觉统合训练配套进行。跑步、打球都是很好的训练方式,运动时可以将一些能量发挥出来,适当宣泄负面情绪。精细化运动训练也非常重要,比如一些手指操作能力的训练和眼动的训练。感觉统合训练是协调能力的训练,如视动协调的训练、听动协调的训练、前庭感觉的训练。

和兵兵商量之后,为他制定了8周的运动感统训练单。

周次	内容	目标
第一周	每周两次训练,跑步15分钟	运动训练,能量挥发
第二周	每周两次训练,跑步15分钟	运动训练,能量挥发
第三周	每周四次训练,跑步加上跳绳20分钟	运动训练,手脚协调训练
第四周	每周四次训练,跑步加上跳绳20分钟	运动训练,手脚协调训练
第五周	每周四次训练,跳绳加上颠乒乓球25分钟	手脚协调、视动协调训练
第六周	每周四次训练,跳绳加上颠乒乓球25分钟	手脚协调、视动协调训练
第七周	每周四次训练,颠乒乓球加上头顶轻物25分钟	视动协调、控制力训练
第八周	每周四次训练,颠乒乓球加上头顶轻物25分钟	视动协调、控制力训练

这些训练项目并非是我单方面的选择,而是先让兵兵在一些具体项目里选择,再由我根据"从大到精"的训练原则进行训练。

认知能力训练包含很多,这里根据兵兵的情况,只辅导关联较为密切的训练——注意力训练和记忆力训练。

周次	内容	目标
第一周	圈数字	专注力训练
第二周	圈数字	专注力训练
第三周	圈数字、找单词	专注力、观察力训练
第四周	圈数字、找单词	专注力、观察力训练
第五周	圈数字、卡片记忆训练	注意力、记忆力训练
第六周	圈数字、卡片记忆训练	注意力、记忆力训练
第七周	圈数字、声音记忆、头顶纸片训练	注意力、记忆力、自控力训练
第八周	圈数字、声音记忆、头顶纸片训练	注意力、记忆力、自控力训练

当然,除了注意力和记忆力的训练,辅导干预过程中还要关注兵兵的自我管理训练,包括自我控制力训练和时间管理的训练,此外还可以有一些情绪适应训练,以使其掌握一些调试情绪的方法。

发现优势,及时表扬

尽管兵兵存在很多问题,但他还是有很多优点,其中之一就是想象力丰富。干预到了第三周时,我发现他的上课走神问题得到了有效抑制,于是我想是时候双管齐下了:一边是行为抑制,一边是肯定与鼓励。我借助兵兵想象力丰富这一优点,在一堂名为《想象的歌》的心理辅导活动课上,让他做小组长,代表小组发言,同时提出要求希望他能在小组集星比赛中胜出。果然,兵兵课上发言积极,小组也管理得很好。他们小组的星星也不比别组少。下课后我让兵兵总结一下课上表现,他只说了一句:"老师!我还会更好的!"看着他自信满满的样子,我欣慰地笑了。尽管转变的路还很漫长,但是孩子的自信为干预插上了无形的翅膀。

结构式干预显成效

根据下表不难看出,通过8周的干预,兵兵的上课走神行为已得到有效抑制,尽管效果不是十分明显,而且在第5、第6周的时候出现了反弹,但是总体趋势较好。同时,我们看到兵兵是一个自信满满的孩子,这也是一个收获,老师应该好好把握他的优点,顺势利导。

目标行为观察汇总表

姓名:<u>兵兵</u>　目标行为:<u>改善上课走神(一节语文课)</u>

项目	第1周	第2周	第3周	第4周	第5周	第6周	第7周	第8周
目标行为平均数	9	9	8	8	7	7	6	5

(续表)

项目	第1周	第2周	第3周	第4周	第5周	第6周	第7周	第8周
实际行为平均数	10	9.4	9	7.4	8.8	7.6	6.8	5.4

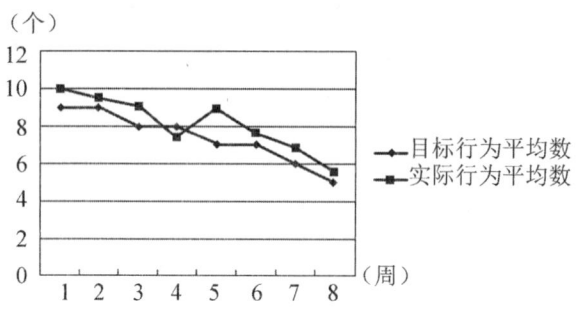

图 7-1 目标行为与实际行为对比图

对于ADHD儿童来说，他们的自我控制力需要通过行为训练逐步养成。行为训练不能一蹴而就，本案例采用的主要措施是行动靶"微"调整的干预策略。"行动靶"可以理解为干预对象的一个行为目标，"微"调整就是在整个干预过程中，目标始终在循序渐进地小幅度调整。行为目标不宜过多，本案例中案主兵兵的行为目标就只有一个，即上课走神问题。对于兵兵来说，行为训练的目标很明确，行动有方向，通过一个行为的改善，可以将在这一行为改善过程中习得的策略迁移至其他行为。通过整整8周结构式的渐进式的行为训练，兵兵的上课走神问题得到了改善，这是因为干预不仅仅只停留在制订与调整行为目标上，关键是在实现行为目标的过程中穿插的一些训练，这些训练无论是运动训练还是认知训练，都是逐周在增加训练点，穿插在"微"调整的过程中，在兵兵拥有成功体验的同时给予适时肯定，以此提升兵兵的自我认可度，使兵兵有信心挑战下一个行为高点。

四、辅导建议

1. ADHD 儿童辅导干预的原则

（1）活动性原则。在广泛的活动中感悟和体验，矫正和调整。心理学家布鲁纳认为："尽可能使学生成为自主自动的思想家，这样的学生当他在正规学校的教育结束之后，将会独立地向前迈进。"本次辅导干预的最大特质是让辅导干预组的ADHD儿童"动"起来，寓辅导与矫治于活动之中。

（2）尊重性原则。把尊重放在首要地位，活动中积极多向反馈。尊重学生，是对人的一种价值观。ADHD儿童尽管会存在这样那样的问题，但他们有独立的人格，独特的价值，也是有无限潜力的。尊重也是人的基本需要，因此在活动过程中，首先要没有标签化，其次始终把满足学生的基本需要——尊重放在首要地位，在整个干预过程中给予ADHD儿童希望和关注。希望，就是相信每个学生都是要求进步的、希望积极参与的。关注，即鼓励积极踊跃发言，鼓励积极参与，通过各种途径方法提升学生自尊心，从而引导其不断进步。

(3) 自助性原则。将注意力放在"导"上,培养解决问题的能力。本次辅导干预活动体现在一个"导"上,就是通过活动来引导ADHD儿童自主成长。ADHD儿童能量无限,同时也是很有想法的一群儿童,辅导干预活动要让他们成为自主自动的主人,而且在成长过程中,通过多方协助,能够对于各种活动有自己的各种情感体验,同时监控自己的情感反应,明确自己的目标行为,习得各种方法策略,进而能够独立自主地向前迈进,达到心理辅导的预定目标。

(4) 发展性原则。把握学生心理发展规律,以成长发展为本。发展是心理辅导目标中的最高境界,也是辅导活动的最高境界,就是通过各种符合ADHD儿童心理发展规律的个别辅导、团体辅导、家庭辅导,协助他们健康自主地发展。通过活动,使ADHD儿童认识自己、接纳自己,了解自己的长处、和他人的差距,从而主动制定目标,在不断的反省之中,完善自己、发展自己,学会调节自己的情绪,了解自己的潜力,培养自信心与耐挫力,树立积极向上、健康乐观的人生态度。

2. ADHD儿童心理环境的营造

(1) 多给一些微笑。辅导实施的关键一个是爱,一个是技术。作为教师,更应将爱视作所有辅导的前提。一位伟人说过,没有爱就没有教育。从人本主义心理学而言,无条件的奖励是改变一个人行为障碍的首要条件,而微笑就是一种无条件的奖励。微笑是真情的流露,是爱、真诚、关注、接纳的行为表现。通过微笑,让ADHD儿童感知学校是温馨的,老师是可亲的,自己是受关注的。

(2) 多给一些鼓励。面对ADHD儿童,应积极乐观地去看待儿童每件事里的闪光点,教师的及时发现、及时加以鼓励和肯定会使儿童感受到心灵的慰藉,达到给儿童暗示鼓励和心理支持的目的。充满智慧的鼓励会给儿童带来自信,会有利于他们的成长,会激励他们走向成功。鼓励是人人需要的心理营养素,是不可或缺的精神食粮。打压只会导致沮丧、失去自信心、往坏的地方沉沦,而鼓励的光辉则会使儿童变乖巧、变聪明。

(3) 多给一些肯定。自尊就是高度的自我评价,培养ADHD儿童的自尊是辅导干预过程最好的开端。教师应教儿童一些生活技巧并给予正面回馈,主动参与儿童的活动,维持健康的家庭互动,真正倾听儿童的话,试着帮助儿童处理错误或失败,帮助儿童发展才能,与儿童一同接受成功,这些方法都会很好地让儿童形成良好的自尊。

3. ADHD儿童干预辅导的策略

(1) 游戏法。游戏本身就能引起儿童的注意,儿童对游戏都是很专注的,因此可以通过游戏训练ADHD儿童的注意力。教师可以在日常学习生活中适当穿插"找错""配对"等游戏,如果儿童答对,教师应及时给予表扬和鼓励;如果答错,则应及时提醒儿童注意用心观察。注意听、注意想、注意记,帮儿童逐渐在专注中获得成功和自信,让儿童由游戏进入一个较好的自我状态。

(2) 故事法。听故事也是儿童非常喜欢的一种形式,教师可以根据自己班级ADHD儿童的情况,选择有针对性的故事。如一些适合儿童的名人名家小时候专注的故事,不仅有助于提高儿童对注意力重要性的认识,还能启发儿童专注训练的自觉性。还可以让儿童把自己学习生活中不专注的事进行总结比较,由此帮助儿童认识到自己的问题,并鼓励其想办法解决。

（3）竞赛法。竞赛能调动儿童的积极性，特别包括专注的积极性。竞赛一般有游戏型竞赛、体力型竞赛和生活方面的竞赛等几类。游戏型竞赛可以是玩扑克牌、下棋、猜谜，还可以是一些填字游戏、故事接龙方面的趣味性游戏。ADHD儿童活动量较大，教师可以适时地让儿童通过体育类竞赛释放能量，使儿童在释放能量的同时，注意力的持久性得到潜移默化的提高。

（4）自我控制训练。这一训练的主要任务是通过一些简单、固定的自我命令让儿童学会自我行为控制。例如，出一道简单的题目，要求儿童命令自己在回答之前完成以下四个动作：停——停止其他活动，保持安静；看——看清题目；听——听清要求；行——完成以上几点再行动。这一方法还可以用来控制一些冲动性行为。在进行自我控制训练中要注意训练顺序，任务内容应由简到繁，任务完成时间应由短到长，自我命令也应由少到多。

（5）放松训练。用这一方法来治疗儿童的多动行为是近年来的一种新尝试，效果颇佳。由于ADHD儿童的身体各部位总是长时间处于紧张状态，如果能让他们的肌肉放松下来，多动现象就会有所好转。

4. ADHD儿童的家庭治疗

家庭治疗，是以"家庭"为治疗对象的一种心理治疗方法，它以整个家庭为对象来规划和进行治疗，把焦点放在家庭成员之间的关系上，而不是过分关注个体的内在心理构造和心理状态。对于ADHD儿童来说，家庭氛围和教养方式意义重大，心理辅导教师在和家长商榷后，可以根据家庭治疗理论制订综合的、多方位的家庭辅导干预计划，营造良好的家庭氛围，消除家庭中导致多动症的不良刺激或精神紧张因素，协调家庭关系，缓和家庭气氛。

（1）主动了解有关知识。儿童的注意缺陷多动障碍形成是有一定过程的，故干预矫治辅导同样需要一个较复杂的过程和一定的时间，家长应该将整个家庭视为一个功能系统，而不仅仅是将焦点集中在儿童身上，应通过家庭成员之间关系的互动，来改变体现在儿童身上的不适当交流方式，从而达到解决问题的目的。重点要放在家庭成员的相互影响上，要改变教育观点和方法。

（2）营造和谐家庭环境。营造良好家庭氛围，消除家庭中导致多动症的不良刺激或精神紧张因素，协调家庭关系，缓和家庭气氛，防止因家庭因素使儿童心神不宁、焦虑紧张和兴奋。家长应当为儿童创造一个自由宽松的学习、生活环境，让儿童在家有适度的放松，并安排时间与儿童融洽相处，培养儿童良好的健康习惯。例如，可与儿童一起找出以往生活学习中的不合理之处，通过共同商榷，制定更为合理、大家都能认同的作息制度。家长应通过有效的沟通，告诉儿童一些有效的问题解决方法和技巧。

（3）参与有序行为训练。家长若想帮助儿童建立一些良好行为、消除不良行为，首先要矫正容易矫正的个别行为，再逐步深入到较难矫正的行为，然后再根据疗效巩固的情况，逐步增加需要矫正的行为，但每次增加的内容不可太多太复杂，以免造成分心，并注意及时肯定成绩，表扬鼓励，并给予一定奖赏，以利于强化。例如，先培养静坐、集中注意力的习惯，可从听故事、看图书或看电视培养起，逐步延长时间，达到一定时间后，就逐步培养一心不二用的好习惯，如吃饭时不看书报，到休息时间就不能再看电视，按时作息。

（4）合理科学调控饮食。研究发现，儿童多动症的发病与饮食中缺少某些微量元素有密切关系，这就为对多动症进行饮食治疗提供了科学依据。家长在儿童饮食方面应注意：不吃含水杨酸盐类多的食物；限用某些调味品；不吃含酪氨酸食品，以保护儿童消化道的正常功能；不使用含铅的食器，不让儿童吃可能受铅污染的食物和含铅量高的食物；多食富含铁的食物。

（5）社交技能训练。社交技能训练是针对儿童的冲动行为而进行的训练，能减少攻击行为，提高儿童的社交能力及解决问题的技能。可采用直接指导、模仿、反馈等方式，也可采用表演儿童剧及游戏等形式，直接表现同伴之间互相爱护、互相帮助和互相尊重，以激发儿童强烈的情感，对其控制冲动和提高社交技能也有帮助。

第二节 对立违抗性障碍辅导

一、问题表现

对立违抗性障碍（Oppositional Defiant Disorder，缩写为"ODD"）是一类以持久性的违抗、敌意、对立、挑衅和破坏行为为基本特征的障碍，常常导致儿童学业不佳、社交不良，严重影响儿童生活和身心健康。由于ODD对于品行障碍、成人反社会性人格障碍的前驱作用，近年来引起了家长、学校和社会各界的广泛关注，成为儿童心理卫生领域研究的热点。ODD的显著特征为对抗、消极抵抗、易激惹以及令人厌烦的行为等，ODD与ADHD及学习困难有较高的同病率，如不积极干预，将有催患焦虑或情感障碍的风险，更严重的还可能会发展为品行障碍（Conduct Disorder，缩写为"CD"）或形成人格障碍。

《CCMD-3中国精神障碍分类与诊断标准（第三版）》中介绍的ODD常见表现有：①经常说谎。②经常暴怒、好发脾气。③常怨恨他人，或心存报复。④常拒绝或不理睬成人的要求或规定，长期严重地不服从。⑤常因自己的过失或不当行为而责怪他人。⑥常与成人争吵，常与父母或老师对抗。多数儿童与父母的对抗比与老师的多。⑦经常故意干扰别人。至少有以上表现中的三条，方能定为对立违抗性障碍。

二、原因探讨

1. 生物学因素

神经生物化学证明与ODD有关的一些反社会行为的共同问题是5-羟色胺（5-HT）降低，这说明神经递质的变化在ODD的发生发展过程中起了重要的作用。婴幼儿和儿童期的健康状况会影响儿童的生长发育，同样也会对ODD的发生发展产生影响。低龄儿童中男性ODD的发生率较女性为高，这可能是男童患者违抗、敌意、多动冲动、挑衅和破坏行为较多，容易引起家长和老师们的注意，加上男童生长发育较晚、心理成熟程度不如同龄女童高等原因造成的。值得注意的是，青春期、青春前期为ODD好发年龄。

2. 家庭教养方式

在教育教学工作、个案咨询中发现，不当的教养方式也能引发儿童的对立违抗行为。

（1）强势控制。父母过高的期望值、过于严厉的要求，让儿童感受到巨大的压力。一旦压力超出儿童能承受的范围时，就会产生抗拒、叛逆的心理，出现情绪激动、违抗成人命令等对立违抗行为。

（2）父母教养要求不一致。有的父母对自身行为不自觉，常常一个命令或要求刚提出，不到几分钟就出尔反尔，朝令夕改，变化无常，让儿童摸不着头脑，不知该按哪个要求做；还有的父母一个人说要这么做，另一个人说要那么做，甚至把儿童当作他们自己较量的砝码。有的儿童会利用最有利自己的方式应付父母，渐渐觉得自己能操控家长了，一旦出现欲望不能满足时，便出现对抗、叛逆行为。

（3）棍棒政策。常见父亲采用棒打的方式，而母亲多采用责骂的方式。这种打骂方式更容易激发儿童的对立违抗行为。

（4）责任推卸。ODD儿童的父母时常不能正视问题，常常觉得自己运气不好、无能力解决问题。

3. 家庭关系

一个不和谐的家庭往往成员间互相责备、埋怨，甚至攻击，潜移默化中，孩子习得对立违抗行为。夫妻关系不良的父母往往不把关注点放在儿童身上，容易造成儿童自由散漫、想干什么就干什么。父母紧张的关系，会引发整个家族几代人间关系的紧张，也会造成儿童严重的精神压力，从而导致儿童对立违抗行为的产生。另外，ODD儿童经常不听父母的话，惹事生非，父母的互相指责埋怨一方面加剧了关系紧张，另一方面反过来又会影响儿童，形成恶性循环，儿童的对立违抗行为也会越发严重。

4. 同伴关系

ODD儿童冲动、对抗、易激惹、易责怪他人，以至于同伴多次受到他们攻击，所以一般同伴也不太愿意与他们交往。同时，家长和老师也会常常提示或暗示同伴，不要去惹ODD儿童，由此导致ODD儿童与伙伴的关系越来越差。被拒绝的经验反过来，让ODD儿童更觉得自己不受大家欢迎，造成他们敏感、退缩等行为。ODD儿童不善表达自己的意愿，往往行为领先，想与同伴玩却事与愿违，若通过硬性加入或武力解决，反而让同伴越躲越远。渐渐地，ODD儿童在群体中处于孤立、被排斥地位，他们的对立违抗行为越来越严重。

三、案例分析

▶案例　化解孩子的对立违抗行为[①]

小李是某小学六年级男生。母亲很重视他的教育，从一年级开始，母亲每天晚上陪读，辅导写作业，学习成绩还可以。四年级时，母亲又生了个弟弟，便不再像从前那么管他了，小李的成绩开始下滑，考试出现不及格，母亲非常着急，指着他责骂："你怎么这么笨呀，这么简单的题目都不会做！"责骂之后，母亲依旧没能像过去那样陪读，只是加大了小李的作业量。六年级上学期，性格内向的小李行为开始出现异常。比如在家里看电视的时候，母亲让他调小电视机音

---

① 本案例由戴婷、肖燕老师撰写，选自《社会心理科学》2012年第6期第118—123页，略作删改。

量,不要吵着弟弟,他就会摔东西发泄不满;母亲让他写作业、集中注意学习时,他就会故意不按要求去做;看到母亲摇头无奈时,他会觉得很开心;看到母亲和弟弟相处时,他就会故意捣乱,因此与父母关系紧张,学习成绩下降。母亲无奈,征得他的同意后前来咨询。

初步检查后,小李的情况如下:

(1) 精神状态:感知觉尚可,思维逻辑正常,对母亲有抵触情绪,情感表达言行一致。

(2) 身体状态:近期无重大疾病,无躯体异常感觉。

(3) 社会功能状态:能按时上学、放学,但不愿完成作业,与母亲和弟弟关系紧张,存在交往困难。

心理辅导教师对他进行心理评估的结果如下:

(1) 90项症状清单(SCL-90)结果显示:总分175,阳性项目37项。其中出现异常的因子分如下:人际关系敏感4.0分、焦虑2.3分、敌对4.2分、偏执2.5分。

(2) 儿童行为量表(CBCL)结果显示:社会能力——社交活动2.8分<3.5分;学校情况1.7分<2.0分;行为问题——交往不良22分>14分;敌意性15分>10分;不成熟7分>5分;违纪11分>8分。

综合分析所收集的资料,对心理、生理及社会功能状态进行评估:①精神状态:情绪易激动,一提到母亲或弟弟,就会产生反感情绪;②学习与交往状态:不注意听讲,不完成作业,学习成绩下降,与父母、弟弟交往困难。

心理问题原因分析:

(1) 生物因素:对母亲过分依恋。

(2) 社会因素:之前,家人尤其是母亲对小李关怀备至,在学习上倾注大量心血,但有了弟弟之后,母亲精力有限,对其关心不如从前,他便无法适应,加上成绩等各方面都在下滑,导致心理压力增大,而母亲不但没像过去一样加以辅导,反而还骂他,更让他觉得是弟弟剥夺了他原有的幸福,并对母亲产生了逆反情绪。同时,他的朋友圈比较狭窄,所以对母亲的依恋更为强烈。

(3) 心理因素:小李的心理问题主要表现在为了引起别人的注意,故意捣乱,看到家长着急生气的样子,觉得十分开心,对家长的批评置若罔闻。因此,治疗的着眼点是探寻并纠正导致不良行为和情绪的观念的认知过程,由于小李年龄还小,适用于阳性强化法。

根据收集到的资料与评估诊断,在同小李及其母亲协商后,确定如下咨询目标:

(1) 具体目标与近期目标:减少对立违抗行为,改善当前人际关系。

(2) 最终目标与长期目标:鼓励独立意识,具有社会化情感,完善个人人格,发展健康心态。

咨询过程大致分为三个阶段:

(1) 建立咨询关系、收集相关信息、进行心理诊断、制订实施方案阶段。

(2) 心理帮助阶段。

(3) 结束与巩固阶段。

具体咨询过程如下:

1. 第一次咨询

目标：

（1）了解基本情况。

（2）注意同求助者的共情，建立良好的咨询关系。

（3）确定主要问题。

（4）探寻改变意愿。

（5）进行咨询分析。

过程：

（1）填写咨询登记表，询问基本情况，介绍咨询中的有关事项与规则。

（2）向求助者了解其成长过程中的事件，尤其是重大事件。

（3）进行心理测验。

（4）确定咨询目标。

（5）与求助者交谈，收集临床资料，探寻求助者的心理矛盾及改变意愿。

（6）对求助者的心理历程进行简要的回顾。

（7）作出初步问题分析，让求助者了解"为什么会这样"。

（8）通过与母亲和求助者协商，准备运用阳性强化法和零反应区别强化法对求助者的对立违抗行为进行矫治。

（9）布置咨询作业——记录对立违抗行为发生的频度。

2. 第二次咨询

目标：

（1）加深咨询关系，进一步收集资料。

（2）通过谈话，改善求助者的不良认知。

（3）采用阳性强化法，由母亲与教师详细观察和记录求助者的对立违抗行为，设计靶行为，通过咨询作业使用消退和强化技术，帮求助者形成良性行为和认知。

过程：

（1）咨询师通过交谈、启发与引导，帮助求助者认识到他的不良认知，使求助者正确认识现状，认识到他的这些对立违抗行为给自己带来的不良后果，并提供一些与家长建立良好关系的方法和策略。

（2）与求助者协商，并取得其母亲的配合，详细观察和记录"对立违抗行为"发生的频度、程度和后果。由母亲对求助者的对立违抗行为与感觉进行整理记录。

（3）布置咨询作业。咨询结束后，还需要有关人员配合完成咨询作业。首先，取得家长的配合。采用消退疗法，告知家长对求助者的逆反行为不予理睬，只暗地里密切注意观察，当行为出现转变的时候要立即给予口头表扬。其次，取得家长的支持。指导家长采取正确的教育方式教养孩子，如可以让小李同其他亲人多接触，培养其对其他人的感情，当小李跟其他人相处良好达到30分钟时，口头表扬一次，以助其学会适当地离开母亲，解除依赖性。可以让小李和弟弟一起玩，鼓励他们交朋友，并且多带小李去人多的地方玩，让他逐渐体会到生活中不是只有母子亲情，还有其他的亲人之爱和同伴之情，如果做得好，奖励玩具一个。还可以鼓励小李独立看书、学习，同时鼓励他参加各种活动，这样他的注意力就不会只集中在母亲的身上了。若独立完成活动或学习时间达到30分钟，奖励看动画片30分钟。最后,要求母子二人在家里对每天的行为和想法的改变进行交流,并由母亲协助记录。

3. 第三次咨询

目标:进一步强化良性认知,进行行为矫正,强化适应性行为。

过程:

(1) 小结前次咨询感受,讨论咨询作业的情况。反馈咨询作业:认识到自己以前对家长的逆反行为的原因和不良后果并有所感悟。其母亲表示孩子与家长、同学的关系有好的发展趋势。

(2) 在前次咨询的基础上,设计新的行为以取代目标行为。根据求助者的实际情况,与其探讨签订相应的行为契约,使其自觉控制对立违抗行为的发生,养成适当的行为习惯和学习习惯。

(3) 布置咨询作业。除了在咨询结束后的一周继续执行上次的协议外,还另外增加以下协议:①在家由母亲监督,每天独立完成作业,坚持读书30分钟,若完成得好,可在行为契约表上打"√",并奖励看动画片30分钟。②与弟弟交往情况由自己记录,如果自己主动帮助照顾弟弟,和弟弟相处愉快,打"√"一次。③每节课下课后主动与同学一起活动或游戏,自己在行为契约表上打"√"。④遇见老师和其他亲人能主动问好,一周之内为班级同学做一件好事,由自己记录打"√"。⑤周末,回忆一周情况,记录心理感受。如果共计打"√"10次,母亲奖励5元;如果共计打"√"15次,母亲奖励10元;如果共计打"√"超过20次,可由本人提出奖励50元以内的任意奖品。

4. 第四次咨询

目标:

(1) 巩固咨询效果。

(2) 改善求助者与母亲、老师和同学的关系。

过程:

(1) 反馈咨询作业:对照行为契约表,顺利完成对靶行为的强化。与求助者讨论这一段时间发生的变化,如:与母亲、弟弟以及同学朋友的关系有了哪些改善,学习上有哪些进步,自己心理上有哪些感受。求助者的行为转变明显:得到了大家的认可,情绪也发生了很大转变,对弟弟不再怨恨,对母亲不再反感,并表示以后要好好学习,报答母亲的养育之恩。

(2) 针对行为转变,咨询师给予精神鼓励,并监督母亲兑现诺言。

(3) 布置咨询作业:继续执行行为契约,在实际接触中采用积极的态度,主动与母亲沟通自己的想法,并与同学建立良好的人际关系,记录自身感受。

第五次咨询

目标:

(1) 巩固咨询效果。

(2) 对前几次咨询进行总结。

(3) 结束咨询。

过程:

(1) 反馈咨询作业:建立了较为良好的师生关系,增强了学习和交际信心。母亲对求助者的一系列改变非常满意。

(2) 对前几次咨询进行总结,与求助者讨论今后努力方向,巩固已习得的良好行为。同时向求助者说明,过去对他实施的奖励,是为了改变其不良行为,现在他的各方面表现都在向好的方向转变,就不再对其实施金钱奖励。求助者对此表示赞成,还表示他会管理好自己,争取学习、运动两不误。

(3) 基本结束咨询。同求助者共同讨论,详细制订自己未来的学习生活目标计划。

咨询效果评估如下:

1. 求助者对咨询效果的自我评价

一个月后电话随访,求助者自述现在觉得上学很开心,因为老师指派班长与他结成"帮学对"了,还交到了几个要好的朋友。目前他对自己充满信心,相信自己还能再考90分来证明自己。对于弟弟也能接受了,同时在照顾弟弟的过程中更加体会到母亲的辛苦。

2. 求助者社会生活适应状况改变的客观现实

现在在学校很开心,与老师、同学关系得到改善,学习效率提高;在家里与家人关系融洽。

3. 他人评价

老师反映:求助者现在学习很用功,作业写得比较干净,课堂上能专心听讲,还能积极主动参与班级的活动。母亲反映:因为孩子不再吵闹摔东西,家里安静了许多,放学回家做作业不用人催促,还能主动帮忙照顾弟弟,兄弟关系较之前融洽了许多。

4. 90项症状清单(SCL-90)减分率疗效评估

咨询前总分175,咨询后总分107。人际关系敏感1.9分、焦虑1.2分、敌对1.8分、偏执1.3分;减分率为39%,减分率结果≥25%。故此咨询有效。

5. 咨询师评价

通过电话回访,发现咨询已达到目的,改善了求助者的对立违抗行为,使其减少了对立情绪,并能主动协调好与同学的关系,尊重老师,与母亲的关系也融洽起来。

四、辅导建议

1. 正向引导,强化行为

每个行为的背后,都有它存在的理由。面对ODD儿童,在全面评估与访谈的基础上,咨询师要挖掘他们的心理因素,站在积极引导的角度,强化他们的正常行为,逐步减少其对立违抗行为,此时可采用阳性强化法。阳性强化法的原理是如果想建立或保持某种行为,必须对其施加奖励,如果要消除某种行为,就得设法给予惩罚,以阳性强化为主,及时奖励正常行为,漠视或淡化异常行为。案例的第二次咨询中,就采用了阳性强化法,由母亲与教师详细观察和记录对立违抗行为,设计靶行为,通过咨询作业使用消退和强化技术,帮助求助者形成良性行为和认知。

2. 家庭干预,积极教养

在家庭干预时,咨询师要注意整个家庭成员的参与,低龄儿童往往以母亲教育为主,父亲的教育力量较薄。但是父亲的加入,一方面会改变原有的教育结构,注入新的教育力量;

另一方面可以减轻母亲的压力,帮助母亲改变不良的教育方式,加快与儿童的心理分离。另外,在共同面对孩子的问题时,父母也会改善相互间的关系,会更加理解对方教育孩子的不易,减少责备,友好相处。在积极改变的教养氛围中,ODD 儿童的情绪会积极化,也更会有改变行为的意愿。

3. 提高技能,学习社交

ODD 儿童的交往能力弱,也是造成他们对立违抗行为产生的一个原因。所以,在咨询中,咨询师要教授儿童与人交往的技巧,并在咨询过程中进行演练,因为听着已会的技巧,一旦到了真实情景中,ODD 儿童还是不知所措。此外,咨询师要注意让 ODD 儿童在自我感觉能应对的基础上逐级提高要求,这样他们会比较愿意接受。如在上述案例中,咨询师先让小李同其他亲人多接触、让他和弟弟一起玩,然后在此基础上再提出新目标,让他主动帮助照顾弟弟、每节课下课后主动与同学一起活动或游戏、遇见老师和其他亲人主动问好、一周之内为班级同学做一件好事等,从最后的咨询效果来看,这样的逐级练习对小李改变对立违抗行为很有帮助。

4. 综合干预,优化疗效

儿童 ODD 的发病原因复杂,涉及生物学因素和环境因素,因而对儿童 ODD 的干预越来越倾向于多方法综合干预,如父母干预结合学校干预、父母干预结合药物干预等。国内学者张文武、土晓茹、程芳、刘之旺等采用了父母培训八步法结合利他林的联合治疗方案,对共患 ODD 和 ADHD 的干预有显著的疗效。一些研究表明,多方法综合干预,尤其结合药物疗法和环境干预治疗,既能针对生物学症状,又能改善儿童及其家庭的态度和生活模式,是对 ODD 的最佳治疗方法。

第三节 品行障碍辅导

一、问题表现

品行障碍是青少年期常见行为问题,1989 年我国制定的《CCMD-2 中国精神疾病分类方案与诊断标准(第二版)》提出:品行障碍是指少年儿童在品德上反复出现、持续存在并对外界构成不良影响或严重影响的行为障碍。主要症状为:反复、持久地出现反社会性、攻击性、对立性和报复性行为,如逃学、出走、与社会不良青少年结伙、偷窃、破坏公物、打架、斗殴等。具体可分为轻度和严重两大类型。

轻度品行障碍症状表现为:

(1) 性格方面:以自我为中心、自私自利、缺乏爱心、不接受他人意见和建议、缺乏人际关系、少有同情心和友好感、爱和别人争执、易怒、易激惹、听不进父母和老师的教导并常常相对抗。

(2) 学习方面:读书、写作业不用心,语言表达能力差,逃学旷课。

(3) 行为方面:运动欠协调、多动、调皮捣蛋、离家出走。

严重品行障碍症状表现为:

(1) 与社会不良青少年结伙,做一些恶作剧的事,如欺负弱势群体、故意破坏他人或社会公共财物、打架斗殴、聚众闹事、扰乱社会秩序等。

(2) 从家中拿走贵重物品,参与上网聊天、打暴力游戏、偷窃他人财物等。

二、原因探讨

导致青少年品行障碍形成的原因有自身内在因素和家庭社会等外在因素,而且这些因素之间又是互相作用的。

1. 自身内在因素

(1) 生物学因素。遗传因素研究学者认为,在对人脑乃至整个躯体组织进行观察的基础上,在现实生活中,人的行为是受遗传、种族等先天因素制约的,对于那些品行不端的人来说,表现出不良行为或犯罪是必然的。品行障碍有较明显的家族高发性,单卵双生子同病率明显高于异卵双生子。攻击行为被认为是品行障碍的主要组成部分,大多数研究都证明,攻击行为与遗传有关。生物化学研究发现,5-羟色胺(5-HT)功能降低与冲动性暴力攻击行为密切相关,无论攻击行为是指向自己(自残)还是他人。

(2) 心理因素。主要包括:①情绪控制能力差:随着年龄的增长,青少年的自我意识与独立意识使得他们想自我掌控,不再事事听从大人,但一遇难事,就会不知如何处理,自我情绪难以调控,出现异常行为。②不良性格的制约:从小溺爱、娇生惯养的青少年,容易以自我为中心,眼高手低,看不惯他人,甚至任性、傲慢,常以自己利益为重,觉得一切都是应该的,不会顾忌他人,只会用过激行为来维护自己所谓的利益与自尊。③看待事物不全面:青少年缺乏阅历与经验,看待事物不够全面,往往片面化、灾难化,甚至患有英雄情结,爱冒险,好表现,不会考虑后果,视不良行为是正常行为。④意志力薄弱:青少年意志力薄弱,处于两难境界时,身上的私欲往往占上风,而且一旦觉得对自己有好处,就更不会考虑是否对他人造成影响,经受不住外界的诱惑而出现不良行为。

2. 环境因素

(1) 家庭因素。除了生物学上的遗传因素外,家庭对青少年良好行为的影响尤为重要。有的教养方式不当,或过严或溺爱。过严容易造成心理距离,家长无法了解实情、正确引导;过溺容易放任自流,养成蛮横、懒散等恶习。有的家庭成员自身的不良行为,会潜移默化地对青少年造成极其恶劣的影响。另外,家庭亲情缺失或是祖辈代养的青少年容易心理失衡,他们因得不到家庭温暖而向外寻求,容易被社会不良人员利用或教唆。

(2) 学校因素。在大谈素质教育的时代,不排除有的学校表里不一,重分数轻德育,缺乏行为养成教育与心理健康教育,使不良品德行为的产生有了一定的环境。另外,独生子女教独生子女的现象、教师自身的不当行为或无法做到尊重学生等,也会导致青少年对学习无兴趣、对学校无向往,增大了青少年产生不良品德行为的概率。

(3) 社会因素。对于心智不够成熟的青少年来说,他们缺少辨别是非的能力,容易被不法分子利用、教唆引诱。尤其是充斥色情、恐怖、暴力的网络世界,对青少年良好品德的形成影响极大。另外,在市场经济大潮中,青少年只看到财富带来的种种好处,以为获利很容易,往往会贪图享乐,为了钱财不择手段、铤而走险。

三、案例分析

▶▶案例 用暴力交朋友的孩子①

"他真让我们头疼"

"现在,我们整个班级都要被他严重影响了!上周体锻课,他用滚铁环的棍子敲了一个男同学的脑袋,肿起好大一个包。周末我刚带着他的家长和他本人去过受伤同学的家里,他也认识到了自己的错误。这才过了几天哪,他又用指甲把人家女同学的脸给抓破了一大块,再这样下去……"我从班主任袁老师焦急的话语中听出了许多的无奈。"他"就是小汪,是我们学校四年级的孩子。

小汪妈妈因生理原因,婚后5年才怀上孩子。怀孕是在一次进庙上香回来后发现的,所以一直认为这个孩子是从庙里求来的,一家人都非常宝贝他。小汪出生后,由于父母工作较忙,所以一直是爷爷奶奶带。隔代的溺爱更是让小汪该在婴幼儿时期形成的能力都没有形成。3岁之前的生活基本都在爷爷奶奶的手里度过,既没有学爬,也没有及时进行语言的开发,任何事都施行包办制。直到3岁,小汪还只能说两三个简单的字。长辈都说聪明的孩子晚开口,所以父母反而觉得很得意,也没太关注这件事。

小汪的体质较差,有严重的过敏史,全身常出现大面积的皮疹,所以家人更是过度地包办和溺爱,让小汪的语言发育和行为发育都变得迟缓。

进了幼儿园,老师隔三差五地找小汪妈妈。"小汪真的让我们很头疼,不仅经常打其他小朋友,而且语言发育太迟了,说的话基本听不懂,建议带他去医院看看发育情况。"不仅是老师,就连班级被打的孩子的家长都连着来告状。一年多来,直到这样的情况越来越厉害,才引起小汪妈妈的重视。四岁半时,妈妈第一次带小汪到医院进行检查,医生诊断孩子协调能力差,有多动症倾向,但由于孩子太小并未作多动症的定论。妈妈非常着急,立即辞职,将所有的精力和时间都放在了儿子身上。

进了小学后,小汪常会一个人躲在角落里自言自语,没有一个同学愿意接近他。有时他会突然冲出去对着同学的脑袋就是狠狠的一下;有时和同学说话,既没礼貌又说不清楚,所以同学们都不愿理他,这时他便会报复性地推别人。随着年龄的增长,小汪的暴力行为有增无减,班级的同学个个都被小汪无理由地欺负过,而且大多还是流血事件。班主任怕他闯祸便把他一直带在自己身边,这使得小汪心情非常糟糕。然而在生活中,家人一如既往地施行包办制。经老师的建议,三年级时家人再次带小汪去医院,被医生确诊为重度多动症。现在已经四年级的小汪在家吃饭都是喂,在校经常吃得很慢,甚至影响上课。穿衣、洗澡甚至洗脸都是长辈帮忙,从来没有一个人买东西的经历,口齿含糊的他更不知如何与他人进行沟

---

① 本案例由管荠老师撰写,选自《野百合也有春天——学生心理辅导案例精选(第二集)》(吴增强主编),略作删改。

通与交流。

辅导前的评估分析

小汪和妈妈、班主任各自完成了"儿童社会期望量表""儿童行为问卷""儿童社交焦虑量表"等多份心理量表的测试。在"儿童行为问卷"的父母问卷中,评测结果为"A 行为",表明该儿童存在违反行为规范和社会道德准则行为:经常不听管教;与家人或老师对抗;经常说谎,欺负别的孩子;经常破坏自己或他人的东西。反社会行为明显,很可能属于品行障碍儿童。在教师问卷中,评测结果为"A 行为",表明该儿童经常说谎、打架、偷窃,破坏自己或别人的东西,不受其他儿童的欢迎。在学生问卷中,小汪存在明显社会焦虑现象:在与其他儿童的交往过程中,担心会被人取笑,担心小朋友不喜欢自己;与小朋友讲话时会感到紧张,不敢在小朋友面前讲话或做事。

分析问题产生的原因主要有:家人的过分溺爱和包办;行为能力较差;口齿不清,表达能力不强;教师、家长的批评强化了他的攻击行为。

根据以上分析判断,小汪在人际交往中存在严重的攻击行为。

度身定做小汪《生活日志》

我决定采用"锻炼自理能力,增强自信心"的行为干预方式,并为小汪设计了一本《生活日志》,分为三页。

第一页

干预周次:_____   日期:_____年___月___日至_____年___月___日

1. 近期对该生的分析
2. 本周主要干预目标与目的
3. 对该生的奖励措施(孩子希望得到的)

每周先对小汪近期的状况作一个分析,再制定本周干预的目标与目的。如:第一周的任务是自己能在较短的时间内整理好自己的书包;第二周由妈妈开好购物清单,小汪自己到超市购买清单上的物品……为了提高小汪的积极性,对小汪每周的表现要有奖励措施。

另外,在学校里,班主任和学科教师也非常关注小汪能力的培养,不仅创造机会让小汪在课堂中举手发言,而且让小汪在班中担任节电员、劳动委员等一些职务。

第二页

内容	周一	周二	周三	周四	周五
当天小任务					
当天任务完成情况(家长)					
当天任务完成情况(班主任)					
辅导教师评语					

对辅导目标的完成采用分天递进的方法,由辅导教师将周目标细化至每一天。如:周一,老师教学生理书包,学生在老师的指导下自己整理;周二,自己整理书包,家长不能帮忙;

周三,在 20 分钟内完成自己整理书包的任务,整齐度要有所提高……每天的任务从易到难。班主任、家长和辅导教师都会将小汪的任务完成情况简单地记录在《生活日志》上,便于沟通。在第一周的周二,小汪妈妈便写道:"自己整理书包,但速度很慢,整理了一半就开始看报纸,但总算是自己理好了。"辅导教师是这样回答的:"能自己整理书包已经有进步,及时鼓励,但要在明天提出时间的要求。"细化目标能更有效地帮助孩子完成任务,提高孩子独立完成的成功感。

第三页

本周攻击性行为的次数、原因:
本周教师建议:
本周家长印象最深的事:
本周家长对孩子的总体评价:(在干预下有无进步,可详细说明)
本周班主任的话:

每周对小汪在班级的攻击行为进行统计,并分析原因,对辅导教师制订的每周目标的达成和干预的方式方法进行反思和总结,便于以后做得更好。

每一周小汪的身上都有着细微的变化,独立完成任务受到鼓励的成功感让小汪慢慢变得有自信了,笑容也多了。

"新伙伴"的快乐辅导法

1. 定时沟通交流,积极表达自我

与儿童定时交流和沟通,不仅能及时发现他内心的想法,以进行正面、积极的引导,而且还能教会儿童如何用语言清楚地表达自己的想法。

小汪每天中午吃完午饭,便会带着他的《生活日志》开心地来到"齐齐聊天室",将每天在学校发生的开心或不开心的事与我分享。记得刚开始时,小汪不愿开"金口",只能靠我引导才会做简单的回答。我将问题尽量细化,如:"昨天回家后都做了哪些事?""体育锻炼课上和谁一起玩了?都玩了哪些游戏?""常识课做了什么游戏?能具体说说游戏的过程吗?"等等。问题慢慢从简单到复杂,从引导到自述某件事情的过程。我还安排了两个表达能力较强的五年级学生(一男一女)和小汪进行"快乐辅导法"。两位学生每天先到我这里,我会适当地教会他们一些引导小汪交流的方式方法,每次给他们一个交流的主题,有时让他们看一则新闻,各自谈谈看法;有时给他们一幅图,让他们进行看图说话的训练等。这样小汪交流的兴趣更大了,定期的交流与倾诉不但让小汪锻炼了表达能力,还让他及时宣泄了心中的不愉快。

2. 增强体育锻炼,学会放松心情

进行运动锻炼可以使儿童学会自我控制。有研究人员在报告中指出,儿童在运动后会变得健康。他们很少会摔门、打其他的孩子,或者用其他攻击方式来表达他们的愤怒。所以,每天中午在交谈后,两位同学便会和小汪一起到室内体操房,和他一起打打羽毛球、篮球,做做单轮车运动等,让他增强体育运动,锻炼协调能力,学会放松心情。在小汪不开心的时候,还会让他带上拳击手套,打打宣泄器,把坏心情宣泄出来。

"倒石子"游戏

经过一个多月的行为干预后,小汪的个性逐渐开朗起来,暴力行为明显减少,他现在更想和同学亲近了,有时他能用语言表达自己的想法,但由于口齿还不是很清楚,有些同学没耐心听他说话,这时他的暴力行为偶尔也会出现。要让小汪不再用暴力和同伴交朋友,首先要改变他的认知误区。于是,我又一次找到小汪,对他进行了认识干预辅导。

我和小汪一起做"倒石子"游戏:有两个瓶口很小、瓶底较大的长瓶子,里面装着很多小石子,旁边还放着一个计时器,两人比赛谁能用更短的时间将小石子从瓶中全部倒出。

我将比赛的要求说明后提出自己先来,按下秒表,我故意将瓶子一下子垂直倒了过来,然后用力地甩,石子堵住了瓶口,只是偶尔地掉下几粒。3分钟过去了,瓶里的石子只掉出了一半。

"小汪,我的手好酸啊,但小石子老掉不下来,你有什么好方法让瓶中的石子更快地倒出吗?"

小汪沉思了一会儿,拿起了另一个石子瓶,我立即按下了秒表。只见小汪将瓶子倾斜,慢慢将里面的石子抖出来,不到2分钟,瓶里的最后一颗石子也掉了出来。

"小汪,你真是太棒了!"我拍了拍他的肩膀接着说:"我们都是倒石子,老师这么用力而且手都酸了都倒不出,而你却轻而易举地完成了。其实,交朋友也一样,光靠身体的力量是不能成功的,要靠'智取'。"小汪这时突然明白了游戏的目的。

我还向小汪介绍了一些舒缓情绪的方法,教他当情绪激动时学会放松紧握的拳头,学会深呼吸,冷静后再思考该如何做等。然后还安排了几位班级的同学和小汪一起多次进行团体游戏活动,慢慢地,小汪开始融入了这个班集体。

四、辅导建议

1. 尊重来访者的感受

有品行障碍的学生,容易被贴上"就是这样的人""怎么可能改好"等不被看好的标签,久而久之,他们自己也会认同自己不是好人、不会变好,于是更加破罐子破摔。其实,在他们蛮横、嚣张的行为背后是一颗脆弱的心,越脆弱越表现得"死猪不怕开水烫"。咨询师对他们的辅导,必须以尊重为先。如果他们觉得咨询师能同感他们,认为对咨询师有话可说,才会逐渐打开心门,接受辅导。

在上述案例中,案主小汪表达能力差、口齿不清、不愿向别人吐露心声,但又希望别人能关心他、注意他。其实小汪内心渴望交朋友,只是他以为通过"打"的方式别人就会重视他,就会和他一起玩,存在严重的交友认知误区。久而久之,由于各方面能力的差异和交友的认知误区,他最终形成了严重的攻击性行为。

小汪第一次进心理辅导室时,表情紧张,头一直低着,不停地扳动手指。咨询师主动给他倒了杯温开水,摸了摸他的头。当咨询师伸出手时,他也慢慢地伸出右手,但突然好像想到了什么停住了。这时,细心的咨询师发现他手上有严重的皮疹,有些地方明显被指甲抓破了。咨询师瞬间明白了小汪手停住的原因,装着没事,微笑着轻轻地握住了他的手,就这样与他建立了基本的信任感。

2. 行为干预要细化

品行障碍的青少年有改变自己不良行为的愿望,但长时间不良行为的养成要在短时间内改变,是个不易的过程,咨询师可采用科学的结构化行为矫正技术。在上述案例中,辅导教师的计划颇有针对性:运用儿童行为量表对小汪的进行评估,有利于对小汪的行为问题进行判断和分析;然后运用《生活日志》(具体内容详见"案例分析"部分),量身定做"行为训练"计划,培养小汪的积极行为,使其融入班集体,很容易操作。

3. 家庭辅导同步进行

要改变一个儿童的行为,往往需要整个家庭行为的改变。因为儿童不良行为的养成,除了遗传因素外,还有从家庭成员的不良表率中习得的。在上述案例中,辅导教师认识到,要让小汪的能力得到锻炼,家庭环境的改变是很重要的。家长要学会放手,创造机会让小汪的独立能力得到锻炼。她与小汪每周订好小汪力所能及能完成的任务,让家长每天在家对小汪需完成的任务进行适当的指导,但不动手帮忙,并做好每天小汪完成情况的记录。辅导教师结合家长和班主任的反馈,及时给予辅导和鼓励。通过家校有针对性的合作,让小汪在独立完成事情时获得成功感和责任心,并以一种积极的心态去融入班集体,以此来减少攻击行为发生的次数。

让家长参与到儿童不良行为的改变中,从某种程度上讲,也是对家长的辅导。因为如果要家长起到一定的参与效果,就要对家长进行一定的、不可或缺的教育或辅导。家长有了咨询师具体的辅导,才能与孩子一起坚持改变。

4. 朋辈辅导有的放矢

在青少年成长的过程中,特别是到了青春期,同伴对他们的影响是至关重要的。所以,在对患有品行障碍的学生进行辅导时,不妨利用这种影响力,能起到事半功倍的疗效。

在上述案例中,辅导教师让小汪每天中午吃完午饭,带着他的《生活日志》到"齐齐聊天室",将每天在学校发生的开心或不开心的事与咨询师分享。另外,她特意安排了两个表达能力较强的五年级学生(一男一女)和小汪进行"快乐辅导法",让小汪从同伴处获得认同、得到正向反馈,从而达到强化正确行为的目的,同时也使小汪在与同伴的相处中学习到与人交往的技巧。另外,同伴辅导员的行为也能带动其他同学改善与来访者的关系。

第四节 网络依赖辅导

一、问题表现

在各种研究成果中可以发现,真正重度网络成瘾者所占比例较小,未达到成瘾程度而对网络有依赖行为的网民人数比例却比较大,这些人介于正常状态和网络成瘾之间,即呈现为网络依赖。网络依赖并不等同于网络成瘾,网络依赖者没有表现出典型的成瘾症状,只是精神上对网络有依赖。

网络依赖主要包括网络游戏依赖、网络交际依赖、网络色情依赖、强迫收集信息等几种类型。青少年网络依赖的表现多种多样,如:沉迷游戏、网络聊天、交友、刷微博;注意力不集中、精神萎靡不振、生活懒散;对学习无兴趣、逆反心强;有学不上、有家不回;上网就兴奋,不上网就心烦意乱、周身不适,严重的每天仿佛生活在网络虚拟空间中,常常做出怪诞的行为。

二、原因探讨

1. 满足青少年的心理需求

首先,信息超载的时代,让缺乏自我控制能力的青少年欲罢不能。其次,网络作为虚拟的世界,充分满足了青少年追求好奇、刺激的心理,满足了他们很多在现实中难以实现的愿望和要求,更能满足他们逃避挫败、逃避现实的心理。此外,还有一些青少年借助网络成名,使他们强烈的自尊心和成就欲望在网络中变为现实。

2. 家庭情感缺失

一方面,忙碌奔波的家长无暇满足孩子的心理需求,强势、控制欲强的家长习惯发号命令,追求功利的家长希望孩子长他们的"面子"。当孩子发现自己无法满足家长时,会觉得自己无能;当与家长无法沟通时,会感到内心的痛楚。另一方面,糟糕的家庭环境,如家庭成员不和、父母离异等,都会让孩子无法感受家庭的温暖。"外面的世界很精彩",青少年就会寻求外在来满足自我。面对网络这个精彩神奇的世界,青少年很容易"沦陷"。一旦觉得虚拟世界比现实美好,他们就会沉浸其中甚至放弃学业。

3. 网络监管不到位

据相关调查数据反映,网民们在网络上以游戏、聊天、购物居多,而青少年则以游戏为主。游戏商家为了吸引更多人参与游戏,会推出奖励机制,并环环相扣,逐级设置,让参与者欲罢不能,深深套牢。虽然有关法令明令禁止未成年人不得进入网吧,但网吧经营者为了经营效益,常常让青少年"混"进去,并为他们提供吃饭、过夜、赊账等便利,使青少年在空气混浊的网吧里流连忘返。"网络监督员""法制校长"等有机制却无成效,起不到真正的监管作用。所以,网络监管的不到位,更让青少年沉陷于无底的网络世界里。

三、案例分析

▶▶案例　走出网游的泥潭[①]

"我要休学一年"

"丁零零!丁零零!"一阵电话声响起,话筒里传来校领导急促的声音:"中三机电班阿炅同学今天没有来学校,他向父母提出要休学一年,父母劝说无济于事。这位男同学目前学

---

① 本案例由郭顺清老师撰写,选自《野百合也有春天——学生心理辅导案例精选(第二集)》(吴增强主编),略作删改。

习成绩不好,两门考试不及格,人际关系也不好。前一段时间开始表现出厌学情绪。班主任问其休学原因,他说是学习压力太大、人际关系紧张,所以想回家休整一年。希望你能做一下个案干预。"

在了解情况的过程中,班主任告诉我,阿炅8岁时父母离异,9岁时母亲再婚。现在他与母亲、继父、外公、外婆住在一起。父母经营一家小店,经济不算拮据。平时继父对他漠不关心,母亲也没有很好地关心他的学习、生活,只是每天叫他好好学习而已。阿炅的学习基础很好,中考成绩在班级排名第五。人比较文静,但是近两年常常上课睡觉,作业也经常不完成。本学期他的成绩明显下降,期末有两门考试不及格。一个月前他向父母和学校提出要休学一年。让班主任感到困惑的是快毕业了,这个时候为什么要休学呢?

在心理辅导室,我与阿炅进行了第一次谈话。这是一个比较清瘦的男孩,头发偏枯黄,皮肤苍白,眼神茫然,有排斥情绪。我请他坐下,倒了杯开水,然后向他做了自我介绍,并告诉他今天听说了他的情况,知道他心里一定很茫然,现在请他到这里来,不是劝他不要休学,而是想帮助他。(做放松训练,平定阿炅的焦虑情绪。)

我:"现在你感觉舒服点了吗?"

炅:"是的。"

我:"你现在可以和我谈谈你为什么休学吗?"

阿炅开始诉说他心中的苦闷:"我成绩不好,同学们看不起我,总是拿我当出气、开玩笑的对象,还有我不懂怎样与同学交往。"说着说着,眼泪就大滴大滴地掉下来。

我连忙给他递上纸巾,拍拍他的肩膀,说:"可能你现在的心情很糟糕,对你目前的处境,我很理解,你能具体谈谈吗?"

他抬起头看着我:"嗯!"

在我的鼓励下,他断断续续地说:"从小到大,我一直是父母的掌上明珠,我很喜欢读书,成绩也一直不错,老师和同学都喜欢我……"

"然而不知道为什么,我的中考考砸了。成绩不错的我因差几分进了现在的学校。虽然这里各方面条件都不错,但与原来学校比起来还是差别很大,学生的层次也不高……中一的时候,上课的内容比原来学的简单多了,随意听听,回家看看书,我很轻松地就保持了前五名。因为感觉太简单,以后就不太看书了。后来不知怎么,我成绩越来越不好,我也越来越不愿意和同学交往了。我也知道我不对,但是我想给自己留点时间来改变,所以我提出休学一年。老师,你说我对吗?"

第一次咨询,我一方面让阿炅宣泄,另一方面给他做心理测试。我和他约定一周咨询一次,每次1小时左右。

在第二次咨询之前,我们先做了SCL-90评估,结果如下:躯体化:无;强迫状态:轻;人际关系:轻;抑郁:轻;焦虑:轻;敌对:无;恐怖:无;偏执:无;精神病性:轻;其他项目:轻。瑞文标准推理测试:85分。

尝试"意象对话"

为了把视野放宽些,我有意回避讨论关于他学习方面的话题,准备尝试"意象对话"。我以温和的语调引导阿炅保持舒服的姿势,微闭双眼,想象一下:春天来了,一片鸟语花香的美丽景色……他静静地躺在床上,心情舒畅地享受春天带来的欢乐与愉悦。"眼前有一条小路,沿着这条小路走,看看会看到什么?"

阿炅渐渐进入状态,他看到一条小土路,两边有青草,但是没有花,又看到了一间小土屋,它的后面是高架,上面有很多车。他推开三间小房子的门进去,分别看到一间电脑房、一间卫生间和一间卧室。随后,他进入电脑房看见显示器显示的是《魔兽争霸》的游戏,想玩玩。

……

经过分析,阿炅心态正常,最强烈的愿望是:探索人生,渴求玩网络游戏。

我:"你平时喜欢玩什么游戏?"

炅:"老师,你怎么知道我喜欢玩网络游戏?没有人知道我去网吧的。我知道这样影响学习,但是我控制不住。经过长期思考,我想休学一年,好痛快地玩游戏。"

在我为咨询终于取得了阶段性进展而感到高兴的同时,也感到阿炅对游戏迷恋的程度非同寻常。

炅:"一年级时,听同学说上网很有趣,我想反正有时间,玩玩也不会有什么。一开始玩《红月》,后来玩《传奇》《街头霸王》《帝国时代》《反恐精英》《魔兽争霸》等。"

从此他一有空就去上网,玩了一年,在网络游戏《传奇3》中,他从零开始练到了32级,屏幕上那个不断升级、可以控制的道士,就好像成了自己的化身,看着"他"代替自己把一个个怪物杀死,他的心中就产生莫名的兴奋。在网络游戏《传奇3》的世界里,他得到了最大的心理满足。每次玩游戏,他的心中就只剩下一个信念:杀怪,升级,换装备!痛快淋漓地上天入地、砍砍杀杀……特殊的消遣方式使他认为,网络是摆脱现实烦恼、获得快乐的源泉,这些游戏很富有挑战性,玩起来很有成就感。可是,他的功课渐渐地落后了。

炅:"我想了很多,我也知道其中的原因,但却无法改变现状。"

我:"你上网的地点和时间是?"

炅:"我主要是在网吧和家里上网,每天上网2—4小时,每周上网14—42小时。我每天都想上网看看,总觉得一天不上网就好像有什么事情没有做,可是一旦上去就不想下来,也不管明天还上不上课。如果一直这样下去,我该怎么办呢?自从迷上网络后,我的成绩下降了,老师开始批评我,爸爸妈妈也责怪我,我觉得很难过……"

第二次咨询,我们咨访关系建立,共同建立咨询目标。

网络自我管理计划

根据阿炅的实际情况,第三次咨询我决定与他探讨和制订网络自我管理计划。在交谈中,我让他认识到,青少年沉迷于网络游戏,除了外部因素影响外,更重要的是他们的内在心理因素使然。人具有攻击本能,处于青春期的青少年由于雄性激素分泌猛增,他们的攻击本能(特别是男孩)同时上升,导致经常与社会道德规范发生冲突。在他们无法自我调节并得到有效指导帮助的情况下,《街头霸王》《帝国时代》《反恐精英》《魔兽争霸》这类攻击性极强的网络游戏恰恰迎合了他们的心理需要。因此在本能的呼唤下,他们在网络的虚拟世界里尽情发泄,以满足在现实生活中无法满足的本能欲望。

在交谈中,他认为游戏是最棒的。针对他的观点,我让他写出对网络的正性想法和负性想法,讨论对网络的不同想法与上网行为或情绪的关系。

接着,我指导阿炅提一些问题,让他进行自我辩论,想象自己成瘾的种种极端恶果,在瘾发时让"理想自我"与"现实自我"进行辩论。我让他作自我提醒,将上网的好处和坏处按程度轻重排列在一张对称的纸上或制成卡片,时刻提醒自己,尤其在网瘾发作时。

我建议阿炅:

1. 自我暗示。出现上网的念头时反复积极暗示自己:"我是最棒的!我相信我能行!"

2. 完成"上网自我管理计划表"。我先让阿炅回忆每周哪些日子上网,一天中经常何时开始上网,在一个典型的时间段内会上网多长时间,一般在哪儿上网等。为摆脱上网习惯,阿炅开始反向行事,只在晚间上网,并经常超过就寝时间,我建议他最好改为仅在白天上网;阿炅上网时从不休息,我建议他至少每半小时休息一次;阿炅原先把电脑放在卧室里,我建议他把电脑搬到客厅。对于阿炅而言,主要是改变上网的次数和习惯直至最后放弃。

表 7-1 上网自我管理计划表

上网诱因	抵制上网诱因的具体计划	结果(是否上网)	执行计划的难度

阿炅、心理辅导教师与家长共同商订了戒网的行为契约。阿炅签订契约并成为契约的遵守者,家长担任契约的执行者,心理辅导教师为监督者。一周为一时间段,根据阿炅每天戒网的进展情况给予一定的表扬、奖励或批评、惩罚。奖励的内容是周末可以增加1小时自由支配时间。

我还建议家长协助阿炅以其他有益的娱乐活动代替上网的方式,应对现实生活中失败、挫折等导致的负性情绪,消除周围同龄"网虫"、网吧及游戏宣传等的强化刺激。可选择的娱乐活动有:欣赏性活动,如看电影、读书、看报、听戏剧、听音乐等;智力性活动,如玩扑克、下棋等;保健性活动,如练气功、学武术、打球、跑步等;社交性活动,如聚会、交友、参加团体活动等;休闲性活动,如散步、练字、集邮等;创造性活动,如写作、摄影、画画等。

……

接下来,我还建议阿炅参加了学校网络成瘾倾向的一个团体辅导。

四、辅导建议

1. 探究网络依赖的原因

每个网络依赖的青少年必有一个产生依赖的独特原因,有的因不适应新的学习生活在网上寻求精神慰藉;有的因家庭不和而上网躲避家庭纠纷……在上述案例中,咨询师有意避开学习的话题,用"意象对话"的咨询技术,让阿炅放下了心理防御,找到了真实的心理原因。然后,让阿炅写出对网络的正性想法和负性想法,讨论对网络的不同想法与上网行为或情绪的关系。咨询师还让他作自我提醒,将上网的好处和坏处按程度轻重排列在一张对称的纸上或制成卡片,时刻提醒自己,尤其在网瘾发作时。

2. 提高自我管理能力

在认知上对网络依赖的危害有了一定认识后,咨询师务必要帮助来访者改善上网行为。在上述案例中,咨询师利用"上网自我管理计划表"让阿炅抵制上网的诱惑,学习自我管理,以减少上网的时间。同时,又采用将上网时间进行调整、将电脑搬离卧室等方式,来有效地改善阿炅网络依赖的行为。

在使用"上网自我管理计划表"时,要注意以下几点:①管理计划表越详细越便于操作,因为有网络依赖的人,往往也是缺乏自我管理的人。如果计划表能细化成按小时分割,那来访者的行动就会越有目标性。②在实施自我管理前,咨询师最好与来访者就如何填写、如何评价、谁监督等问题,展开具体细致的讨论,并试着让来访者填写一下。③管理计划表要先试行再讨论,咨询师的期望值不要太高。咨询师可以先与来访者约定试行一周,一周后再讨论修改。因为管理计划表的实行者是来访者,所以咨询师要教会他们自我实施。但来访者因依赖程度不同,真的改变起来困难也不同,有的人甚至不会去做。所以,咨询师要有一定的心理期望,耐心指导落实不到位的来访者再次讨论管理计划表,直到来访者真的能自我实施。

3. 丰富业余生活

网络依赖者通常把过多的关注放在网络上,咨询师可以通过扩大来访者的生活关注点,发掘他们自身其他方面的优势,引导他们走出网络世界。在上述案例中,咨询师就引导阿炅以其他有益的娱乐活动代替上网的方式,应对现实生活中因失败、挫折等导致的负性情绪,消除周围同龄"网虫"、网吧及游戏宣传等的强化刺激。如:男生比较喜欢打篮球,就可以协助他经常参与篮球活动。当他在打篮球的过程中体验到成功的感觉后,就极有可能让他感到除了上网,其他活动也有自我控制感。由此,一点一点帮助来访者实现目标的迁移。

4. 建立家校合作机制

良好的支持系统对青少年网络依赖行为的改变是极其重要的,除了学校教师、同学、咨询师的关心外,家庭力量是不可或缺的。咨询师可以请家长协助,但一定要有具体的协助要求,因为此类问题的学生家长往往也缺乏自我监督能力。从某种程度上来讲,咨询师在辅导学生的同时,也在辅导家长。

家长从此类问题处理中,要学会关注孩子的情绪反应,参与孩子感兴趣的其他活动,帮助孩子面对挫折与困难,不以冲动来应对亲子矛盾。另外,家长处在信息时代中,也要与时俱进,学习各类信息技术,让孩子觉得有交流的欲望和渠道,同时也可知晓孩子的网络动向。最后,家长可以和孩子一起了解网络规则,并与孩子商议签订"上网守则",督促孩子积极遵守。当然,家长不能带头违反规则,否则适得其反,无威信可言。

第八章

青少年危机辅导

当前,未成年人的心理问题越来越突出,由于社会竞争压力、家长教育观念不当、家庭教育技能缺失、家庭成员矛盾、师生冲突、学业压力、情感问题等原因所导致的校园危机事件屡有发生,给学生、家庭、学校以及社会带来巨大的伤害和影响。如何正确认识与理解校园危机?学生常见校园心理危机有哪些常见类型?在应对处置校园危机事件时要注意什么?如何实施危机心理干预?学校心理辅导教师在校园危机心理干预中的职责是什么?这些问题都是学校心理辅导教师在日常工作中需要理清和操作的内容。

第一节 校园危机事件应对处置

危机事件一旦发生,会给学生带来巨大的心理压力和情绪困扰,让他们感到害怕、恐惧,产生过激反应,同时将家庭卷入其中,甚至导致整个校园秩序的混乱。

一、问题表现

校园危机事件主要有自然灾害、社会安全危机、家庭人际冲突、学业危机(学业压力、学业失败、恐学、厌学)、情感危机、青春期危机(体像烦恼、发育恐惧)、精神障碍、校园意外伤害(伤亡)、同学矛盾、师生矛盾、重大灾难事件(车祸、食物中毒、火灾)等类型。如:

1. 社会安全危机事件

2014年5月20日,湖北麻城小学的学生刚吃完午饭,有的学生已回教室,还有一些学生在走廊、操场上玩耍。大约中午12时12分,一辆货车开进了校园。由于最近在搞校园建设,所以校工会主席李建新起初并未在意。但随车一起进校园的一名男子令他有些反感,那人穿着体恤衫、短裤,还趿着一双拖鞋,走路晃来晃去。李建新当时还感慨了一句:"这样的家长怎么教育孩子呀!"此时,作为值班老师,李建新正在校园里巡查,学生们欢快的嬉闹声、排"六一"节目的音乐声依稀可辨。

大约两分钟后,陌生男子从校园中间慢慢走到教学楼一楼楼梯口,手不停地晃动,还有学生一边跑一边哭,李建新以为是家长在惩罚孩子,忙大声喊:"这位家长干吗?不要打孩子,住手!"

当李建新离陌生男子 30 米左右时,他一下傻眼了——只见那名男子挥舞着菜刀,见学生就砍,几个孩子身上已满是鲜血。李建新一边大声呼救,一边向歹徒冲过去,准备把刀夺下来。陌生男子见有教师来了,便向教学楼后面跑去。

此时,在校的几位教师也闻讯赶到。见男子手拿菜刀,学校政教处主任邹宜荣忙跑到储物间,拿起一把锄头,冲到歹徒面前,在警告无效后,用锄头背将歹徒打倒在地。其他教师见机,迅速骑在了歹徒身上,女教师罗朝明冲上去,一把夺下了歹徒手中的菜刀。

接警后,民警立即赶赴现场,12 时 32 分,将肇事嫌疑人控制。事发后,学校迅速将受伤学生送往麻城市人民医院救治。麻城市委、市政府主要领导及分管领导第一时间到医院组织救治伤者、慰问伤者家属,并邀请心理专家对学生进行心理干预。

2. 情感受挫危机事件

悲剧发生于 2011 年 9 月 17 日 18 时左右,施暴者陶某因追求 16 岁少女周某不成,破门闯入其家中,趁周某不备,将事先准备好的打火机油浇到受害人头上并点着,同时不停地叫嚣:"去死吧!"周某经过 7 天 7 夜的抢救治疗才脱离危险,伤势极为严重,一只耳朵被烧掉,头面部、颈部、胸部等严重烧伤,整个人面目全非。

据报道,施暴者陶某与受害者周某年纪相仿。两人初中时同在合肥市××中学就读,同校不同班。为了躲避陶某的追求,2010 年 9 月周某母亲将女儿转到其他中学,但也未能阻止陶某的骚扰。为了躲避陶某,周某还一度休学在家。

3. 意外伤害危机事件

2009 年 10 月,某校高一某班在做化学实验时,一名男生因操作不慎误伤了一名女生,使女生的脸部和胸部烧伤,且脸部的烧伤需要植皮手术。

2010 年 5 月,某高中在举行完高三成人仪式从郊县返回市区的途中,有学生要求下车小便,结果不幸被集装箱车挤压身亡。

4. 学生暴力危机事件

2009 年 10 月 10 日下午 5 时许,某中学一名 19 岁的高三学生小何在洗手间内用水果刀向同班同学韦韦身上连刺 6 刀,韦韦随后被送到区中心医院抢救,但由于伤势过重,当夜 12 时许死亡。两人为同班同学,虽然平时有过一些小矛盾,但在其他同学眼里,两人关系良好,而且成绩一直都在班级前列。在得知发生命案后,同学们都感到很意外。记者调查时发现,虽然两人平时有过一些小摩擦,但让两名平时文静的学生最后演变到一方残忍地杀害另一方,动机只是因为对方的成绩优于自己而产生的妒忌心理。

由此可见,校园危机事件主要有这些特点:事件发生在校内或与学校的成员有关;事件直接(或间接)危害或威胁着师生安全;事件所造成的后果给师生和学校造成负面影响,甚至蔓延到校外成为社会问题;事件若处理妥当,会给师生和学校带来新的机遇和发展,否则会造成严重后果。

二、原因探讨

中国社会的转型和急剧发展使社会部分领域的矛盾比较突出,容易引发危机事件。而学校作为社会公共组织机构,它的发展不仅仅是学校内部各种因素相互作用的结果,同时还是学校内部因素与外部环境相互作用的结果。在这些内部因素之间、内部因素与外部环境相互作用的过程中,就有可能形成潜在的危机甚至激发危机。[1]

1. 校园危机干预工作的组织管理不完善

学生的心理危机虽然是一个心理学事件,但要做好对心理危机的预防及干预工作,需要学校不同部门进行分工与配合,共同预防与应对校园心理危机。当前的校园危机干预制度建设欠缺,很多学校都没有明确危机干预领导小组成员,且小组成员分工也不明确,有关教师并不知道自己是否是学校危机干预领导小组的成员,不清楚自己的具体职责和分工,导致工作被动、责任分散,当危机事件发生时,会出现推脱责任或者无章可循的乱哄哄现象。

学校领导没有切实把校园危机干预作为学校常态管理的重要组成部分,所制定的一系列规范的危机预警和处置干预方案并未有效落实。通过比较完善的校园危机干预工作机制,不仅能及时发现一些危机征兆并采取有效的预防措施,而且在处理危机的过程中能迅速决策,使损失降到最低,使受伤害的人员得到及时的干预疏导。

2. 校园危机干预工作的预防不到位

主要表现在对有关群体(如教职员工、家长、学生等)的危机干预和危机应对的宣传、教育、培训欠缺。有关人群缺失关于危机预警的知识与危机应对的技能,会让他们在面对危机事件时感到焦虑、恐慌和不知所措。一位班主任老师曾表示:"真正遇到学生危机事件发生时心中有许多忐忑,既担心事件带来严重后果和当事人的安危,又担心自己的能力不够、解决不妥,留下遗憾或隐患。而且一旦有学生意外事件发生,就会牵涉很多精力,冲击影响原有工作,内心很焦虑担忧。学校组织过消防演习,但没有组织过危机干预培训,没有指导过我们如何关注学生的安全。希望学校组织模拟训练,让教师能够学习一些应对方法,或者组建一支团队,成员能够相互支持,一起解决,责任分担,这也是对教师的一种自我保护。"

学生是校园危机事件最主要的当事人,定期对学生实施危机教育与训练,注重学生之间的关心与互助,提升其危机应对能力,是预防校园危机发生的重要工作。现在学生学习压力大,家长和教师也要有能力承担疏导孩子情绪的任务,教育孩子认识生命、珍爱生命。学校需对教师和家长进行专题培训,避免人为地给学生制造心理伤害和障碍,避免因人际冲突问题给学生的心理危机造成隐患,切实提升危机预防的有效性,增强学校对校园危机的整体预控能力。

3. 校园危机事件处置预案欠缺操作性

目前,学校关于学生安全的预案比较多的有"校外集体活动(春游、秋游)事故处理预案""学校突发事件(火灾、地震)的人员疏散撤离和应急防护预案""校园伤害事故处理预案",这些预案具有投保、发现与救助、上报与告知、关心受伤害者、责任判定与理赔、问责等共同点,但是这些预案都是针对自然灾害或意外伤害事故,并没有针对当今校园频发的危机事件,如学业危机、情感危机、心理疾病、自杀与自杀未遂等。

三、案例分析

▶▶案例一 揪心的短信——离家出走的男孩[①]

1. 危机事件发生情况

周一上午第一节课,年轻的班主任王老师急匆匆来到咨询室,说班级同学小A刚才告知收到班级同学兼好友小B的短信,内容是:"我走了,你们不要找我!"小A立刻打小B的手机电话,小B的手机关机。小A随即告知班主任,年轻的班主任第一次遇到这样的突发事件,恐慌无措,立刻求助。

2. 危机事件应对措施

(1) 班主任立刻上报德育主任,德育主任上报校长室,并按照校长的指示处置此事件。心理辅导教师全程介入。

(2) 联系家长,一是确认家长是否知道此事件,二是了解事件发生的主要情况,三是拨打110报警。了解到家长知道此事,而且是家长眼睁睁地看着孩子摔门而去,却没有任何办法能够阻止和挽留住孩子。

(3) 学校领导把事件及发生情况如实上报教育局,并听从指导指示。

(4) 要求家长来学校,了解事件详细情况:小B很讨厌家里压抑的气氛,憎恨爸爸专横的态度,致使亲子间经常发生冲突,但爸爸从来没有意识到自己的问题所在。孩子为了逃避、远离家庭带给他的压抑,选择离家出走,到外地跳崖自杀。

(5) 安抚稳定家长的情绪:事情发生后,父母心急如焚,父亲怎么也想不通儿子为什么如此厌恶他,并且采用这么极端的方式来对抗他?母亲也想不通,为什么她的眼泪和哀求挽留不住孩子决意要走的心?为什么父母的任何话语在孩子的心中激不起点滴的涟漪?

(6) 心理辅导教师与班主任做好沟通,全程为班主任提供援助,指导班主任对班级同学进行心理干预。班主任以公正、客观的态度简单直接说明事件发生的基本情况,避免描述过于具体的细节,以免产生不必要的恐慌和猜测,安定同学情绪,保障学生正常的学习与生活。告知学生尽可能防止信息四处传播,以保护当事学生,并鼓励学生以理性、积极的态度看待此事件,同时简单解释学校与警方正在进行的工作,以保证学生的安全感和信心。

(7) 在令人煎熬的等待中,几天后收到外省市某公安局电话,孩子在某旅游景点的山崖边想跳崖自杀,幸亏有人报警和当地警方及时救援,危机事件有惊无险。

(8) 指导家长的家庭教育与亲子沟通,让家长知道由于自己的教育不当才会导致孩子今天的痛苦和迷茫,帮助家长了解孩子的内心想法和问题的矛盾所在,指导他们学习与孩子交流的方法、方式,提升他们与孩子进行有效沟通的能力。

(9) 制订干预方案,让家长对孩子实施即时监护,保护孩子的生命安全。必要的时候做出妥协与调整,改变家庭氛围,让孩子切实感受到父亲的爱与关心。

(10) 心理辅导教师指导班主任对班级学生进行心理干预,引导学生相互关心,关心当事学生,对当事学生进行积极关注;心理辅导教师对当事学生实施危机干预;班主任与当事

[①] 本案例由曹凤莲老师撰写。

学生家长及时沟通信息,确保学校给予当事学生最大的帮助。

(11) 事件发生距离高考两个月,当事学生想参加高考,但不愿回到班级,因为他没做好去面对这件事情的准备。学校从保护学生、帮助学生的角度出发,尊重学生的选择与决定,最后家校商议的结果是:最后两个月基本都是做练习卷,学生的要求可以满足,班主任收集好每天的作业与练习卷,和班委同学轮流每天下午放学后到当事学生家里,告知当天的学习任务与学习要求,交流学校和班级的情况,了解当事学生的要求,给予心理上和行动上的实际支持;学校根据当事学生需求,定期安排学校安静的地点,请学科老师为其答疑。

(12) 通过两个月的辅导干预,家庭氛围有了改变,当事学生也能够安下心来读书,最后考取了大学。

(13) 对危机事件的发生情况、应对措施、辅导干预等情况认真梳理、全面评估,认真总结危机干预过程中行之有效、操作性强的方法和措施,总结经验,反思不足,形成报告,并整理汇总所有资料并存档。

▶▶案例二 高中生精神障碍心理危机事件应对处置①

1. 危机事件发生情况

女生小Y,沉默寡言,行为怪异,有时会突然哭、突然笑。某日,她突然跑到男厕所门口,围堵并拉住某男生的手,硬是说该男生在班级里说"喜欢她"。该男生告知班主任这件事对他造成了困扰和伤害。

2. 危机事件应对措施

(1) 班主任了解情况后,上报德育主任,德育主任上报校长室。遵从校长的安排与要求,教导主任、政教主任、年级组长、班主任、心理辅导教师介入危机事件,按照分工处理事件、实施危机干预。

(2) 班主任与当事学生家长联系,年级组长协助班主任工作,保障当事学生与班级其他学生的安全。

(3) 德育主任、年级组长、班主任、心理辅导教师、当事学生家长(或监护人)一起,以学生的健康与安全为第一考虑原则,建议当事学生家长(或监护人)护送学生前往专业医疗机构(如上海市心理咨询中心或上海市精神卫生中心等)进行躯体和心理的诊断治疗。如果家长需要,学校可提供专业医疗机构的联系信息。

(4) 当事学生去上海市心理咨询中心看专家门诊:第一次去,学生隐瞒了幻听症状,医生诊断为轻度抑郁症;配药:左洛复。两周过后,当事学生再次就诊,告诉医生有幻听症状,有时会无故一个人笑,对于自笑现象当事学生无法解释具体原因,服药后注意力较前集中,无不良反应;配药:利培酮、左洛复、苯海索。

(5) 家长坚持学生来校读书,就学生是否可以在校坚持学习一事,学校在全面了解情况后,以学生心身健康和对其未来的慎重考虑为第一位,建议家长在孩子病情能够用药物控制的情况下,先治好病,以防在高三强压力的氛围下,发生意外。

---

① 本案例由曹凤莲老师撰写。

（6）家长坚持孩子来校念书，考虑到当事学生当前还不会对自己和周围人造成伤害，但需辅以药物治疗，学校与家长商定监护措施，达成以下共识：学校同意学生来学校读书，也可以根据身体情况有选择地学习。但家长需要写一份申请书，说明学生目前的状况、专业医院的结论、学生和家长的意愿、家长的承诺（如果期间孩子对自己或对他人有过激行为，发生对己或对其他学生的伤害事件，家长需把孩子带回家并承担相应责任和后果）。

（7）从保护学生、帮助学生的角度出发，若当事学生出现异常症状，家长要及时与班主任或心理辅导教师沟通，持续观察与评估当事学生的行为与心理状态。

（8）对涉及的受到惊吓或伤害的学生做个别辅导，对其说清楚当事学生的状态，告知在药物的控制下，当事学生的症状会逐渐缓解至消失。

（9）心理辅导教师与班主任做好沟通，为班主任提供援助，指导班主任在处理事情时要注意的事项，如：保护当事学生，尽可能防止信息四处传播；想学生所想、忧家长所忧，从为学生和家长考虑的角度去与家长对话。

（10）指导班主任对班级学生进行干预，引导学生对当事学生进行积极关注。如下话语供班主任参考：我们班××同学前些天因身体原因在家休息了几天，现定于××时间来校正常读书。××同学有些情绪上的不稳定，有些抑郁，希望大家对其行为能够理解，不要歧视。如果发现她在行为上、情绪上有过激行为，请及时报告给老师，或者报告给心理辅导老师。我相信大家同窗读书，一定有这份友谊帮她度过难关。××同学的行为是因为自我控制能力差，我们不要当成笑话，同学们的笑是无意的，但会给事件涉及的双方当事人带来压力。同窗友情，同学们要互相支持、互相鼓励。

四、辅导建议

1. 清楚危机干预基本程序与主要工作

（1）危机发现与信息报告

"第一现场人"如果发现学生危机情况，应马上联络教职员工、学生，立即向班主任、德育主任或学校危机干预小组人员报告，同时开始负责现场处置。班主任在采取必要措施并迅速赶往现场的同时向学校分管领导报告。学校分管领导立即向校长报告，同时调动和组织危机干预工作小组人员到现场，依据各自工作职责实施危机事件处置工作。校长视危机严重程度组织危机干预与处置人员、决定上报和实施抢救措施。

（2）现场急救

在报告信息的同时，学校医务室医生对受伤害师生实施初步急救，视伤害情况拨打紧急救援电话，与年级组长或班主任一起将受伤师生快速送至医院，进行紧急救治。

（3）即时监护

学校根据预案程序，立即安排专职人员对有严重危机的学生进行24小时监护，直到家长到达，保护学生的生命安全。

（4）通知家长

在实施监护的同时，学校应以规范（保护）的方式、最快的速度通知或迎接家长。对没有监护能力或不配合学校的家长，学校应对学生实施抢救措施（医院救治），事后派专人（班主任）将学生护送回家,向家长通报事件经过和救治过程。

(5) 进行阻控

对于有可能造成危机扩大或激化的人、物、情境等,进行必要的消除或隔绝,随时启动全校师生疏散程序,远离危机事件发生地。对于学校可调控的可能引发其他学生心理危机的刺激物,学校应协助有关部门及时阻断。

(6) 实施治疗

需住院治疗的学生,必须将其送至专业医疗机构救治;对可以在校坚持学习(前提是不会危害其他学生)但需辅以药物治疗的学生,应与其家长商定监护措施;对不能坚持在校学习的学生,按照学校学籍管理有关规定办理相关手续,由家长监护并离校治疗,复学必须有家长申请报告或有医生证明。

(7) 应急救助

在危机处理过程中,得知学生有自伤或伤害他人倾向时,相关人员应立即赶赴现场采取救助措施,紧急情况下应先拨打110、120等紧急电话求助。

(8) 保护措施

在危机处置过程中要及时保护现场,采集相关信息,保护证据,保护证人。危机处理遵循生命第一原则,发现危机情况,立即采取保护措施,最大限度地保护学生的人身安全。在实施危机干预过程中,安排专人对干预对象全程监护;与相关部门协调配合,采取必要的措施保护肇事人以及肇事人家庭和亲属;采取一定的措施保护当事学生家长或监护人;实施严格措施保护学校、保护全体学生、保护其他参与事件的人员。

(9) 干预处理

心理辅导教师确定危机当事人及涉及的人员,制订危机干预方案,启动心理危机干预;心理辅导中心负责对在危机事件现场的师生实施心理危机干预;心理辅导中心负责人对所有知情者进行事件通报,安定情绪,恢复正常学习工作。

(10) 干预评价

心理辅导中心负责事件的成因分析,对事前征兆、事发状态、事中干预、事后疏导康复等情况认真梳理、全面评估,形成报告交校长室。学校对行之有效、操作性强的方法和措施认真总结;对事件处置不力,干预不佳的环节要及时分析,以备今后整改参考。

2. 了解常见校园危机事件处置流程

针对学生常见的校园意外伤害危机事件、学生精神障碍危机事件、学生一般心理危机事件等,制订相应处置流程预案供参考。

(1) 校园意外伤害危机事件处置流程

① 当发现学生在校内受到意外伤害时,现场第一发现人或当事人应立即想办法报告给学校危机干预领导小组,学校危机干预领导小组根据事件性质及危害程度立即拨打110、120,阻止事态进一步发展,及时救治伤员,保护现场。

② 年级组长或班主任赶到现场调查、拍照取证(证据、证人、书面证词、学校监控录像),保护证人。现场第一发现人以书面形式将事件报告给分管校长。

③ 校长或分管校长根据师生受伤害的程度以及处理进程中的问题,将情况及时上报教育局,随时通气,取得指导。

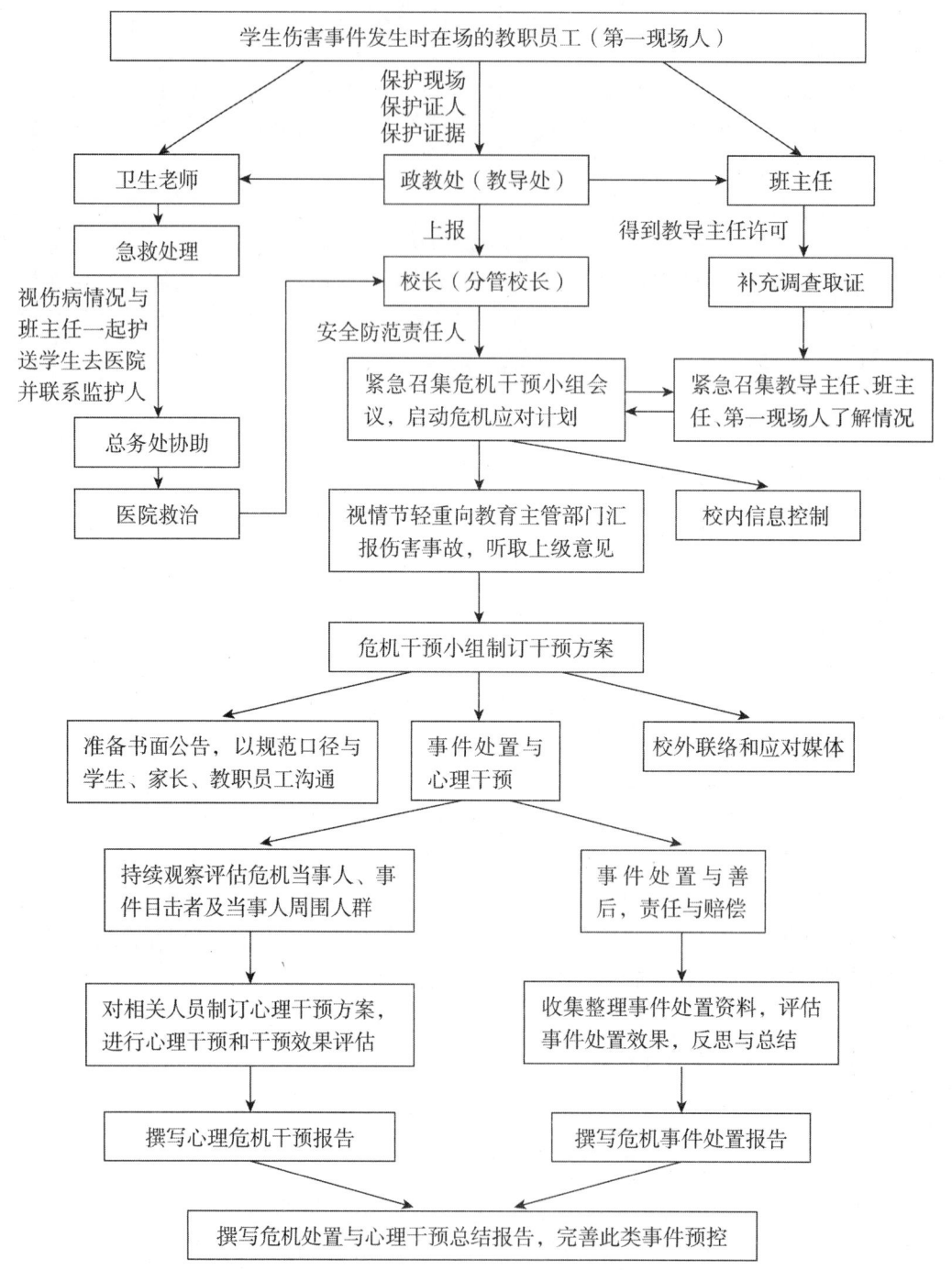

图 8-1 校园意外伤害危机事件处置流程图

④ 分管校长根据事件性质和危害程度决定是否上报教育局,同时责成年级组长或班主任按保护性原则通知家长或家属到学校,将受意外伤害的师生的情况简要告知家长或家属,同时陪同家长或家属到医院看望,并注意稳定其情绪。严重伤害事故可由 110 警察或派出

所民警实施调查取证。

⑤ 要求卫生老师和班主任随时记录医院救治过程、救治措施,记录家长或家属的谈话和要求,并每天报告给危机干预领导小组。

⑥ 校危机干预领导小组安排心理辅导教师对相关学生进行心理辅导。

⑦ 分管校长安排好接待地点,认真倾听家长或家属的意见或建议,稳定情绪,化解矛盾。

⑧ 事态稳定平静后,教导主任、年级组长(班主任)按照保护性原则,拟定"统一公告"内容,告知有关群体伤害事件真相,进行安全教育。

⑨ 依据法规,对伤害事故进行处理,分清责任,协商补偿或赔偿,做好相应记录。

⑩ 学校伤害事故处理结束,教导主任、年级组长汇总事故真相,并将证人、证词、证据、学校监控录像、会谈记录、病历卡复印件、责任、赔偿等资料上报学校危机干预小组;心理辅导教师撰写心理危机干预报告;分管校长撰写危机事件处置报告;校危机干预领导小组总结、反思,整理汇总所有资料并存档。

(2) 学生精神障碍危机事件处置流程

① 知道学生患有精神障碍的教师(班主任)第一时间按程序上报教导处备案。

② 心理辅导教师评估事件严重程度以及可能对己对人带来的伤害。如果学生的情况比较严重,不能继续正常上课,学校要联系学生家长或监护人接学生回家,或派相关人员护送学生回家,并且只允许将学生交给家长或监护人。

③ 若当事学生精神状况很不稳定,有攻击或自伤行为和倾向,则暂时对其进行隔离监护。若当事学生因精神状态不稳已发生校园伤害或自伤行为,参考校园意外伤害事件处理细则。

④ 联系当事学生家长或监护人护送学生前往专业医疗机构进行躯体和心理的诊断治疗。如需要,学校心理辅导室提供转介信息,学校相关人员可以陪同前往。

⑤ 对可以在校坚持学习(前提是不会危害其他学生)但需辅以药物治疗的学生,应与其家长商定监护措施。对不能坚持在校学习的,按照学校学籍管理有关规定办理相关手续,由家长监护并离校治疗。

⑥ 因精神障碍休学的学生经医院诊断治疗后需要复学的,必须有医院医生出具的复学证明或病情证明,学生复学申请报告的基本内容包括学生心理疾病的情况、医院诊断的结论、目前学生恢复的情况、学生和家长的要求、学生和家长的承诺,学校如批准同意要有分管领导的签名。且心理辅导教师要与班主任做好沟通,为班主任提供援助,指导班主任如何在班级里对其进行积极关注。

⑦ 当事学生返回学校后,学校要与其家庭取得联系,从保护学生、帮助学生的角度出发,与家长一起商讨为了孩子能够继续接受教育所要注意的问题。如当事学生需要并愿意,可在学校心理辅导室接受一般心理咨询。学校要做好追踪式服务,指派专人(心理辅导教师、班主任、任课教师或关系较好的同学)持续观察与评估当事学生的行为与心理状态。

⑧ 为保护当事学生,尽可能防止信息四处传播,要求教职员工理性看待此事件,不要议论、传播,要理解和保护受害人,并告知教职员工应注意的事项。

⑨ 整理危机事件干预的所有资料,如当事学生的医学证明(病历卡)复印件、复学证明、

会议资料、干预方案等并存档。

⑩ 完成危机干预报告,就此次危机事件的处理与干预进行总结与反思,完善对此类事件的预控。

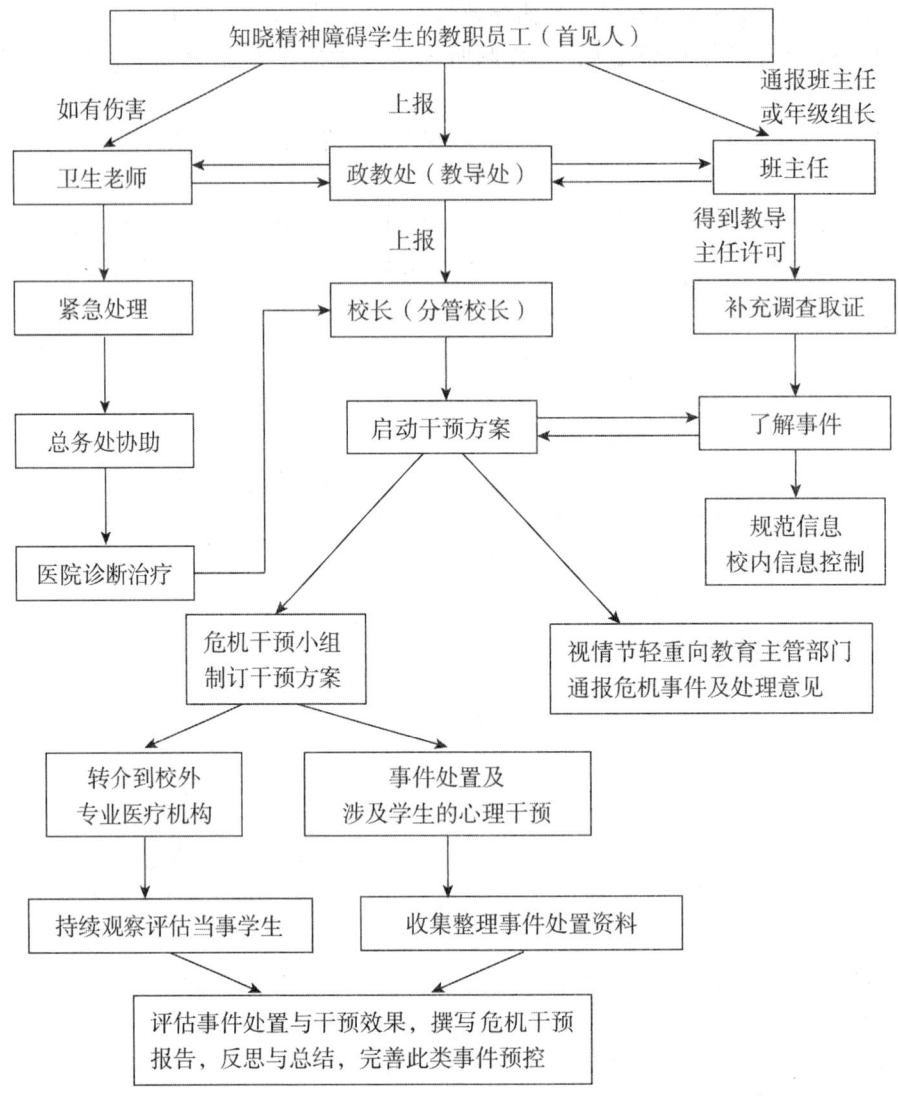

图8-2 学生精神障碍危机事件处置流程图

(3) 学生一般心理危机事件处置流程

① 学生一般心理危机事件发生后,如当事学生需要,可直接寻求校内心理援助;或者听从班主任建议,到学校心理辅导室接受心理辅导。心理辅导教师根据所了解的学生情况,在班主任、家长的共同支持下,一起合作化解危机。

② 心理辅导教师对学生进行心理辅导的同时评估其心理状态,决定是否需要转介到专业心理咨询机构进行更加有效的治疗。在必要的时候,为当事学生与有关的心理危机干预机构建立联系,并按程序上报教导处备案。

③ 对于需要转介的学生,学校相关人员要联系学生家长或监护人护送学生前往转诊地点。如果有需要,学校心理辅导室可以为家长提供转介信息。对于不愿在学校接受心理咨询、自己有转介需要的学生和家长,学校要尊重其选择。

④ 保护当事学生,一般情况下不得向其他人员透露学生的秘密,不能将学生的案例作为谈话资料,应对学生的有关资料予以保密,尊重学生的隐私权。

⑤ 做好危机后的追踪式服务,持续观察与评估当事学生的行为与心理状态,同时了解转介后的治疗恢复情况。

⑥ 整理资料,完成学生心理危机干预报告,就此次危机事件的处理与干预进行总结与反思,完善对此类事件的预控。

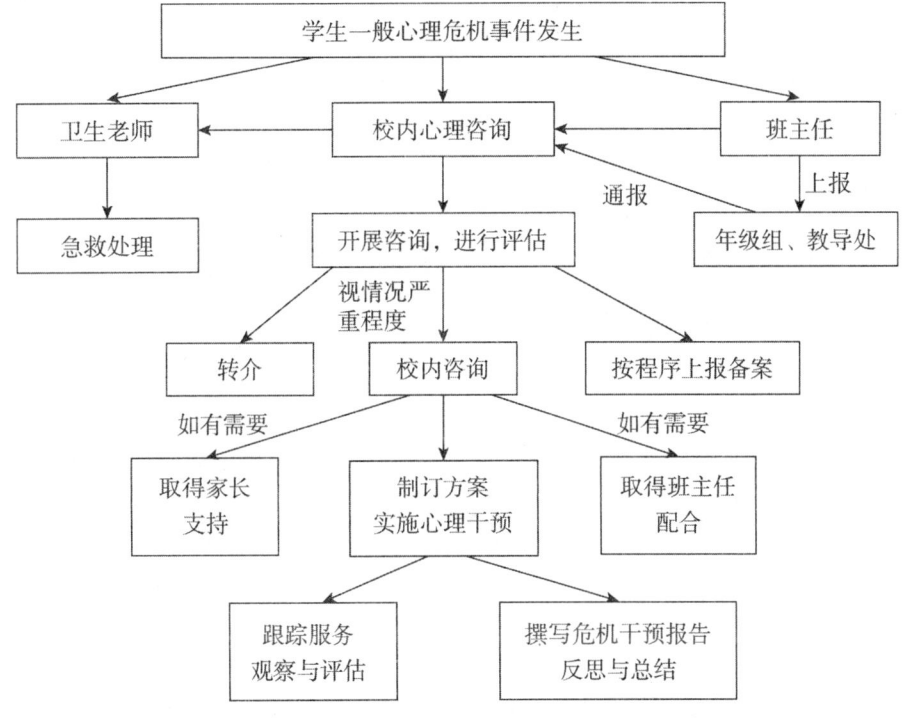

图 8-3 学生一般心理危机事件处置流程图

"校园内、外暴力或欺凌事件的处置程序"可参考"校园意外伤害危机事件应对处置程序"。其他校园危机事件的应对,如"食物中毒事件处置程序""公共卫生事件(传染病)处置程序""自然灾害(雷暴雨、台风)突发事件处置程序""自然灾害(地震、火灾)突发事件处置程序"也有一般性的处置流程可参考,有关人员需要牢固树立危机应对的意识,在平时的工作生活中有意识地去了解熟悉相关知识与技能。

实践经验证明,危机事件发生时是应急处理,且每一件危机事件都有其个别性,需要针对不一样的对象进行调整,把握处理的度,因此并不存在一个完美的、固定的危机事件处置流程。以上建议仅提供参考借鉴。

3. 规范危机事件处置过程中的信息沟通

校方沟通的对象包括学校教职员工、学生、家长、上级管理部门、媒体五类群体。因此,危机事件发生后,学校危机干预领导小组在拟定好危机处理应急方案之后,应就危机事件的准确信息、危机处理安排、危机干预进展情况等信息形成统一的、规范的意见,确保与不同群体的沟通信息真实客观。尤其对于重大校园危机事件的沟通,学校可以准备针对不同对象的公告信,以保障信息传递客观、准确,避免有关人员因不知道事情真相主观臆断和随意猜测而导致恐慌,影响危机事件的处置和危机干预工作的进展。

(1) 与教职员工的沟通

教职员工是传递校园危机事件信息的重要人群,危机事件当事人的家人、朋友和邻居都有可能向他们打听有关危机事件的信息,他们获得和传递的信息在一定程度上代表着学校对危机事件的态度。因此,学校在危机事件发生后,要及时与教职员工进行沟通,告知他们有关事实的准确消息,避免因猜测造成信息混乱。学校与教职员工的沟通主要包含两个方面的内容:一是通报有关危机事件准确完整的信息,补充听取教职员工所提供的信息,告知学校应对危机的态度和初步方案;二是安抚和疏导教职员工焦虑不安的情绪,组织部分人员参与处置危机事件。实施要点包括:① 校长召开全校教职员工紧急会议,说明危机事件的基本情况与学校的态度和处理安排。② 解答教职员工的有关问题,听取教职员工所提供的信息,如到目前为止学生所做出的反应等。③ 澄清各种流传的信息,统一如何通知学生及家长的口径;明确告知教职员工沟通过程中应当依据事实情况,避免主观臆断,不要随意猜测事情的进展。④ 如果教职员工觉得自己深受危机事件的影响,情绪受到严重困扰,校长应安排其他教师替代其工作,并给予心理辅导,提供相应的帮助和支持。

(2) 与学生的沟通

根据危机事件的严重程度和产生的影响范围,学校可以选择将事件的有关客观信息尽快告诉学生,减少学生之间散播谣言或者胡乱揣测的机会,减少不必要的惊慌和负面的情绪反应。教师应以公正、客观的态度说明事件发生的基本情况,尽量简单直接,避免描述过于具体的细节,以免产生不必要的猜测。对出现的重大危机事件如死亡事件,教师可以斟酌致简短的悼词,表达哀悼之情。有关人员在与学生沟通的过程中,既要尊重学生的需求,又要考虑到学生是未成年人,需要进行保护式的引导。

(3) 与家长的沟通

危机事件发生后,学校应尽快与在危机事件中受到影响的学生家长取得联系,可以事先设计好告知内容,以防家长在惊恐状态中发生意外。在保护家长的前提下,让家长尽快赶到学校(医院)。待家长赶到学校(医院)后,告之学生情况,与他们讨论学生在危机事件中的各种反应,学校正在进行以及准备进行的工作,以促进相互的理解,共同及时救助学生和解决问题。

有必要通报全体家长时,建议注意如下事项:注意保密,不随意告知关于当事人的资料;只告诉事实,不随意假设或者猜测原因;注意传达学校对这件事情的正面态度;强调危机情况正处在控制中,学校已经采取适当措施处理危机并保障学生安全。

慰问危机事件当事人及其家人,并提供相应的帮助和支持。学校代表可与班主任或其他有关人员一起前往探访当事人及其家人,慰问及协助安排所需要的帮助。事前校方要慎重考虑负责前往探访的教师人选,考察他(她)的情绪和能力是否能应对本次探访,以防引起误会,并告知探访者此次前往探访的谈话方式、内容以及应答处理的方法。

与家长沟通时,要确保危机事件陈述的正确性,注意使用正面的语词,如:"我们一定会考虑你的建议;我们正在积极考虑中;我们愿意与你找个时间谈谈;您对我们的处理还有什么意见"等建设性语句,尊重家长的意见,感同身受家长的需求,设身处地为家长着想,本着真诚的原则,相信家长,共同寻求解决问题的对策。

4. 依法处置校园危机事件

危机干预领导小组成员及其参与人员需要熟悉有关法律和政策性文件,如:全国性的法律和文件有《中华人民共和国未成年人保护法》《校园意外伤害事故处理办法》《教育法》《教师法》《学生伤害事故处理办法》《中华人民共和国防汛条例》《中华人民共和国森林防火条例》《中华人民共和国传染病防治法》《中华人民共和国消防法》《刑法》《民法通则》等,地方性的法律和文件有《上海市中小学校学生伤害事故处理条例修正案(草案)》等,依法处置校园危机事件。

第二节　青少年高危群体预防与干预

危机的威胁和挑战若超出当事人当下赖以解决问题的资源与个体有效应对的能力范围,就会让当事人感到害怕不安、恐惧无助,破坏其内心的平衡和稳定状态,导致生理、情绪、认知、行为上的混乱与功能失调(生理:失眠、食欲下降等;情绪:焦虑、沮丧、害怕、恐惧、无助等;认知:记忆困难、注意力不集中、效能降低等;行为:社交退缩、情绪失控、逃避与疏离等),从而引发社会适应障碍,甚至出现伤人伤己或死亡的严重后果,严重影响当事人正常的学业、生活和社会适应。

一、问题表现

青少年心理危机主要有学业、家庭矛盾、精神障碍、人际冲突等方面原因引发的危机。

1. 学业危机

学业危机是指学生在学习中表现出的各种情绪与行为问题,如烦躁、焦虑、恐惧、压抑、学习没信心、厌学、逃学,甚至产生轻生的念头。例如,一初三女生,期中考试各门功课都考得很不理想,她平时几乎已把所有的时间都放在了学习上,结果还是这样。一走进课堂就心烦意乱,非常难受,无法静下心来学习。她觉得来自家庭的压力很大,最近一段时间食欲不好,睡眠也不好,要很长时间才能入睡,入睡后还经常半夜突然惊醒,接着就无法入睡。她觉得自己糟糕透顶,觉得很沮丧,感到很害怕,对学习失去了动力,对未来失去了希望,觉得一切都很没有意思,突然有种想放弃一切的想法和无望感。

2. 家庭矛盾危机

2010年4月21日晚上8点左右,某中学一初一男生从学校教学楼四楼跳下,送医院抢救后不治身亡。据警方初步调查,事发当晚,该学生曾在家中与家长发生口角,后离家出走。

小雪,女,高中生。父母在其小学时离异,小雪跟着母亲生活。母亲说因为父亲有外遇,破坏了原本温馨的家庭,是父亲不负责任地抛弃了她们。她经常听到母亲对生活的抱怨、对父亲的怨恨、对自己的唠叨,并透露出:"人生没有什么意思、自己活在这个世界上是多余的、自己很没有用"等想法。据小雪所述,她出现睡眠问题已有一年的时间,表现为失眠、半夜惊醒等,最近胃口不好,有时候白天只喝一杯咖啡。进一步询问得知,小雪从初中开始便有自杀的念头,而且经常反复出现。曾考虑过服用催眠药自杀(从未实施),详细计划过如何买催眠药、去哪个药店买、如何与药店售货员说、买完药之后藏在哪里、如何服用等。给她做"抑郁自评量表(SDS)",结果显示为76.3分,高于中度抑郁临界值72分。遂实施危机干预。

3. 精神障碍危机

张同学,男,高一,不愿去学校上学。在班主任的建议和带领下,张同学来到咨询室,自述主要情况:听不进去课,内心想要学习,可就是做不到;但又不能接受自己不做作业、不听课的状态行为,情绪处于崩溃的边缘;认为对不起自己、对不起父母,不知道怎么活下去;每一天情绪波动都很大,这种痛苦从初三第二学期开始。自述病入膏肓,与同龄人不能沟通,不敢与人讲话,特别害怕去有陌生人的地方。情绪极度崩溃时,想通过自杀解脱。经"中学生抑郁量表(KADS)"自评,张同学抑郁30分>9分,可能存在较严重的抑郁障碍。经"儿童焦虑性情绪问题筛查量表(SCARED)"自评,张同学焦虑总分44分>30分,可能存在较严重的焦虑问题。在征得张同学的同意后,与其家长联系沟通,建议家长带孩子去上海市心理咨询中心等专业机构进行评估诊断。

4. 人际冲突危机

某校初二女生长得比较胖,班上几个调皮的男生给她起绰号"胖妞",她很气愤,趁他们不在教室时,把他们的作业本撕了。男生们在班主任面前恶人先告状,班主任也不加调查,就把女生叫到办公室,对她一顿批评。女生觉得委屈极了,情绪一激动,离校回家开煤气自杀,幸好家长下班回家早,发现孩子煤气中毒,即刻打120,因抢救及时,才避免了一场悲剧。

青少年心理危机呈逐年上升趋势,纵观众多心理危机,其特征主要有四方面:突发事件或重大生活逆境;当事人心理遭受重大影响和冲击;当事人无法回避又无力应对;当事人用平常解决问题的手段暂时不能应对或应对无效。但是,危机既是危险,也是机会。危机期间的严重焦虑和痛苦为成长和改变提供了动力,战胜危机的过程能使人获得应付压力的经验,变得更加成熟。

二、原因探讨

青少年心理危机产生的因素涵盖生理、心理、家庭、社会、学校诸多方面。社会的发展使中小学生所面临的外部世界变得日益复杂,家长的过度焦虑、管教缺失以及极端扭曲的教育理念对学生心理健康的伤害,网络、电视等社会传媒对学生产生的巨大影响,各种不同的甚至相互冲突的社会规范和价值观念使未成年的学生产生困惑并失去判断力等,都可能成为学生心理危机发生的诱因和催化剂。

1. 家庭矛盾

家庭原因主要有以下三方面:第一,家庭环境复杂——家庭离婚率上升、重组家庭所带来的复杂的家庭人员关系。第二,家庭教育失当——家长教育观念和教育方式的不当所造成的孩子的性格缺陷、心理脆弱以及亲子间的冲突对抗,过度宠爱导致孩子的延迟满足能力缺失等。第三,家庭人际冲突——家庭暴力、父母情感不合、父母和孩子的沟通不良、亲子矛盾等。这些问题使家庭在孩子成长过程中不能提供其应有的社会支持功能,而高度焦虑的父母又强化了孩子的担忧与恐惧,使得家庭矛盾成为诱发青少年心理危机的重要因素,增加了青少年危机发生的概率。

家庭治疗大师萨提亚这样说:"孩子没有问题,如果孩子有问题,那一定是父母的问题。"父母不妨换位思考:当自己失败了,有挫折感了,自己是怎么对待自己的?自己期待别人怎样对待自己?当孩子失败了,有挫折感了,自己又是怎么对待孩子的?

有个孩子说:"爸爸妈妈说是不给我压力,但每次说话,都是分数。饭桌上想和爸爸妈妈说说班级里、学校里的趣事,妈妈还没听完,就说:'你考那么个分数有什么好高兴的?'并冷言冷语:'凭你这样也不要妄想去考某某大学了,随便能考一个学校就蛮好了。你好好反省一下自己,不要对不起我们!'"结果弄得不欢而散,家里气氛十分沉闷。孩子索性不理父母,门一关,自己在房间里看书。可这样父母又疑心重重:关着门躲在屋子里,是在写作业还是在做其他事情?孩子感受不到父母的信任和鼓励,只感受到父母无处不在的压力,使得有些家庭不再是孩子的避风港。

2. 学业压力

在对"中学生生活事件的调查"中发现,对学生最有影响的生活事件排在前三位的依次是考试失败或不理想、学习负担重、家庭施加学习压力。面对过高的学习压力,学生的学习感受多是焦虑、无助和担忧,由于学生自身及周围环境的支持性不够等原因,学生容易产生退缩、愤怒、痛苦、害怕等消极情绪和行为。而过高的学业压力也使学生处于较高的应激状态,变得易激怒、好冲动,容易出现情绪问题和社会适应障碍,产生厌学、厌世等心理。

3. 青少年自身原因

对于青少年个体而言,有其身心发展的特点,主要是:生理成熟前倾与心理成熟滞后的矛盾,无助感与孤独感,自我意识与人际关系的模糊(同一性迷惘),突发事件的应急能力低,心理免疫力和承受挫折能力薄弱,自我保护的意识方法与技能欠缺,以及一些与心理障碍、精神疾病等有关系的前驱表现等,这些特点会加剧心理危机的发生。

三、案例分析

▶▶案例 高中生学业危机辅导[①]

1. 当事人基本情况

某区重点中学高三学生小Q,女,在班主任的要求与建议下前来咨询。首次咨询自述症状:上课时注意力难以集中,一节课集中注意力时间大概在10分钟左右;上课晕晕乎乎,不知道老师在说些什么,也不知道自己听了什么,记忆力下降明显;整天控制不住地胡思乱想,感觉很疲劳。成绩下降得厉害,很担心高考;心情暴躁、沮丧,会控制不住地心慌、胸闷,感觉

---

① 本案例由曹凤莲老师撰写。

颈部、胸部肌肉发麻,手发抖,有时感觉胸部上面疼痛;觉得这样下去,自己要崩溃了。

2. 心理危机辅导干预过程

(1) 搜集资料并深入了解当事人问题

① 家庭情况。单亲家庭,小学四年级时父母离异,母亲独自一人抚养她,家庭经济很拮据。自认是母亲全部的希望和幸福所在。出生情况正常,无家庭遗传因素。

② 学业情况。从小学至高一,成绩在班级里一直名列前茅。高二第一学期期中考试,老师告诉他们高二的考试成绩关系着高三的分班(重点班、平行班),她很紧张、担心考砸,结果那次考试成绩严重偏离了她原有的水平。高二第一学期期末考试,她告诉自己一定要考好,很紧张、很担心,翻来覆去睡不着觉,结果考试成绩不理想。她开始怀疑自己的学习能力,越想越害怕,从此以后,成绩一路下滑,现在的月考成绩在年级倒数。

③ 同学关系。由于脾气暴躁,影响了朋友、同学之间的交往,而且担心如果与同学有太多交流的话,会把自己的思想暴露出去,让同学知道她有心理问题。

④ 生活情况。睡不好觉,睡眠不深。入睡困难且易惊醒,有时到半夜1:00还睡不着觉,有时失眠,严重时每周2次。未曾服用过催眠药。

⑤ 性格特点。好胜心强、敏感、多疑、孤僻、胆怯、自卑。

(2) 分析与诊断

① 症状标准。在重压下,来访者对学习产生了难以控制的过分的紧张、焦虑和担忧,对学习活动难以集中注意力,容易疲劳,考试前入睡困难且易惊醒,易激怒,有生理上的反应(伴有躯体性焦虑)。来访者焦虑程度自我评估:按焦虑程度从轻到重分为10个等级,来访者自评紧张程度为8—9。

② 严重标准。来访者对自己的情况有自知力,有主动咨询的行为,且求助的愿望强烈,但社会功能受损,本人因难以忍受又无法解脱而感到很痛苦、无助,成绩大幅度下降,正常的人际交往受到影响。

③ 病程标准。来访者的症状表现已持续6个月以上。

④ 排除标准。排除生理性病症所致的焦虑;排除高中学习适应障碍。诊断结果:根据《CCMD-3精神障碍诊断标准》和DSM—IV关于广泛性焦虑障碍的诊断标准,确定为学习焦虑障碍。

(3) 问题形成原因分析

① 高二的第一次考试失败是引发来访者过度焦虑的导火线,其内心深处的不自信和不安全感是问题产生的根本原因。来访者过去学习上的优势是其维护自尊的唯一砝码,现在没有了这个优势,来访者心理感到恐慌,产生了过度焦虑。

② 单亲家庭、经济困难、来访者自认为的对母亲和家庭的责任以及母亲的期望,都给她的成长带来了巨大的压力。

③ 来访者心理危机的产生还与高中阶段是个体自我同一感形成的关键时期这一心理发展规律有关,来访者的自卑和对自我现状的不接纳使她在探索自我的过程中产生了心理困惑和危机。

(4) 干预步骤

第一阶段:搜集资料,建立关系,确定目标。

本阶段较详细地了解到了来访者的个人情况、家庭情况和成长经历,建立了良好的咨询关系,并和来访者共同商定了如下咨询目标:

① 探讨、分析形成过度焦虑的原因,学会一些缓解压力、调节情绪的放松方法。

② 建立理性认知,接纳自我,形成正确的自我观念。

第二阶段:干预阶段。

本阶段主要完成如下任务:

① 帮助来访者通过自我探索明白产生过度焦虑的原因(见"问题形成原因分析")。

② 帮助来访者学会一些缓解压力、自我放松的方法,如肌肉放松疗法、冥想、深呼吸等,指导来访者做放松练习,以缓解过度压力所产生的焦虑情绪。

③ 进行简单的考试辅导,通过让来访者了解上海市高考的一些实际情况,消除她一些不必要的担忧,增强其信心。

④ 进行挫折辅导,通过共同讨论分析,让来访者以客观理性的态度面对挫折,并建议她平时不妨与同学交流一下,看看其他同学读高三是什么心情。

⑤ 在来访者同意改变认知的情况下,运用认知疗法,使来访者明白个人很难改变、控制他人和环境,但可以改变自己对环境的认识;知道负面的情绪与非理性思维有关,可以通过改变自己的非理性想法来调节自己的心情和行为。如:"我已经做得很好了,我已经尽力了,妈妈以我为荣。""妈妈能够接受我的现状,妈妈希望我快乐。""我要更多地关注自己的感受和想法,别人愿意怎么说怎么做随他去吧。"

⑥ 让来访者明白一个人无法选择家庭,但可以掌控自己。帮助来访者形成这样的态度:"这就是我的家庭,我接纳它。我很好就可以了。"让来访者接纳她的家庭,接纳自我,形成正确的自我观念。

⑦ 让来访者客观地认识自己在家庭中的角色和所起的作用,知道改变家庭的命运不完全是她的责任,她只要尽力即可。但最重要的是要让来访者明白,不管环境多么困难,父母尤其是母亲都会永远爱她、支持她。

⑧ 与来访者的母亲面谈,并进行相应的辅导。了解到母亲对女儿的情况也早有察觉,但不敢告诉女儿她的担忧。母亲说:"很担心孩子现在的情况,只要孩子健康、快乐,比什么都重要。"但来访者并不知道母亲的想法,故建议她平时多与女儿沟通,把自己的想法和感受告诉女儿,并建议她不定期地与咨询师交流女儿在家里的情况。

第三阶段:结束阶段。

与来访者共同回顾整个咨询过程,鼓励来访者在生活中运用所学的一些放松的方法来减轻压力、调解心情。肯定来访者能够理性地思考她的一些问题,巩固其所建立的积极的自我观念。运用支持性心理治疗方法,争取来访者母亲和班主任的积极配合,为来访者创设良好的心理支持系统。

第四阶段:后续辅导。

定期咨询结束后,咨询师和来访者共同商定后续辅导:两周一次、一个月一次、高考前一次。巩固咨询效果。

(5) 效果评估

来访者反馈:情绪比以前稳定,积极的情绪体验增多,课堂上注意力的集中情况比以前有好转,听课效率有所提高,最近两次考试成绩有所提高。

其母反馈:心情比以前好多了,脾气没那么暴躁了,脸上有了笑容,可有时还是会很着急。

班主任反馈:精神状态比以前有所改变。

高考结束后,来访者考取了本市一所一本院校,录取到了她从小一直梦想的专业。

这是一个由学业失败引发的心理危机干预个案,此危机干预个案的成功之处在于:建立了良好的咨访关系;取得了来访者的母亲和班主任的支持与配合。

四、辅导建议

1. 对高危群体的筛查与干预

(1) 对高危信号的识别

知道心理危机的表现以判断危机当事人的情况,是实施危机干预的前提。对存在下述心理危机早期预警信号因素之一的学生,应作为高危个体予以特别关注,尤其要关注多种特征并存的学生,其危险程度更大,应作为重点干预对象及时进行危机评估与干预。

① 遭遇突发事件而出现心理或行为异常的学生,如家庭发生重大变故、受到自然或社会意外刺激的学生。

② 有明显的精神障碍和严重心理疾病的学生,如患有抑郁症、焦虑症、精神分裂症等疾病的学生。

③ 存在诸如学业失败、躯体疾病、人际冲突等明显的动机冲突或突遭重挫的学生。

④ 因学习压力过大、学习困难而出现心理异常的学生。

⑤ 因感情受挫、人际关系失调而出现心理或行为异常的学生。

⑥ 因严重环境适应不良导致心理或行为异常的学生。

⑦ 家境经济负担重、深感自卑的学生。

⑧ 直接表露自己处于痛苦、抑郁、无望以及无价值的感觉当中,并且遇到了家庭问题或其他困难的学生。

⑨ 作文或其他发挥想象力的作业所透露出的主题总离不开无望、社交隔阂、愤怒、绝望、自杀或者死亡的学生。

⑩ 出现自伤或自毁行为的学生。

(2) 筛查途径与应对方式

一是学校通过对全体学生进行心理健康测评,根据测评结果,筛选出需要特别关注的高危群体。二是通过学生心理健康教育(发展)中心的调查和访谈,如上海学生心理健康教育发展中心的"医教结合"项目,完成学生心理危机筛查。三是学校有针对性地对"重点学生"进行排查,如学习困难和突遭学习失败的学生、情感受挫的学生、家庭突失亲人的学生、家庭人员之间有冲突的学生等。学校通过排查获得可能存在心理危机的学生名单,这些学生可能是危机的易发群体。

对高危群体可采取以下预防性干预措施:

① 学校有关人员需要对这些学生从家庭、学业、同伴交往等方面进行详细分析,对个别

需要特别关注的学生,由心理辅导教师告知班主任、学科教师、家长密切关注学生日常言行和情绪反应的明显变化,家校合作一起有针对性地做好预防性干预工作,并做好保密工作。

② 对高危学生,在征得学生和家长的同意后,学校可安排心理辅导教师与班主任一起进行家访,了解学生在家的情绪、行为表现;了解家庭背景和家长教育问题;了解学生以前的学校生活情况(如学习、师生关系、同学交往等);了解学生心理问题的发展过程,制订心理辅导方案,做好预防干预工作。如果家长不愿意在校内接受心理辅导,学校应尊重学生和家长的要求,让家长带孩子到校外心理咨询专业机构接受辅导。

③ 建议家长带孩子去专业机构进行诊断治疗;学校心理辅导教师配合心理医生对高危学生进行追踪辅导和评估,与家长保持联系,了解高危学生就诊情况和康复情况。

(3) 对高危群体的评估

对高危学生的风险评估要始终贯穿于整个危机干预的过程之中,一般从认知、情绪、行为、生理四个方面来评估学生面临的危机严重程度,评估其目前的应对方式、社会支持及其他环境资源,评估危机对学生及对他人伤害的危险性,以确立合适的干预方案并随时修正干预方案。

认知——注意力不集中,工作、学习能力下降;对危机事件的认知和感知与现实情况有明显不同;沉默少语或言语本身带来特定意义令人费解,如:打听什么方式自杀没有痛苦、直接询问哪种药物吃多少会死等;感觉自己一无是处,想放弃一切。

情绪——负性情感体验明显,紧张、恐惧、焦虑、沮丧、情绪低落或不稳,情绪情感与环境不协调。

行为——对周围环境持一种回避态度,如:躲避人、回避关心他的人,失去个人能动性。

生理——失眠或睡眠障碍、食欲食量变化明显、身体不适等。

评估方法主要有两种。一是观察评估。即观察高危学生的意识状态、情感状态、行为状态和精神活动,如:有无明显的定向障碍、行为明显增多或减少、情绪不良且表现强烈、绝望与无助感、睡眠与饮食有无明显变化等。二是测量评估。常用的评估量表有心理健康自评问卷、THF危机干预分类评估量表、抑郁自评量表(SDS)、焦虑自评量表(SAS)等。测量评估和观察评估结合使用,相互印证。

(4) 对高危群体家长的辅导

家庭是孩子面对危机的精神支柱,因此需增强家长帮助孩子危机求助的意识和对孩子危机事件的指导能力。

① 增进家庭成员之间的良好互动。对于青春期的青少年而言,他们希望父母给予的是精神上的鼓励和支持、理解和尊重、信任和鼓励、轻松愉悦的家庭学习氛围和适当的监督、一定的自由和私人空间、多沟通交流、不要自作主张。家长需要懂得一些与孩子有效沟通的方法技巧,关注孩子的情绪,充分考虑孩子的感受和心理承受力,引导孩子积极应对,缓解孩子的过激行为,消除危机产生的隐患,预防和减少危机事件对孩子的伤害,为孩子的健康成长提供最有效的支持。

② 增强家长帮助孩子危机求助的意识。家长是孩子的法定监护人,是孩子可以依赖的最重要的支持和保护。家长要注意观察孩子的情绪和行为变化,从孩子外显的现象了解孩子内在的心理状态。当孩子出现严重的睡眠障碍、情绪持续低落、学业大幅下降、行为异样、

轻生等危机症状时,家长从保护孩子的角度,需要主动与学校沟通,主动寻求心理辅导。家长可以自己求助专业指导或支持孩子去心理咨询,如到学校心理咨询室咨询或到校外专业机构寻求援助,借助专业力量,陪伴和指导孩子度过难关,化解危机,而不是逃避问题,讳疾忌医,错过早期干预,导致危机加重。纪伯伦在《先知的灵光——孩子》中说:"他们是藉你们而来,却不是从你们而来,他们虽和你们同在,却不从属你们。你们可以给他们爱,却不可以给他们思想;你们可以荫庇他们的身体,却不能荫庇他们的灵魂。"家长应明白,孩子有自己的自由、思想和选择,也有自己的人生之路要走,家长要给孩子自由、自主的成长空间,不要试图控制青春期的孩子什么都要按照父母的要求去做,那种无处不在的压抑和对抗很可能会害了孩子。

2. 危机干预步骤

危机干预的基本过程类似于一个问题解决的过程,对当事人危机状态的评估应始终贯穿于整个危机干预过程。

(1) 确定问题

从危机当事人角度出发,确定和理解当事人所认识到的问题,避免干预人员认识到的危机境遇并非当事人所认同的,这样才能有针对性地开展干预,收到干预效果。推荐使用积极倾听技术,共情、理解、真诚、接纳及尊重,既注意当事人的言语信息,也注意其非言语信息。

(2) 保证当事人安全

在危机干预过程中,干预人员应该将保证当事人安全作为首要目标。这里的安全是指将对自身和他人的心理和生理危险性降到最小,了解当事人自身的压力和计划,确保他们不做出伤害自身或他人的行为。在干预人员的检查评估、倾听和制订行动策略的过程中,安全问题都必须给以同等、足够的关注,应将安全问题自然地融入思维和行为之中。

(3) 给予支持和帮助

主要是倾听而非采取行动。危机干预强调与当事人沟通和交流,通过语言、语调和躯体语言让当事人认识到危机干预人员是能够提供和给予真心帮助的人,干预人员不要去评价当事人自身的行为与感受的正确与否,同时也避免对当事人的内心动机进行任何评价。

(4) 提出并验证可变通的应对方式

提供适当的方法或途径供当事人选择,帮助当事人探索可以利用的替代解决方法,促使当事人积极地搜索可以获得的环境支持、可以利用的应付方式,启发其思维方式,思考不同的选择,以减轻和降低焦虑水平。思考变通方式的途径主要有:①环境支持,即有哪些人现在或过去能关心当事人。②应付机制,即当事人有哪些行动、行为或环境资源可以帮助自己战胜危机。③积极的、建设性的思维方式,可以用来改变当事人对问题的看法并减轻应激与焦虑水平。在操作过程中,干预人员要注意:一是不要把自己认为有用的选择强加给当事人;二是只需与当事人讨论几种选择,因为处于危机中的人不需要也没有能力处理太多的选择。

(5) 制订行动计划

帮助当事人做出现实的短期计划,将合理的应对方式转变为切实可行的行动步骤,干预人员和当事人共同制订计划来矫正当事人的情绪失衡状态。计划应该确定由相关人员为当事人提供及时的帮助和支持,提供应付机制,提供当事人可以理解和把握的行动步骤。计划应该根据当事人的应付能力,重于切实可行和系统地帮助当事人解决问题。计划的制订应该与当事人合作,让当事人感到没有剥夺他们的权力、独立和自尊,让其感到这是他自己的计划,恢复其行动的自主性、自制力,减少对干预人员的依赖性。

(6) 得到当事人承诺

得到当事人和当事人家长的承诺,确认其能够将变通方法和计划付诸行动。帮助当事人承诺采取确定的、积极的行动步骤和应对方式,这些行动步骤必须是当事人自己从现实角度可以完成或可以接受的。在结束危机干预前,应该从当事人那里得到诚实、直接和适当的进一步承诺。

除以上六个步骤之外,还应该启动社会支持系统。社会支持系统主要包括:来自于父母及其他亲人、老师和同学、其他方面如朋友和社区志愿者的支持等。这种支持不仅包括心理和情感的支持,也包括一些实质的救助行动。当事人从他人那里获得的社会支持具有价值增进、陪伴支持、情感支持、亲密感和满意度等调节功能,这些功能对处于危机期的当事人具有重要作用。

3. 危机干预常用技术

(1) 倾听技术

倾听能够帮助了解当事人的问题,同时也是当事人减轻心理焦虑和压力、合理宣泄情绪、放松心情的重要方法。倾听者要集中注意、专注信息、有耐心听、无偏见、无框框、必要时澄清。

(2) 共情技术

共情(同感、同理心):设身处地、感同身受地去体会当事人的内心感受,即通过当事人的语言、表情和动作,感知和体验当事人内在的多种感受。其核心是理解。表达自己所理解的当事人的情绪体验、表达自己对当事人的情绪反应的理解,可起到鼓励当事人更多地倾诉自己的感受想法,并帮助其意识、识别、调控自己情绪的作用。表达同感时要注意避免假装了解、重复模仿、反应过激,应注意非言语行为的一致性。

(3) 放松训练技术

① 深呼吸放松训练。采用腹式呼吸,放松地坐着或躺着,握拳、松开,数呼吸的次数,一呼一吸一次。建议连续做 4 次左右。

② 肌肉放松训练。舒服地坐在椅子上或躺在床上,双手握紧拳头,绷紧手部的肌肉,直到不能再用力为止,注意有什么感觉。维持这种紧绷的状况 10 秒钟,然后再突然放松,感受放松的感觉。可以从头部开始练习,紧绷脸部的肌肉,再放松,然后依序到肩膀、双臂、双手、胸部、背部、双腿及双脚至脚趾。对每一组肌肉而言,基本的技巧都是一样的:绷紧肌肉,突然放松力量,然后感受其间的差异。

③ 想象放松训练。选一个安静的空间,平躺在床上或坐在沙发上,闭上双眼,通过想象放松每部分紧张的肌肉。如:想象一个熟悉的、令人愉快的风景、景象或画面,自己是风景(景象)的主体,想象自己是如何在宁静、祥和的景象中逐步全身放松的。

(4) 问题解决技术

帮助危机当事人按以下步骤进行思考和行动,常能取得较好效果:

① 识别与明确问题:协助当事人梳理其所描述的生活现象、个人主观情绪和感受以及

多年习惯的一些负性的问题应对方式,寻找归纳危机当事人的问题。
② 聚焦最主要的问题,确定具体、明确、切合实际的问题解决目标。
③ 考虑和提出各种可供选择的方案。
④ 罗列并澄清各种方案的利弊和可行性。
⑤ 选择最可取的方案。
⑥ 确定方案实施的具体步骤。
⑦ 执行方案。
⑧ 检查方案的执行结果。

心理危机干预人员在干预过程中的主要作用在于启发、引导、促进和鼓励,而不是提供现成的意见。如:帮助当事人正视危机;帮助当事人选择可能应对的方法;帮助当事人获得新的信息或知识;可能的话,在日常生活中给当事人提供帮助;帮助当事人回避一些应激性境遇;避免给予不恰当的保证;敦促当事人接受帮助。

(5) 焦点解决短期心理治疗

焦点解决短期心理治疗是以寻找解决问题的方法为核心的短程心理治疗技术。其基本精神是:强调如何解决问题,而非发现问题原因;以正向的、朝向未来的、朝向目标的积极态度促使改变的发生。运用此方法时,可从以下几方面思考操作:

① 事出并非定有因。
② 问题症状同样也具有正向功能。
③ 合作与沟通是解决问题的关键。
④ 不当解决方法是造成问题的根本。
⑤ 当事人是自身问题的专家。
⑥ 从正向的意义出发。
⑦ 骨牌效应,看重小改变的价值,促进小改变的发生与持续。
⑧ 凡事都有例外,有例外就能解决。

4. 危机转介与复学要求

(1) 转介对象

对有严重心理障碍和心理疾病的学生,如:有抑郁症、精神分裂症等易出现自伤行为的学生;有明显的自杀征兆、发生自杀或他杀等恶性事件的学生;学校心理辅导教师的能力不能承担心理治疗的学生;不愿在学校接受心理咨询、自己有转介需要的学生和家长等,由学校心理辅导教师负责制订转介计划,学校危机干预小组审定并备案,学校相关人员联系学生家长或监护人护送学生前往转介地点,学校做好配合工作。如果家长有需要,学校也可提供转介信息,同时了解转介后的治疗恢复情况。

(2) 转介注意事项

① 学校心理辅导教师应及时报备学校危机干预工作小组有关负责人,并联系和帮助家长了解转介就医的手续及地点。

② 在学生转介就医前,需填写"学生心理危机转介登记表"(见表8-1),通知班主任请假备案,通知教导处(学生处)请假备案。

③ 对于转介就医的学生,就医回家后,学校心理辅导教师或班主任要及时与学生家长

联系沟通,了解就医情况,并做好记录。

④ 如学生需要住院治疗或无法上学的,家长需要到教导处(学生处)办理学生休学手续,教导处做好记录。

⑤ 对学生转介至医院就诊的所有资料归档,要求一档一卷。

表 8-1　学生心理危机转介登记表

姓名			年班级	
性别			转出日期	
学生问题:				
分析评估:				
转介建议:				
			心理健康教育教师签名:	
转介医院	○ 上海市心理咨询中心 ○ 上海市精神卫生中心 ○ 上海市三级甲等医院心理科 ○ 区精神卫生中心		地址:零陵路604号 地址:宛平南路600号	

(3) 复学申请注意事项

因心理危机休学的学生,经治疗后申请复学时需要注意以下事项:

① 因心理疾病休学的学生经医院治疗后可以复学的,应向学校出具医疗部门认可的复学证明或病情康复证明。

② 如果医生没有明确诊断结论,而家长坚持孩子来校念书,则家长需要写"学生复学申请报告",基本内容:学生的病情情况、医院的诊断结论、目前学生的恢复情况、学生和家长的要求、学生和家长的承诺、家长及学校分管领导签名,以保障学生的安全。

③ 学校心理辅导教师对学生心理情况进行一般评估,并告知家长学生在复学过程中的注意事项。

④ 复学学生填写"学生心理危机转介返回登记表"(见表 8-2),家长按学校学生学籍管理办法办理复学手续。

⑤ 学生复学后,班主任要关心学生复学情况,帮助学生建立良好的支持系统,引导班级同学关心理解该学生,并避免与其发生激烈冲突。

⑥ 心理辅导教师定期与复学学生谈心,并通过其周围同学随时了解其心理状况,对学生的心理健康情况进行跟踪评估,并与年级组长和班主任及时沟通反馈。

⑦ 心理辅导教师要制订学生复学后可能发生心理危机的防备预案。

⑧ 对学生转介至医院就诊及康复回校复学的所有资料归档,要求一档一卷。

表8-2 学生心理危机转介返回登记表

姓名		年班级	
性别		转介返回日期	
学生主述:			
医生处理意见:			
家长要求:			
学校评估处置意见:			
		有关人员签名:	

实施学生心理危机干预是专业性和应变性非常强的工作,有关人员要争取富有经验的专业人员的指导与支持,与市区心理健康教育中心和校外专业医疗机构建立紧密联系,为危机干预提供专业保障,以确保危机干预的有效性。

第三节 青少年自杀预防与干预

当前,中小学生自杀事件屡有发生,中小学生自杀已经成为一个越来越严重的社会现象。《教育蓝皮书》在《我们去了另一个世界——全国中小学生自杀原因调查》中写道:"中小学自杀问题有如巨大的冰山,谁也不知道浮现的冰山一角会是整个冰山的几分之几。中小学生如花岁月,如烟而逝,且是自杀而死,一个个鲜活的生命采用自杀的方式诀别他们还没有来得及领略的美丽世界,这其中有着怎样的原因和不能承受的生命之重?"

一、问题表现

由于家庭人际冲突、学业危机、情感危机、精神障碍、同学矛盾、师生矛盾、校园意外伤害(伤亡)等引发的危机事件都可能导致青少年的自伤自杀。

1. 家庭问题引发的学生自杀

家长对孩子控制得越厉害,青春期青少年的叛逆和对抗就越厉害。2010年5月,某校初二女生小王在家里自杀未遂。小王自小父母离异,感受不到家庭温暖,经常有自杀念头,并在家发生自杀行为。2013年6月,某市重点高中一位女生跳楼自杀,原因是考试成绩很差,其父母归因于谈恋爱的缘故,盛怒之下对孩子严格控制,亲子之间发生剧烈冲突,导致了悲剧的发生。

2. 学业压力引发的学生自杀

2010年5月11日,某中学高二学生小王从学校4楼跳下,当场死亡。留下遗书:"……爸、妈,我真的好讨厌念书,讨厌考试。你们知道每次考试前我有多紧张吗?每次出成绩的时候我有多害怕吗?我根本就不想读书,可是没办法,我不能不去读。曾经我答应过你们高中好好努力考上大学,但我做不到,我没法再强迫我自己复习了,我快要疯了。真好,不用再考试,不用再强迫自己念书了。"

3. 教育处理不当引发的学生自杀

2014年11月8日,某校正在举行期中考试。在下午政治课的考试中,监考老师说小李作弊了。但小李说自己没有作弊,并去找老师理论。第二天上午,考试结束的小李在教学楼内的布告栏上看到了一纸通告,白纸黑字醒目地写着:"高二(6)班学生李×在11月8日下午的政治考试中作弊。李×同学的行为严重违反了学校的考风考纪。为严肃校纪校规,根据《学校关于考试纪律的规定》,给予李×以记过处分,并记入学生档案。希望全体学生引以为戒,杜绝此类事件的发生。"下午,同学们发现小李没有来参加考试……"这张以'大字报'形式张贴的处分通告,'杀'了我儿子。"小李父亲说:"学校的草率处理对孩子打击太大了……"

二、原因探讨

青少年自杀的原因主要有学习压力(如学业繁重、挫折频繁、前途悲观等)、家庭问题、感情困扰、师生冲突、精神压抑和心理疾病等因素。其中,学习压力是中小学生自杀最主要的原因,其次是家庭矛盾和家庭压力。

1. 过高的学习压力与家庭矛盾

过高的学习压力增加了青少年心理危机的易感性,如果家庭和学校不能提供应有的社会支持功能和心理援助,则会大大增加青少年自杀事件发生的概率。有学生在网上留言说:"作业多死了,老师一直骂,家长一直催,生活没自由,处处受限制,感觉生不如死。"虽然大多数家长在教育孩子上都能切实做到以孩子的健康为第一,但还是有不少家长非常急功近利,对孩子的要求以考试分数为第一要素,不去关注孩子的心理问题与需求。有些家长即使已经发现孩子的心理出现明显异常,但还是一味地只关注考高中、考大学,而不去关心孩子的身心健康与未来人生幸福,教育理念极端扭曲。

家庭是孩子安全的港湾,家长不应因自身原因所导致的家庭矛盾给孩子带来巨大的心理压力,家长需要改变教育观念,设身处地考虑孩子的感受,关注孩子的情绪变化,满足孩子合理的需求,为孩子的健康成长撑起一片蓝天。

2. 青春期的心理社会危机

青少年自杀具有冲动性,这与他们的心理发展特点紧密相关。在埃里克森关于人的心理发展阶段理论中,青春期(12—20岁)这个阶段的心理社会危机是"自我同一性对角色混乱",他们强烈渴求成人感,确立自我认同。

处于青春期的青少年的主要心理特点是:①自我。家长对孩子的过分宠爱甚至溺爱,造成孩子任性、自私、自我中心的性格缺陷。②低控制。青少年情绪发展未达到成熟,易激惹,情绪常常冲动,做事不顾及后果,自控能力差。③矛盾。外表自信、内心脆弱,渴望被关注、被认同,但是不喜欢听到不同意见,如果未被他人认同,他们会承受不住,会沮丧,会羞恼,或是固执己见。

青春期是情绪发展的一个特殊时期,家长和教师必须充分认识青春期的敏感、脆弱和自尊引起的冲动,了解青少年特定年龄段的心理发展危机,引导处于青春期的青少年顺利成长。

三、案例分析

▶▶案例 高中生自杀未遂事件危机干预[①]

1. 自杀事件回放

某市重点住宿学校高三女生小W,被同学发现在宿舍采取刀片割腕的方式自杀,发现的同学吓坏了,迅速报告心理辅导老师,心理辅导老师迅速上报分管领导,并即刻拨打110、120,及时救治学生、保护现场,阻止事态进一步发展。经及时抢救,小W脱离了生命危险。

(注:对于住宿学校来说,宿舍值班管理人员应是学校危机干预工作小组的临时人员,因为他们是组织及时施救的最佳人员。)

2. 自杀事件危机处置

(1)校长通知相关人员以最快速度赶到现场,履行职责,并把事件发生情况上报上级教育行政部门。安排班主任和卫生老师陪同护送学生去医院进行治疗,责成年级组长或班主任按保护性原则通知家长,将当事学生的情况简要告知家长。校长或分管校长到医院看望学生,慰问陪同家长,稳定家长情绪。同时,110警察或派出所民警实施调查取证。

(2)卫生老师和班主任随时记录医院救治过程、救治措施、家长的谈话和要求,并随时报告给危机干预领导小组。

(3)分管校长安排好接待当事学生家长的地点,认真倾听家长或家属的意见或建议,稳定情绪,告知事件真相,寻找事故发生原因。分清责任,依据法规,提出处理意见,做好相应

---

① 本案例由陶秀秀老师、曹凤莲老师撰写。

记录。

(4) 安排心理辅导教师对当事学生进行心理干预和评估。对事件涉及人群尤其是事发现场的学生的心理进行关注和干预,对个别受影响很大的学生和教师进行个别疏导和放松训练,尽量减轻此次事件带来的消极影响。

(5) 校长或分管校长就处理进程中的问题及时上报给上级教育行政部门,随时通气,取得指导。

(6) 学生自杀未遂事件处理结束后,政教主任和年级组长汇总事故资料:证人、证词、证据、学校监控录像、会谈记录、病历卡复印件、责任、赔偿等,并将资料上报学校危机干预领导小组。心理辅导教师撰写心理危机干预报告,分管校长撰写事件处置报告,学校危机干预领导小组就事件处置和干预进行总结、反思,所有资料整理汇总并存档。

3. 对当事学生的心理干预

(1) 了解当事学生相关信息资料

① 事发诱因。当事学生进入高三后,时常感到学习无动力,进入不了学习状态,注意力难以集中,记忆力下降,成绩一直呈下降趋势,很着急、担心;感觉很疲劳,情绪低落,经常哭泣;入睡困难,早醒,有时失眠,严重时每周 2 次;食欲减退;无人倾诉,想要自杀以解除痛苦,随即采取行动。

② 家庭人员情况。当事学生的父母在其 5 岁时离婚,后来都各自成立新的家庭,但都没有把她带进新的家庭,她与外公外婆同住。表姐表妹都讨厌她,用言语攻击她、伤害她("这不是你家! 不要赖在这里!")。她的母亲性格较懦弱,经常会向她哭诉自己的不幸。家族中无精神疾病史,本人无重大疾病史。来自家庭的理解和支持非常少,因为一见到母亲,母亲就会哭诉,当事学生根本无法说出自己的消极情绪和体验。父亲也很少联系。

③ 学业情况。当事学生的母亲对女儿的学习一直要求很严格,当事学生从小学习一直很优秀,外公外婆以她为傲。进入高三后的月考,她成绩一次比一次差,从年级前 30 名下降到 300 多名,对此她感到非常焦虑和恐慌。

④ 同学交往。当事学生不愿与人交往,和同学的关系一般,没有知心好友。同学觉得她性格较善变、冷漠,她不想让同学知道她的心理问题和家庭情况。

(2) 分析与诊断

当事学生对学习产生了难以控制的过分的紧张、焦虑和担忧,对学习活动难以集中注意力,容易疲劳,入睡困难且易惊醒。

当事学生对自己的情况有自知力,表达正常,思路清晰,无逻辑思维混乱,无感知觉异常,无幻觉、妄想等精神病症状。但社会功能受损,成绩大幅度下降,人际交往受到影响,难以忍受又无法解脱,感觉很痛苦、无助。

给当事学生做"抑郁自评量表测试(SDS)"和"焦虑自评量表测试(SAS)",她的焦虑比较严重,中度抑郁。结合测试结果、当事学生的诉说、心理辅导教师对当事学生的观察,确定转介到专业机构进行治疗,并提供专业机构的转介信息。

(3) 医教结合,合力干预

① 建议家长带孩子去专业机构进行诊断治疗。

② 学校心理辅导教师对当事学生进行追踪辅导和评估,学校心理辅导教师或班主任与

家长保持联系,了解就诊情况和康复情况。

4. 当事学生复学应对措施

当事学生经治疗返回学校后,需要注意以下事项:

(1) 复学申请

① 经医院治疗后可以复学的,需要有医院医生出具的复学证明或病情证明,家长需要写"学生复学申请报告",基本内容包括学生心理疾病的情况、医院诊断的结论、目前学生恢复的情况、学生和家长的要求、学生和家长的承诺、学校分管领导签名。

② 如果医生没有明确诊断结论,而家长坚持孩子来校念书,可采取如下措施:家长写申请书,内容包括孩子目前的状况、专业医院的建议、家长责任说明等。

(2) 心理追踪服务

心理辅导教师与班主任、任课教师做好沟通,提供援助,指导他们如何在班级里对当事学生进行积极关注,持续观察与评估当事学生的行为与心理状态。

(3) 家校合作

学校要与家庭联系,从保护学生、帮助学生的角度出发,与家长一起商讨所要注意的问题。

(4) 保护措施

为保护当事学生、尽可能防止信息四处传播,学校危机干预领导小组要求教职员工理性看待此自杀未遂事件,不要议论、传播。

5. 评估汇总

(1) 评估心理干预的效果。

(2) 整理危机事件干预的所有资料,如当事学生的医学证明(病历卡)复印件、复学证明、会议资料、干预方案等,完成危机干预报告,就此次危机事件的处理与干预进行总结与反思,修改其中不足,完善对此类事件的预控。

四、辅导建议

1. 自杀和自杀未遂危机事件处置要点

学生自杀和自杀未遂危机事件的处置程序,可参照上述案例中"自杀事件危机处置"内容。

在对于学生自杀和自杀未遂危机事件的处置过程中,需要特别注意的是对当事学生及涉及人群的心理干预。学校心理辅导室要对自杀未遂学生进行追踪辅导和评估,根据评估情况,确定是否要转介到专业机构进行治疗。学校心理辅导教师或者专业心理工作人员需要对自杀未遂学生和他的同学、朋友进行团体心理辅导,尽量减轻此次事件带来的心理负向影响。对于个别受影响很大的学生和教师要进行个别疏导和放松训练。

在自杀个案的后事处理上,学校危机干预小组要真诚地和家长商讨处理有关事宜,明确责任,依法处置,保护个案的相关隐私。

2. 自杀危机干预注意事项

(1) 接纳性沟通。表达关心,表示理解来访者的伤痛、紧张与不安,尊重他们的行为与情绪;表达同感和尊重,建立信任关系。沟通时,心理辅导教师可用"这是对危机的正常反应;你的感受是可以理解的;事情的发生不会和设想的完全相同,但所有的人都会向好的方向努力,危机会有结束的时候……"等话语进行安慰,切记不可说:"这已经很糟了;如果你忙起来就好了;我知道你的感觉怎么样;不要这么说……"等。

(2) 多倾听,少说话。认真倾听,给来访者充足的时间说出内心的感受和担忧。

(3) 要有耐心。不要因为难以沟通就轻易放弃,有时重要的信息会在沉默之后出现。

(4) 保持冷静。情感爆发或哭泣会利于情感释放,对于来访者出现的强烈情感反应要接纳,不做评判,不要试图说服他们改变自己内心的感受。

(5) 给予希望。让来访者知道面临的困境能够有所改变。

(6) 要留心任何自杀念头,不论来访者用什么方式流露。询问来访者是否考虑自杀,不但不会促使他们自杀,反而会挽救他们的生命。

(7) 鼓励来访者讨论与自杀事件相关问题,让对方感知心理辅导教师的帮助诚意。

(8) 如果心理辅导教师认为来访者需要专业人士的帮助,可向他们提供转介信息,建议他们寻求专业人士帮助,同时帮他们消除恐惧或担忧,告诉他们大多数处于这种情况的人都需要帮助。

(9) 不要独自承诺会对此事件保密,应请其他人一起承担帮助来访者的责任。

3. 对自杀和自杀未遂事件涉及群体的危机干预

在自杀和自杀未遂事件发生后,需对危机事件涉及的人群进行观察,对需要心理干预的各类后续群体采取团体心理干预。学校可邀请心理专家对从事心理危机干预的学校工作人员提供专业的技术指导和监督,必要时可请他们直接进行现场干预。实施团体危机干预,要注意以下事项:

(1) 要求成员讲述他们在事件过程中的经历:发生了什么?发生时在哪里?感觉到什么?做了什么?什么反应?

(2) 要求成员讲述事件发生后的事情:事件发生后脑海中保留了什么形象?在随后的时间里发生了什么?在这个过程中,看见了什么?自己是如何反应的?

(3) 要求成员思考:危机发生以后将要发生什么?自己会发生什么变化?学校会发生什么变化?在这些变化中有什么要解决的实际问题?

(4) 跟所有成员讨论他们会怎么样,根据他们遇到的实际问题,共同商讨面对的方式。

(5) 当成员确认了处理技术后,强化他们的正性方式,建议改变负性方式。

(6) 在团体辅导过程中,如果可能,应随时了解成员情况,提出问题,讲出他们面临的困难,肯定他们已做出的努力。

(7) 建议成员向可以提供专业辅导帮助的人咨询求助。

(8) 避免对成员作出不可能实现的承诺。

【附件】

1. 学生团体心理危机干预操作要点

通过团体心理辅导,协助学生度过危机事件,处理学生的情绪,澄清谎言,防止危机事件的负面影响扩大。

(1) 倾诉表达

表达对"突发事件"的想法、看法。

(2) 宣泄情绪

说出看到(听到)这件事时(后),自己的心情。

(3) 重构认知

① 了解学生对此事件的判断。

② 引导学生对此事件形成正确的价值判断。

(4) 郑重承诺

学生承诺:如果遇到危机事件,积极寻求身边所信赖之人的帮助,采取积极的行动和应对方式,珍惜生命,知道生命不仅仅属于自己一个人,应善待自己。

2. 家长团体心理危机干预操作要点

通过团体心理辅导,指导家长处理孩子的情绪,协助孩子度过危机事件;澄清不实谎言,防止危机事件的负面影响扩大。

(1) 问题聚焦

① 劝导家长关心孩子,不能仅关心成绩,还要关心心理的健康成长。

② 了解家长想探讨的问题。

③ 聚焦核心问题。

(2) 对突发事件处置的讨论

① 交流孩子回家讲述的内容。

② 交流家长听到孩子讲述后的心情和想法。

③ 交流家长的应对方法。

④ 交流家长对突发事件的价值判断。

(3) 沟通辅导

① 体验亲子关系现状。

② 从情绪、想法、学习、交往、生理等方面了解孩子的心理状态。

③ 思考孩子为什么会有这些想法。

④ 思考如何引导孩子对此事件有一个正确的价值判断。

⑤ 了解家长在与孩子互动过程存在的困惑。

(4) 珍惜生命

帮助孩子理解生命的不易,知道生命不属于自己一个人。

参 考 文 献

[1] 李永贤.关于中小学校园危机管理的思考[J].现代校长,2006,(6):6~8.